데일리 루틴

나는 오늘만
최선을 다하기로 했다
데일리 루틴

허두영 지음

DAILY ROUTINE

DAVID STONE
데 이 비 드 스 톤

글을 쓴다는 게 여간 조심스럽고 어려운 의식이 아닐 수 없다. 글을 통해 작가의 삶이 불특정 독자들에게 오롯이 노출됨은 물론, 글처럼 모범적으로 삶을 살아내기도 쉽지 않기 때문이다. 정작 작가 스스로는 글처럼 살지 못하면서 독자에게 이래라저래라 훈수하듯 충고할 수는 없는 노릇 아닌가. 비록 이런 책을 써내지 않았을지언정 이미 나보다 더 나은 삶이라는 책을 써내려가는 사람들도 많을 것이다. 그래서 좋은 글을 쓰기 위해서는 기본적으로 작가의 좋은 삶이 전제되어야 한다. 늘 느끼는 거지만 독자는 똑똑하다. 글을 통해 작가의 은밀한 삶까지 고스란히 읽어내기 때문이다. 설령 작가가 독자를 속였다손 치더라도 자신까지 속일 수는 없다. 그래서 글을 쓴다는 것은 늘 고행이고 성찰의 과정이다.

이 책은 그럴듯한 성공 경험보다 시행착오의 과정을 그대로 담았다. 나는 2016년에 직장생활을 그만두고 나서, 2017년부터 호기롭게 약육강식의 정글 같은 사업과 프리랜서의 세계로 뛰어들었다. 직장인일 때와 차원이 다른, 더 철저한 자기관리가 요구됐다. 시간이 고스란히 내 통제권 안에 들어왔기 때문이다. 퇴사 후부터 틈틈이 책을 쓰기 시작했다. 자발적인 새 출발이라 의욕도 컸다. 그때부터 숱한 변형과 보완을 거듭하며 하루 루틴을 새롭게 만들고 다듬어 갔다. 그런 루틴 덕에 힘겹게 1년에 1권꼴로 총 3권의 책을 쓸 수 있었다.

그런데 문제가 생겼다. 네 번째 책의 원고를 쓰면서부터 뜻하지 않은 난관에 부딪힌 것이다. 어느 날부터 도무지 글을 한 줄도 쓸 수 없었다. 하루, 한 주, 한 달, 아니 석 달이 지나도 채 한 페이지도 제대로 채우기 힘겨웠다. 아이스크림이 햇살에 녹듯 소중한 시간이 그렇게 허무하게 사라져버렸다.

핑계 삼을 그럴듯한 이유가 없는 건 아니었다. 하나는 3년간 살던 집을 떠나 이사하면서 루틴에 금이 가기 시작한 것이고, 다른 하나는 이사한 지 얼마 안 돼 바이러스 팬데믹으로 결정타를 맞은 것이다. 이 시기 해외 출장으로 거의 한 달간 강제 격리되기까지 했다. 3년간 유지해온 일상의 루틴이 완벽히 붕괴하는 순간이었다. 무력감을 느낄 정도로 심각했다. 글을 쓰고 강의하고 컨설팅하는 일까지 정지화면처럼 모두 일순간에 멈춰버린 것이다. 루틴이 걷잡을 수 없이 와르르 무너져 내렸다.

무너진 루틴을 다시 세우기 위해서는 특단의 처방이 필요했다. 하지만 뾰족한 대안을 찾지 못했다. 오랜 시간 노를 잃어버린 배는 바람 따라 이리저리 방황했다. 갖은 노력으로 몸부림쳐봤지만, 일순간에 무너진 루틴을 재건하기에는 역부족이었다. 우선 갑자기 넘치는 시간을 주체할 수 없었다. 바이러스로 아침 일찍부터 출근하다시피 하던 카페에도 더 이상 가지 못했다. 무엇보다도 매일 아침 일종의 의식처럼 카페에서 마시던 따뜻한 디카페인 라떼를 마실 수 없다는 건 일상을 송두리째 바꾸는 불길한 나비효과가 되었다.

> "인간의 위대함은 자신이 비참하다는 것을 아는 것이다. 나무는 자신의 비참함을 알지 못한다."
>
> — 블레즈 파스칼, 수학자

궁하면 변하라 변하면 통하리라

한참 변화를 겪던 시절, 나는 《주역》의 다음 구절에 위로를 얻었다. 가보지 않은 미지의 세계로 뛰어들었던 당시, 내 처지가 궁색하게 느껴질 때마다 마음속으로 몇 번을 되뇌었다.

> "궁하면 변하라. 변하면 통하리니. 통하면 영원하리라 窮卽變 變卽通 通卽久(궁즉변 변즉통 통즉구)."

바이러스 팬데믹이라는 초유의 상황은 안일한 삶에 취해 있던 나를 흔들어 깨웠고, 더 큰 변화를 강요했다. 변화를 선택이 아닌 숙명으로 받아들이게 했다. 그전부터 조금씩 쓰고 있던 원고를 모두 멈췄다. 심기일전하는 마음으로 새로운 주제로 집필의 방향을 과감히 선회하기로 했다. 그때 불현듯 떠오른 주제가 바로 '루틴'이었다. 이 책을 쓰게 된 계기다. 바이러스 앞에 엉망진창 뒤엉켜버린 일상의 루틴을 다시 세우는 나만의 프로젝트를 시작해 보기로 한 것이다. 나는 이 프로젝트를 통해 무너진 탑을 다시 쌓듯, 공들여 일상의 루틴을 하나씩 세워나갔다. 좌충우돌 다양한 시행착오의 과정에서 많은 깨달음과 교훈도 얻었다.

"패자는 목표를 설정하고 승자는 시스템을 만든다."

— 스콧 애덤스, 만화 작가

셧다운된 일상을 재건하는 하루 루틴 프로젝트

이 책은 한없이 편안함을 쫓는 뇌와 어깃장을 놓는 야성적 충동에 맞서 최적의 루틴을 만드는 과정을 가감 없이 담았다. 이 과정에서 소란스러운 세상의 소음을 음소거하고 내면의 소리에 집중하면서 작은 루틴을 하나씩 쌓아갈 수 있었다. 만약 오늘도 뻔한 하루를 사는 것처럼 느껴진다면, 지금 바로 하루 루틴을 다시 조각해볼 것을 강력히 추천한다. 평범한 하루가 감동적인 하루로 바뀔 테니 말이다. 팀 비튼의 영화

〈가위손〉에서 평범한 동네 정원을 동화처럼 아름답게 다듬는 에드워드(조니 뎁)처럼, 그렇게 볼품없는 하루를 예술로 만드는 루티너가 되는 것이다.

저만치 안개 너머처럼 느껴졌던 인공지능 시대가 바이러스로 인해 적어도 5~10년은 성큼 앞당겨진 듯하다. 마치 자신의 의도와 상관없이 변화를 강요받는 상황으로 떠밀린 형국이다. 변화 앞에 망설이며 주저하고 있는 우리에게 이천 년 전의 역사 속 현인 마르쿠스 아우렐리우스가 깨어나 이런 말을 던진다.

> "변화를 두려워하는 사람이 있느냐. 변화가 없다면 네가 할 수 있는 일이 단 한 가지라도 있으리라 생각하느냐. 변화보다 더 우주의 본성에 가깝거나 친숙한 것이 무엇이 있겠느냐. 땔감으로 사용되는 목재가 변화하지 않는다면, 어떻게 내가 뜨거운 물로 목욕을 할 수 있겠는가. 네가 먹은 음식이 변화하지 않는다면, 어떻게 네가 자양분을 섭취할 수 있겠는가. 네가 살아가는 데 필요한 모든 것 중에서 변화 없이 얻을 수 있는 것은 하나라도 있는가. 이렇게 변화가 네게 꼭 필요하듯이, 우주의 본성에도 꼭 필요하다는 것을 너는 알지 못하느냐."[1]

변화를 외면하고 미루고 싶은 당신에게 '하루 루틴Daily Routine 프로젝트'를 자신 있게 제안한다. 최적의 루틴으로 하루를 설계하고 최상의 하루를 빚는 의미 있는 도전이 될 것이다. 지금 바로 루틴 조각가로 거듭나라. 앞으로 우리의 삶의 자리는 물론 일자리까지 위협받으며 엄격하게 통제받는 새로운 시대가 펼쳐질 것이다. 하루 루틴 프로젝트는 새로운 시대의 도전에 지혜롭게 응전하는 자신만의 성공 DNA를 만드는 의미 있는 변화의 기회다.

이 책이 나오기까지 좋은 책들의 도움을 많이 받았다. 나보다 먼저 고민한 사람들의 노고 덕에 시행착오와 소요 시간을 줄일 수 있었다. 특히 웬디 우드의 《해빗》, 찰스 두히그의 《습관의 힘》은 루틴을 개념적으로 이해하는 데, 다니엘 핑크의 《언제 할 것인가》는 시간에 대한 과학적 이해를 바탕으로 최적의 루틴을 설계하는 데 도움이 되었다. 아울러 메이슨 커리의 《리추얼》, 《예술하는 습관》에 나온 292명의 작가와 예술가들의 하루 루틴 사례는 책을 쓰는 데 좋은 재료가 되었다. 이 책 또한 다음에 비슷한 주제로 고민할 누군가에게 좋은 디딤돌이 되길 바란다.

2020년 1월, 바이러스 사태가 터지기 얼마 전에 장인어른께서 눈을 감으셨다. 당신께서는 주말은 물론 주중에도 내 두 딸을 위해 아빠 지분을 대신해 주셨다. 덕분에 하루 루틴에서 책 쓰는 시간을 더 할애할 수 있었다. 하지만 당신께서 이슬처럼 스러지시면서 도미노가 넘어지듯 내 일상의 루틴도 함께 무너졌다. 살아생전 말동무 한 번 제대로 못 되어드린 무뚝뚝한 사위였던 나다. 당신께 채 꺼내지도 못했던 마음을 이 책으로나마 대신하고 싶다. 평소 묵묵히 헌신적으로 지원해 주는 아내, 내 삶의 귀한 선물인 두 딸, 든든한 우군이신 김승광 목사님 그리고 사랑하는 부모님과 장모님, 누구보다 내 삶의 이유이신 하나님께 감사의 마음을 전한다.

자, 이제 본격적으로 하루 루틴 프로젝트의 여정을 떠나보자. 여행 준비물은 연필, 펜, 형광펜 정도면 충분하다. 책을 읽다가 기억하고 싶은 부분은 마음 가는대로 밑줄도 긋고 형광펜도 칠하자. 떠오르는 생각은 책 여기저기에 마음껏 메모하면서 여행의 흔적을 남기자. 그래서 세상에 하나뿐인 나만의 각주가 달린 책을 만들어보자. 그렇게 이 책을 온전히 내 것으로 소화한다면 어제보다 나은 오늘을 만날 수 있을 것이다. 지금부터 평범한 오늘을 예술 같은 하루로 조각하는 새로운 도전을 시작해보자.

저자 허두영

"사랑하는 자들아,
주께는 하루가 천년 같고
천년이 하루 같은 이 한 가지를 잊지 말라."

_《성경》 베드로후서 3장 8절

DAILY ROUTINE

목차

2부

하루 루틴 파헤치기 DISCOVER

3부

하루 루틴 조각하기 DESIGN

1부

하루 루틴 생각하기

DEFINE

DAILY
ROUTINE

1장

왜 지금 루틴인가?

Why Routine?

지금 당장 루틴을 리셋해야 하는 이유

찰스 다윈은 지구상에 살아남는 종은 힘이 세거나 영리한 동물이 아니라 변화에 잘 적응하는 동물이라고 했다. 그의 진화론에는 동의하기 어렵지만, 인간이 적응에 능한 동물이라는 점은 공감한다. 오래전 미국 항공우주국 나사NASA에서는 우주인을 대상으로 무중력 상태에서의 공간 및 방향감각에 대한 실험을 한 적이 있다.

실험은 눈앞의 모든 상이 180도 뒤집혀 보이는 특수 안경을 착용하고 하루 24시간 동안 생활하는 것이었다. 이 실험은 수일 동안 계속되었다. 실험 초기 참가자들은 심한 스트레스를 받았고 불안감을 느꼈다.

하지만 시간이 지나면서 혈압은 정상을 되찾았고 불안했던 몸 상태가 점차 안정을 찾아가기 시작했다. 실험 27일째가 되던 날에 한 사람에게서 신기한 변화가 생겼다. 그의 눈에 180도 뒤집혀 보이던 세상이 다시 원래대로 돌아왔다. 안경은 그대로였지만 그의 눈이 세상을 다시 뒤집어 놓았다. 며칠 더 지나자 모든 실험 참가자들에게 똑같은 현상이 벌어졌다. 27일에서 30일 동안 지속해서 뒤집힌 세상에 노출되자 뇌가 신경회로, 즉 시냅스의 배선을 새롭게 조정한 것이다.

확산 초기만 하더라도 일시적인 유행으로 그치리라 예측되던 바이러스는 시간이 지나도 가라앉기는커녕 장기화되었다. 처음엔 누구나 사무실 대신 집에서 근무하고, 오프라인 매장 대신 온라인 스토어에서 장을 보고, 학교 건물 대신 인터넷에서 수업하는 것은 잠시일 거라고 믿었다. 하지만 시간이 지나면서 분위기가 완전히 바뀌었다. 사람들은 점차 오프라인 대신 온라인 라이프스타일에 익숙해졌다. 실험에 등장하는 우주인들처럼 말이다.

나아가 업무를 보기 위해 꼭 주변 은행을 방문해야만 했던 어른들도 인터넷뱅킹을 시작했고, 이젠 나이 든 사람도 곧잘 온라인으로 상품을 주문한다. 온라인에 불편함을 느끼던 사람들도 편리함에 익숙해졌다. 온라인의 장점을 깨닫게 되면서 선호하는 사람이 늘어났다. 인식하든 그러지 못하든 우리는 어느새 선택의 자유를 빼앗긴 상황에 차츰 적응해 갔다.

습관 형성의 과정[2]

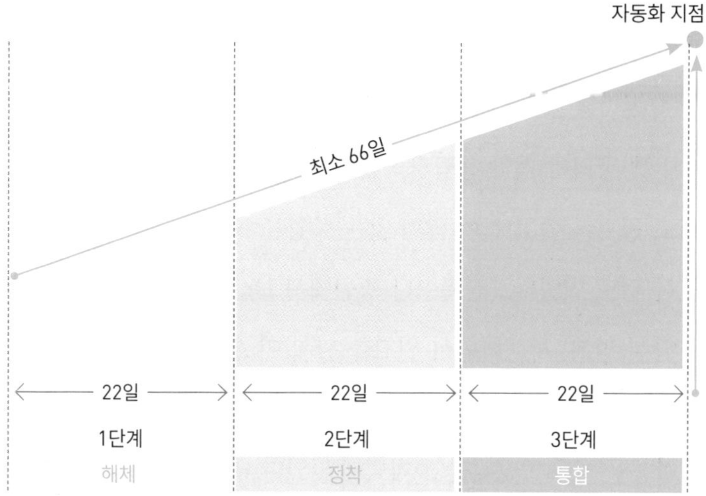

2009년 유럽 사회심리학 저널에 게재된 습관에 관한 연구에서는 어떤 행동이 습관이 되는 데 걸리는 시간은 평균적으로 66일이라고 보고되고 있다. 사람에 따라 편차가 큰데, 빠르면 18일, 늦으면 254일까지 소요된다.[3] 로빈 샤피로는 런던대의 연구를 인용하면서 습관이 형성되는 과정을 해체, 정착, 통합의 3단계로 정리했다. 그렇다면 3개월 이상 지속하는 바이러스 팬데믹이 그동안의 오프라인 중심의 습관을 온라인 중심의 습관으로 바꿨으리라는 것은 어렵지 않게 짐작할 수 있다. 과거 오프라인 환경에 익숙했던 습관은 변화가 불가피한 상황이 된 것이다. 이젠 온라인·디지털 환경에 적합한 습관으로 바뀌지 않으면 적응하기 힘든 세상이다.

인공지능 시대, 과거 루틴으로 살 수 있을까?

해외 출장 후 복귀해 2주간 자가 격리됐던 순간의 기억이 아직도 아찔하다. 그야말로 2주 동안 문밖을 한 발자국도 나서지 못했다. 위치 추적까지 했던 터라 정말 옴짝달싹할 수 없었다. 한때는 바쁜 일과로 책을 읽고 원고를 쓸 시간이 많지 않은 상황을 아쉬워하며 종종 이런 생각을 한 적도 있었다. "감옥이나 병원에서 1년 정도 살면서 읽고 싶은 책을 맘껏 읽고, 사색하면서 원고를 원 없이 쓰면 얼마나 좋을까?"라고 말이다. 하지만 바이러스로 그와 유사한 환경에 강제로 처하게 되자 그런 마음을 거두고 생각을 고쳐먹게 되었다. 공기처럼 늘 누리면서 깨닫지 못했던 자유가 얼마나 소중한지도 절절히 체험했다.

우리는 하루 관리에 취약하다. 작은(?) 바이러스에도 삶의 루틴이 이토록 처참히 무너지지 않는가? 어쩌다 한 번 오는 위기에 지혜롭게 대응한다는 것은 여간 어려운 게 아니다. 하지만 변화가 필요한 상황에 맞닥뜨린다면 삶의 루틴을 유연하게 바꿀 수 있어야 한다. 그래야 변화하는 세상에 잘 적응하고 살아남을 수 있기 때문이다. 예전의 삶을 동경하면서 변화를 도모하지 않는다면 시대 변화의 파도에 휩쓸려 도태되고 말 것이다. 변화의 큰 파도가 밀려올 때는 파도를 탈 수 있어야 한다. 마치 파도를 기다리는 서퍼surfer처럼 말이다. 그래야 파도를 이용해 더 멀리 갈 수 있다.

지금 우리는 인공지능 시대의 초입에 들어섰다. 시대가 바뀌면 그 시대에 맞는 조직경영과 자기경영이 요구됨은 물론이다. 바뀐 시대에 맞는 하루 관리가 필요함도 두말하면 잔소리다. 3차 산업혁명 시대의 DNA로는 인공지능에 일자리와 설 자리를 모두 빼앗기고 말 것이다. 편안함을 좇는 삶 대신 정신을 바짝 차리고 본능을 거스르는 하루 루틴으로 무장해야 한다. 예를 들면 의도적으로 디지털 기기를 멀리하고 하루를 생산적으로 활용할 수 있어야 한다. 그러지 않으면 갈수록 성공과 멀어지는 삶을 살게 될 확률이 높다. 인간보다 지능이 수천 수만 배 높은 인공지능은 게으르고 편안함을 좇는 인간의 속성을 너무 잘 알고 있기 때문이다.

인공지능 시대에 맞는 삶을 살기 위해 어떻게 해야 할까? 하루 일상을 개조하는 '하루 루틴Daily Routine 프로젝트'를 시작해야 한다. 당당한 하루 일상은 엄격한 루틴에서 출발한다. 특히 불가항력의 바이러스 팬데믹은 반복적인 개인의 평범한 일상이 얼마나 소중한지를 강하게 일깨워줬다. 이런 변화를 반영해 '쿼루틴Qua-Routine'이라는 신조어까지 생겨났다. '격리Quarantine'와 '루틴Routine'의 합성어다. 그렇다. 앞으로 바이러스 팬데믹과 같은 통제 불능의 상황이 오더라도 나만의 루틴만 있다면 무력감 대신 안정감과 통제감을 가질 수 있을 것이다.

이제 우리는 그동안 옳다고 믿었던 수많은 고정관념에서 벗어나 새로운 성공 루틴을 디자인하면서 환골탈태해야 한다. 더 이상 과거의 버릇대로 살면 곤란하다. 인공지능에 일상이 종속될 수 있기 때문이다. 지금 우리는 일생일대의 중요한 선택의 갈림길에 서 있는지도 모른다. 인공지능에 종속되는 삶을 살 것인가? 아니면 인공지능을 활용하는 삶을 살 것인가? 그것은 하루 루틴에 달려 있다고 강조하고 싶다.

"만약 당신이 늘 하던 대로 살아간다면 당신은 기존에 얻었던 것만 얻을 것이다."

— 헨리 포드, 기업인

승자와 패자를 가르는 한 끗 차이, 루틴

철저한 루틴은 허투루 삶을 살지 않겠다는 열정의 증거다. 슈퍼개미 김정환이 그의 유튜브를 통해 하루 루틴을 공개한 적이 있다. 그는 30대 초반 전세자금 7,000만 원을 불과 6년 만에 20,000%의 수익률을 기록하며 100억 원대로 불린 주식투자의 고수다. 그가 밝힌 핵심 루틴은 잠이다. 하루에 보통 3시간 30분에서 4시간 정도 잠을 잔다고 한다. 처음부터 잠이 적었던 것은 아니었다. 주식투자를 시작하면서 매일 아침 기대감에 부풀어 눈이 빨리 뜨였다고 한다. 마치 소풍 가기 전날에 설레는 마음에 일찍 깨듯 말이다. 그는 해야 할 일과 하고 싶은 일이 너무 많아 시간이 부족함을 느끼고 점차 잠을 줄이다 보니 지금처럼 자게 된 것이라고 말한다.

바쁘게 살기로 둘째가라면 서러워할 인물이 있다. 바로 테슬라의 최고경영자CEO '일론 머스크'다. 그는 새벽 1시에 자서 7시쯤에 일어나고, 평균적으로 주당 80~100시간을 일한다. 그렇게 긴 시간 일하는 이유를 묻는 말에 그는 성공의 가능성을 높이기 위해서라고 답했다. 월요일에는 스페이스X에서 일하고, 비행기로 이동해 화요일과 수요일은 테슬라에서 일한다. 목요일과 금요일은 다시 스페이스X에서 근무한다. 주말에도 마찬가지로 테슬라와 스페이스X에서 보낸다. 몸이 두 개라도 모자랄 정도로 바쁘게 사는 것이다.

일론 머스크의 회사별 주간 근무 시간[4]

성공한 사람들은 시간이 부족하다고 느끼며 늘 부지런하게 산다. 그들은 남들보다 훨씬 시간을 알차고 의미 있게 활용한다. 그런 열정을 이끄는 에너지는 자신이 하는 일에 대한 애착과 확신에 찬 목표에서 나온다. 그 일이 인류의 유익을 위한 일이면 더더욱 그렇다. 그렇게 열정적으로 살아가는 과정에서 자연스럽게 루틴을 터득한다. 그래서 그들은 생활에 일탈이 거의 없다. 일론 머스크는 지금도 화성에 기지를 건설하겠다는 야망으로 가득 차 있다. 이는 그가 돈을 버는 이유이기도 하다. 그의 꿈은 현실에 가까워지고 있다. 2020년 12월 21일, 그의 전기차 회사 테슬라가 대형기업의 상징적인 스탠더드앤드푸어스(S&P)

500지수에 편입됐다. 이 회사의 주가 상승으로 당시 그의 재산은 약 130조 원에 달해 단숨에 세계 3위 부자로 올라섰다.

반면 성공하지 못하는 사람들은 어떤가? 자기 주도적인 좋은 루틴이 부족하거나 없다. 아침에 마지못해 일어나 출근하고, 회사에서는 하기 싫은 일을 억지로 하면서 근무시간을 채운다. 퇴근 후에는 스트레스를 풀기 위해 사람을 만나 별 의미 없는 대화로 시간을 보낸다. 집에 돌아와서는 스마트폰을 보거나 빈둥대다가 늦게 잠든다.

성공한 사람과 그렇지 못한 사람의 차이는 무엇일까? 다름 아닌 평상시의 루틴이다. 성공한 사람은 평범한 일상을 정성스럽게 쌓아가는 사람이다. 비범한 삶은 수많은 평범한 일상이 쌓인 끝에 만들어지는 것이다. 성공한 사람은 독서, 운동, 긍정적 사고 등 좋은 루틴이 많고, 그렇지 못한 사람은 음주, 흡연, 도박, 무절제, 수면 부족, 운동 부족, 긴 통근 시간, 긴 스마트기기 사용 등 좋은 삶을 방해하는 루틴이 많다. 루틴은 시간을 후회 없이 사는 지혜요, 나를 사랑하는 방법이다. 하루를 좋은 루틴으로 채운다는 것은 하루를 최고의 날로 조각하는 것이다. 즉 누구에게나 똑같이 주어지는 대리석 덩어리 같은 하루를 예술 같은 하루로 빚는 것이다. 이탈리아 조각가 미켈란젤로가 다비드상이나 피에타상을 깎아내듯 말이다.

미켈란젤로는 말한다. "나는 그 대리암에서 천사를 보았고, 그를 해방시킬 때까지 돌을 깎았다."라고. 당신 안의 천사를 깨어나게 할 수 있는 것은 좋은 루틴이다. 당장 당신의 루틴을 점검해보라. 고통을 감내하면서 나쁜 루틴을 도려내고 좋은 루틴을 삶의 자리에 하나씩 새기다

보면 새 살이 돋듯 삶에 놀라운 변화가 일어날 것이다.

> "작은 일이더라도 허술하지 않으며, 남이 안 보는 데서라도 속이거나 숨기지 않으며, 실패했다 하더라도 나태하거나 거칠어지지 않는 사람이라면 진정한 영웅이다."
>
> _홍자성 《채근담》 전집 114장

나만의 루틴이 삶을 지탱하게 한다

1876년 내셔널리그부터 시작한 메이저리그 역사에는 진기록이 많다. 그중에서도 팬들이 가장 많이 꼽은 기념비적인 기록은 무엇일까? 홈런왕 행크 에런의 통산 755개의 홈런도, 뉴욕 양키스 조 디마지오가 작성한 56경기 연속 안타도 아니다. 바로 칼 립켄 주니어의 2,632경기 연속 출장 기록이다. 그가 21살이던 1982년 5월 31일부터 1998년 9월 20일 38세 베테랑이 되기까지 17년간 한 경기도 빠지지 않고 그라운드를 누비며 일궈낸 족적이다. 놀라운 것은 수비 부담이 많고 잔부상 위험이 높은 유격수로 활약하면서 이룬 기록이라는 점이다. 그런 꾸준한 덕에 메이저리그 선수 중에 유일하게 '철인 Iron Man'이라는 별명이 붙었다. 2007년에는 전·현직 선수의 약 0.7%인 134명(2020년 기준)만이 이름을 올린 메이저리그 명예의 전당 Hall of Fame에 104번째 입성자 HOFer가 되었다.

칼 립켄 주니어가 세운 기록은 단순히 연속 경기 출장에만 그치는 것이 아니다. 그는 데뷔 시즌을 제외하고 은퇴할 때까지 단 한 번도 10개 이하의 홈런을 기록한 적이 없었다. 그리고 통산 3,184안타, 1,695타점, 431홈런, 1,695회 출루라는 기록을 남겼으며, 아메리칸리그 신인왕, 아메리칸 MVP 2회, 골든 글러브 2회, 올스타 19회, 월드시리즈 우승 1회, 실버슬러거 8회 수상까지 뛰어난 업적을 남겼다. 193cm의 키에 100kg이 넘는 몸으로도 넓은 수비 범위와 흠잡을 데 없는 수비 능력으로 동시대 다른 유격수들과 궤를 달리했다.

기록이 깨질 뻔한 위기도 있었다. 1985년에는 2루에서 슬라이딩을 하다 발목을 다쳤지만, 천만다행으로 다음날 경기가 없었다. 1993년에는 집단 난투극 도중 투수 마이크 무시나를 보호하려다 무릎을 다쳤다. 주위의 만류를 뿌리친 립켄은 붕대를 감고 끝까지 경기를 소화했다. 1996년에는 올스타전에 앞서 사진을 찍다가 다른 선수가 넘어지면서 휘두른 팔에 코뼈에 금이 가기도 했지만, 올스타전은 물론이고 이후 경기까지 모두 소화했다. 최대 위기는 1996년 아내의 둘째 출산이었다. 립켄은 출산을 지켜보기 위해 기록을 포기하겠다고 선언했다. 하지만 얼마나 중요한 기록인지를 알았을까? 립켄의 둘째 아들은 경기가 없는 날 세상 빛을 봤다.[5]

그는 한 경기도 놓치지 않고 뛸 수 있었던 비결에 대해 이렇게 말한다. "상대 팀과 상대 타자는 물론 구장의 환경, 경기의 흐름에 맞춰 이끌어가는 상황별 수비 등에 대해 좋은 정보를 갖고 있었으며, 그 정보를 해석하고 적용하는 능력이 좋았다."라고 말이다. 하지만 그보다 더 중요한 것이 있다. 그것은 일관성이다. 그는 이렇게 말한다.

"나는 항상 아무것도 안 하는 것보다 뭐라도 하는 편이 낫다는 원칙으로 일한다."

그는 경기가 끝나면 늘 웨이트 룸으로 가서 늦은 밤까지 웨이트 트레이닝을 하고 러닝 머신에서 뛰었다. 심지어 야간 경기 후에도 추가로 체육관에서 체력 훈련을 하는 루틴을 실천했다.[6] 그만의 꾸준하고 절제된 하루 루틴이 아니었다면 그가 남긴 족적은 불가능한 일이었을 것이다. 인생도 마찬가지다. 핵심은 좋은 루틴을 만들고 나쁜 루틴을 최소화하는 것이다. 얼마나 좋은 루틴으로 하루를 엮느냐가 좋은 삶, 행복한 삶을 담보한다.

"설령 네가 삼천 년, 아니 삼만 년을 살 수 있다고 할지라도, 지나가는 것은 오직 지금 사는 삶이다. 너는 지금 지나가는 삶 외에 어떤 다른 삶을 사는 것이 아님을 명심해야 한다."

_마르쿠스 아우렐리우스 《명상록》 중

2장

루틴, 도대체 뭘까?

What's Routine?

루틴은 열정의 발자취다

한 유명한 비평가가 19세기 스페인의 가장 위대한 바이올리니스트인 사라사테에게 천재라고 부르자 사라사테는 이렇게 답했다.

> "천재요? 나는 37년간 하루도 빠짐없이 14시간씩 연습한 것뿐인데, 사람들이 나를 천재라고 부르는 것이라오."

사라사테를 만든 건 다름 아닌 연습 루틴이었다. 당신은 루틴하면 무엇이 떠오르는가? 영어 단어인 루틴Routine의 사전적인 의미로 보자면, 규칙적으로 하는 일의 통상적인 순서와 방법, 판에 박힌 일상이다. 운동선수들이 최고의 운동 수행 능력을 발휘하기 위해 습관적으로 하는 동작이나 절차를 표현할 때도 많이 사용한다. 단일 그랜드 슬램 대회에서 12번 우승한 스페인 출신 테니스 스타 라파엘 나달은 매 경기에서 일정한 서브 루틴을 지킨다. 클레이 코트, 하드 코트, 잔디 코트 등 코트 상황과 상관없이 다음과 같이 동일한 서브 루틴을 실천한다.

라파엘 나달의 서브 루틴

1. 땅을 고른다.
2. 라켓으로 두 발을 턴다.
3. 엉덩이에 낀 바지를 뺀다.
4. 양 어깨를 만진 뒤 귀와 코를 번갈아 만진다.
5. 공을 세 번 튀긴다.

또 루틴하면 빼놓을 수 없는 선수는 일본의 야구 영웅 스즈키 이치로다. 10년 연속 올스타 선정, 2004년 단일 시즌 최다 안타 기록인 262개, 10년 연속 200안타, 별명 그대로 그야말로 '안타 제조기'였다. 이는 그의 기록의 일부분일 뿐이다. 그가 수많은 기록을 만들어낼 수 있었던 건 선수 생활 내내 지킨 루틴 덕분이었다. "나와의 약속을 한 번도 어긴 적이 없다."라고 말했을 정도로 수도사 같은 선수생활을 했다. 그는 늘 경기 시작 5시간 전에 경기장에 들어갔다. 그라운드에 들어서면 똑같은 동작의 스트레칭을 하고, 타격 연습을 할 때는 볼 카운트가 쓰리(3)

볼, 노(0) 스트라이크라고 생각하며 타격했다. 매번 타석에 들어서도 똑같은 루틴을 반복했다. 다음은 스즈키 이치로의 타격하면 자연스럽게 떠오르는 시그니처 루틴이다.

스즈키 이치로의 타격 루틴

1. 쪼그리고 앉아 있다가 일어서 홈 플레이트 쪽으로 들어선다.
2. 방망이를 세워 투수 쪽을 바라본다.
3. 방망이를 든 왼팔을 빙빙 돌린다.
4. 왼손으로 입이나 앞쪽 옷을 만지거나 오른쪽 소매를 당긴다.
5. 방망이 너머로 투수를 노려본다.

이치로는 타석에서 이 동작을 매번 반복했다. 그의 루틴은 이뿐만이 아니다. 그는 매일 아침 아내가 만들어준 똑같은 음식을 먹었다. 한때는 카레, 한때는 식빵과 국수, 한때는 피자였다. 그는 메이저리그에서 1만 734타석 동안 자신만의 루틴을 한결같이 지켰고, 30년 선수 생활 내내 유지했다. 이치로는 말한다. "노력하지 않고 뭔가를 잘 해낼 수 있는 사람이 천재라고 한다면 나는 천재가 아니다." "내가 일본 최고의 선수가 되고 이 위치에 설 수 있었던 것은 나보다 더 많이 연습한 선수가 한 명도 없었기 때문이다." 앞서 바이올리니스트 사라사테와 비슷한 대답이다.

축구선수 크리스티아누 호날두는 최상의 컨디션을 유지하기 위해 흡연이나 음주를 하지 않는다. 그리고 웨이트 트레이닝, 유산소 운동,

휴식으로 구성된 자신만의 루틴을 지킨다. 김연아 선수는 경기 전에 몸을 풀 때면 항상 경기장을 반시계방향으로 한 바퀴 돈 후 뒤로 서서 S자를 그리며 활주하는 준비 루틴을 지켰다. 류현진 선수는 선발 등판에 맞춰 4일간의 루틴을 실천한다. 선발 등판 다음 날에는 어깨 운동과 웨이트 트레이닝을 하고, 이튿날에는 튜브로 어깨를 푼다. 사흘째가 되면 상체 운동과 함께 어깨 운동을 다시 한다. 나흘째에는 경기할 상대 팀 타자를 분석한다. 이외에도 경기 전에 고온 사우나를 즐긴다고 한다.

루틴의 어원을 살펴보면, '길', '노선'을 의미하는 'route'와 어원이 같다. 모두 '깨다 to break'라는 의미다. 루틴은 일상을 거슬러 고정관념을 깨는 것이다. 그래서 자신만의 길을 내는 것이다. 성공한 사람들은 자신만의 길을 가는 사람들이다. 그들은 삶의 노정에서 남기는 발자국처럼 자신만의 고유한 루틴이 있다. 그들에게 루틴은 안전한 길을 마다하고 도전의 길을 택하는 것을 의미한다. 인간이 가진 본능인 게으름을 이겨내며 하루하루를 치열하게 살아내는 증거다.

"가장 안전한 길이 가장 위험한 길이다."

— 세스 고딘, 작가

습관, 버릇, 징크스 그리고 루틴

본격적으로 루틴에 대해 다루기 전에 명확히 구분하면 좋을 비슷한 8

어를 짚고 가려고 한다. 우선 루틴은 내가 그리는 미래의 모습을 실현하기 위해 매일 반복적으로 훈련하는 의도된 행동이다. 운동선수들이 일정한 시간과 순서에 따라 매일 반복하는 행동을 일컫는다. 아울러 루틴과 관련된 용어 중에 '습관'과 '버릇'에 대해서 명확히 이해하고 구분할 필요가 있다. 습관은 어떤 행위를 오랫동안 되풀이하는 과정에서 저절로 익혀진 행동 방식으로 오래 익혀서習(익힐 습) 익숙해지는慣(익숙할 관) 것이다. 즉 몸이 기억하고 무의식으로 하는 행동이다. 습관은 긍정적인 행위와 부정적인 행위 모두 포함하는데, 버릇은 대개 부정적인 행위를 일컫는다. 독서, 인사가 습관이라면, 손톱을 물어뜯거나 귀를 만지는 것은 버릇이라고 할 수 있다.

그렇다면 루틴은 습관과 무엇이 다를까? 습관과 루틴의 차이점은 얼마나 의도적으로 인지하고 행동하는가다. 반면 공통점은 정기적이고 반복적이라는 것이다. 습관은 특정 신호에 반응하는 자동화된 욕구이고, 루틴은 의도적이고 지속적인 노력이 필요하다. 다시 정리해보면, 습관은 의도하지 않고도 이뤄지는 자동화된 행동이며, 루틴은 의도를 가지고 만들어낸 행동이라고 할 수 있다.

《습관의 힘》의 찰스 두히그는 신호, 루틴, 보상의 사이클로 습관이 만들어진다고 설명한다. 신호는 루틴을 자극하는 환경을 말하고, 루틴은 습관으로 만들고 싶은 행동이다. 그리고 보상은 뇌로 하여금 특정 습관 사이클이 앞으로 기억할 가치가 있다고 알려주는 수단이다. 따라서 루틴의 핵심은 신호와 보상을 통해 뇌를 단련시키는 것이다.

일반적인 습관 사이클

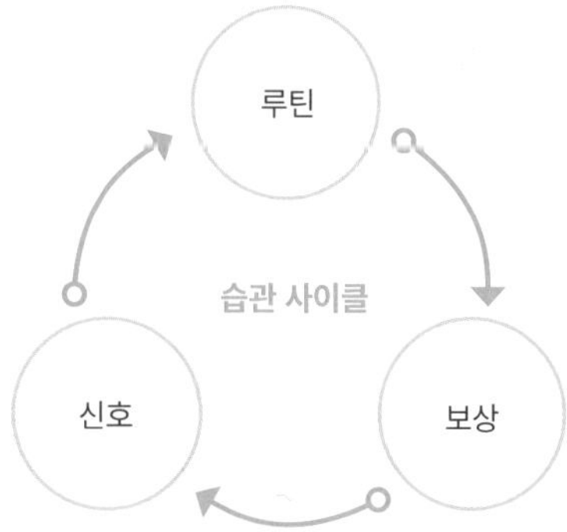

기상 후 독서를 루틴으로 만들고 싶다면 자명종 곁에 책을 두거나 음악을 켜서 신호를 보내고, 책을 읽은 후에는 좋아하는 차를 마셔 보상한다. 하지만 잊지 말아야 할 것은 의도한 보상보다 루틴의 결과로 자연스럽게 얻는 결과적 보상이 훨씬 큰 동기부여가 된다는 점이다. 즉 루틴의 실천을 통해 몸소 독서의 중요성을 깨달으면 자기 확신이 생겨 의도적인 노력 없이도 책을 보게 되는 습관의 단계에 쉽게 진입할 수 있다. 인내를 가지고 독서 루틴을 꾸준히 실천하는 과정을 통해 성공 경험을 늘려가면서 뇌를 단련하는 것이 중요하다.

습관과 비슷한 단어로 '징크스'를 빠뜨릴 수 없다. 징크스Jinx는 고대 그리스 마술에서 사용하던 '개미잡이'라는 새의 이름에서 유래했다고 한다. 기병대 대위가 훈련만 나가면 불길한 일이 계속 생기는 상황에서 비롯되었다는 설도 있다. 표준국어대사전에 따르면 징크스란 "재수 없는 일, 또는 불길한 징조의 사람이나 물건"이거나 "으레 그렇게 될 수밖에 없는 악운으로 여겨지는 것"이다. 즉 오랜 시간에 걸쳐 내려오는 집단적인 것과 개별 경험에서 비롯된 개인적인 것을 모두 포함한다. 징크스는 스포츠에서 많이 사용한다. 대표적으로 축구의 전설 펠레가 월드컵과 같은 큰 대회에서 우승할 것이라고 예상한 팀은 4강에도 가지 못하고 예선 탈락하는 '펠레의 저주'가 있다. 미국 내셔널리그에서 투수로 활약하고 있는 김광현 선수는 양말은 오른쪽부터 신어야 하고, 선발 등판 전날에는 육류를 피한다고 한다.[7]

이런 징크스를 극복하기 위해 만들어진 또 다른 습관이 바로 루틴이다. 징크스가 부정적인 결과를 염두에 둔 것이라면, 루틴은 긍정적인 결과를 예상하고 행동한다는 차이점이 있다. 수험생을 예로 들어보자. 시험 기간에 영화나 TV를 보지 않는 행동은 긍정적 결과인 좋은 성적을 기대하며 하는 행위이기에 루틴이다. 반면 시험 기간 동안 손톱을 깎지 않고 머리를 감지 않는 행동은 시험을 못 볼까 봐 불안한 심리에서 행하는 징크스다.

루틴은 삶을 자동화하는 것이다

아침에 일어나면 이를 닦고 식사를 하고 옷을 입고 출근한다. 이런 행동은 그다지 어려운 일이 아니며 습관적으로 이뤄진다. 인간 행동 연구 전문가이자 서던캘리포니아대 심리학과 교수 웬디 우드는 그의 책

《해빗》에서 삶에서 습관이 차지하는 영역은 43%라고 이야기한다. 습관은 자동화된 무의식적인 행동이다. 하지만 스마트기기 사용을 자제하고 다이어트를 하고 운동을 하는 것은 의식적으로 자동화하기 힘든 행동이다. 이를 자동화하기 위해 필요한 것이 바로 '루틴'이다.

루틴의 역할

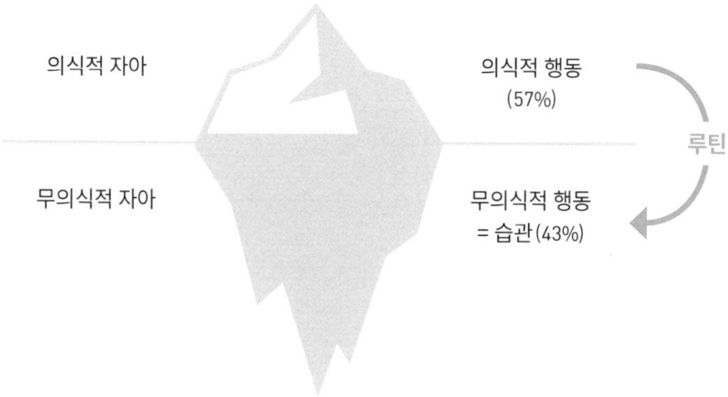

루틴은 뇌 과학과 심리학의 원리를 기반으로 하며, 힘들이거나 의식하지 않고Unconsciousness 행동하는 좋은 습관을 만들기 위해 실천하는 일련의 의식Ritual이다. 일찍 일어나기에 실패하는 이유는 의지가 약해서라기보다는 고민하지 않고 일어나게 하는 자동화된 루틴이 없기 때문이다. 루틴이 있으면 힘을 들이지 않고 에너지를 최소화하면서 좋은 습관을 만들 수가 있다.

루틴의 필요성

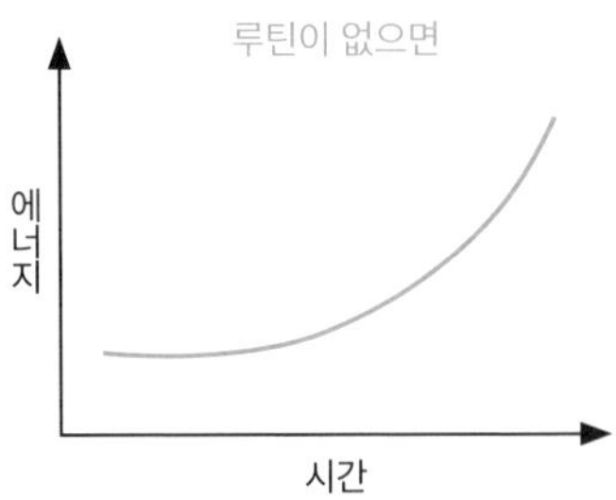

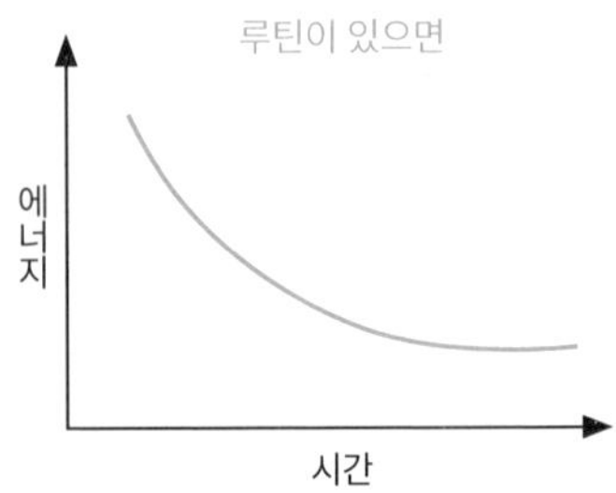

성공한 사람은 대단한 의지력과 고통스러운 자제력을 발휘하는 사람이라기보다는 일상을 체계적으로 관리하여 삶을 자동화하는 사람이다. 영화 〈포레스트 검프〉의 주인공 포레스트를 보자. 그는 불편한 다리에 아이큐 75로 지능지수도 낮은 외톨이였다. 어느 날 그를 괴롭히는 친구들을 피해 달리던 중 자신의 달리기 재능을 발견한다. 그 후로 그는 틈만 나면 달린다. 달리기를 자신의 루틴으로 만든 것이다. 달리는 그의 모습을 발견한 대학 미식 축구팀 감독에 의해 스카우트되어 팀을 우승으로 이끌기도 한다. 파병되었을 때는 여자 친구에게 매일 편지 쓰는 루틴을 실천하고, 군대에서 탁구를 접하고는 성실하게 연습하는 루틴 덕에 탁구 국가 대표로 뽑혀 훈장까지 받기도 한다.

비록 영화지만 주인공 포레스트에게서 배울 수 있는 메시지는 분명하다. 그는 전형적인 루티너였다. 매번 고난이 올 때마다 작은 루틴을 성실하게 실천하면서 전화위복의 기회로 만들어갔다. 그렇다. 우리에게 필요한 건 포레스트처럼 일상에서 작은 루틴을 계획하고, 계획했으면 집요하게 실천하는 근성이다. 왜냐하면 루틴의 실천으로 삶에 대한 통제감이 높아지면 높아질수록 그만큼 누릴 수 있는 자유와 성취는 더 커지기 때문이다.

연구에 따르면 시간과 집중력을 잘 통제하는 사람일수록 심신을 회복해야겠다는 생각을 덜 한다. 반대로 통제가 부족한 사람일수록 스트레스를 더 많이 받고, 더 긴 시간을 일하며, 일상생활이나 우선순위에 대한 제어도 부족하고, 심신의 피곤도 더 크게 느낀다.[8] 생각해보면 루틴은 노력하지 않기 위해 최선을 다해 노력하는 것이고, 애쓰지 않기 위해 최대한 애쓰는 것이 아닌가 싶다.

> "지성인에게 규칙적인 일상은 열정의 증거다."
>
> —윈스턴 휴 오든, 시인

하루 루틴을 실천하면 얻을 수 있는 7가지

누구나 어제보다 더 나은 오늘, 오늘보다 더 나은 내일을 기대한다. 하지만 매일 맞이하는 삶은 늘 어제와 별반 다를 바가 없다. 의도를 갖고 변화를 도모하지 않는 이상 어제까지의 습관과 관성대로 살아가기 때문이다. 하루 루틴이 필요한 이유다. 하루 루틴은 평범한 일상을 비범한 삶으로 바꾸는 성공 회로를 만드는 것이다. 쉽게 말해 하루 루틴은 기상해서 취침까지 하루의 모든 시간을 의도적으로 좋은 루틴으로만 설계하는 것이다. 어디까지나 내게 맞게 하루를 최적화하는 것이 핵심이다. 주위에 성공한 사람들이 있는가? 만약 그렇다면 그들에게 물어보라. 그들만의 하루 루틴은 무엇인지. 그리고 그 루틴을 통해 얻는 것은 무엇인지 확인해보라. 하루 루틴을 실천하면 좋은 점 7가지는 다음과 같다.

첫째, 불필요한 의사결정 시간을 줄일 수 있다.

인간의 삶은 의사결정의 연속이다. 인간은 하루에도 7만 가지 일을 생각하는데, 〈내셔널 지오그래픽〉의 연구에 따르면 인간은 하루에 150가지 이상의 선택을 한다고 한다. 아마도 그보다 훨씬 많지 않을까 싶다. 아침에 따뜻한 이불 속에서 "눈을 떠야 할까 말아야 할까?" "어떤 옷을 입을까?" "어떤 신발을 신을까?" 등 사람은 수없이 많은 크고 작은 의사결정을 하며 살아간다. 하지만 성공한 사람들은 공통으로 의사결정이 간결하다. 그들은 작은 결정을 하는 데 시간을 낭비하기보다는 자동화된 단호한 행동 패턴을 실천해 가면서 생각할 거리를 줄여간다.

둘째, 중요한 일에 시간과 에너지를 집중할 수 있다.

체계화된 하루 루틴이 일상이 된 사람은 일의 경중이 명확하기 때문에 중요한 일에 자신의 시간과 에너지를 집중한다. 그들에게는 계획에 없던 일이 갑작스레 비집고 들어올 때처럼 불편한 게 없다. 예고에 없던 약속은 단호하게 거절한다. 그래서 시간 낭비하는 일이 적다.

셋째, 건강을 유지할 수 있다.

하루 루틴의 가장 큰 장점 중 하나로 건강을 빼놓을 수 없다. 따져보면 유전이 아닌 이상 모든 질병은 생활 속 크고 작은 루틴과 관련이 깊다. 퇴근 후 냉장고 문부터 열거나 비스킷을 먹는 작은 행동이 과체중의 원인이 된다. 잘못된 식습관과 자세, 흡연, 음주, 운동 부족 등 건강하지 못한 루틴이 질병을 부른다. 자신의 생활 속 루틴을 찬찬히 점검해보자. 건강한 사람의 공통점은 예외 없이 생활 속에서 건강한 루틴을 실천하고 있다는 점이다. 대표적으로 종교인을 예로 들 수 있다. 그들은 규칙적인 기도와 묵상, 긍정적인 사고가 일상이다. 직업별 평균수명을 보면 종교인이 압도적으로 길다.

직업별 평균수명[9]

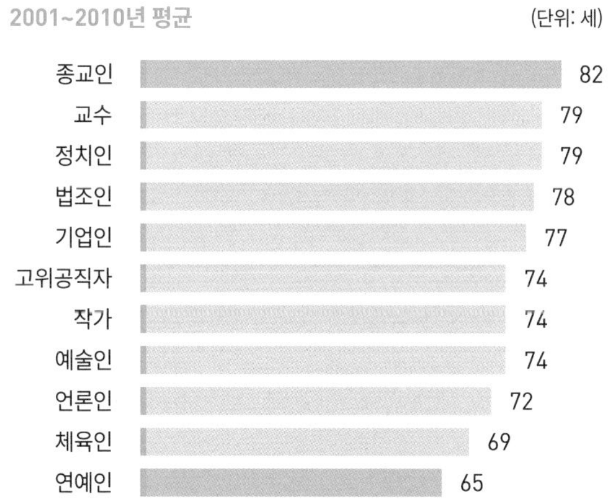

넷째, 평범한 두뇌로도 성공할 수 있다.

2014년 청색 LED Light Emitting Diode(발광 다이오드)의 실용화에 성공한 공로로 노벨물리학상을 받은 나카무라 슈지라는 사람이 있다. 지방대를 나와 중소기업에 다니던 그가 세계 유수 대기업과 연구기관에서 27년이나 연구에 매달렸고 불가능하다고 여겨졌던 청색 LED를 혼자서 4년 만에 개발했다. 비결을 묻는 말에 서툴러도 남다른 꾸준함 때문이었다고 답한다. 그는 온종일 실험실에서 아침에는 장비를 손보고 오후에는 실험에 몰두하는 심플한 하루 루틴을 실천했다.

다섯째, 힘들이지 않고 많은 일을 해낼 수 있다.

좋은 루틴이 일상화된 사람은 자신의 생체 리듬과 에너지에 맞춰 할 일을 최적화한다. 그렇기 때문에 효율적인 시간 관리가 가능하다. 그들은 하루 24시간을 마치 48시간처럼 활용하면서 많은 일을 해낸다. 허투루 쓰는 시간을 적게 해서 알차게 시간을 사용하기 때문이다. 그래서 매사에 쫓기는 기색이 없고 여유가 있다.

여섯째, 자유와 성취를 얻을 수 있다.

방종과 무절제는 삶을 종속적으로 만들고 옥죄지만, 규칙과 절제는 삶을 주체적이고 자유롭게 만든다. 루틴은 충동적인 자아를 제어하고 이성적인 자아가 삶을 다스리도록 한다. 루틴은 다이어트나 금연 같은 작은(?) 꿈부터 각종 시험 합격 등 미래에 소망하는 꿈의 실현 가능성을 높인다. 루틴을 통해 꿈을 이루는 과정에서 성공 경험이 쌓이면 자기 확신이 더해지고 진정한 자유와 행복을 맛보게 된다.

일곱째, 빠른 시간 내에 몰입할 수 있다.

우리는 일을 시작하기 전에 스마트폰으로 뉴스나 메시지를 확인하느라 시간을 보낸다. 하기 싫은 일이면 더더욱 그렇다. 우리는 딴짓을 하느라 해야 할 일을 제때 시작하지 못하는 경우가 허다하다. 하지만 오랜 시간 루틴이 몸에 밴 사람은 불필요한 워밍업 시간 없이도 짧은 시간 안에 몰입할 수 있다. 빠른 몰입은 정해진 시간 내에 많은 양의 일을 해낼 수 있게 함은 물론이고 결과의 질을 높인다.

지금 내게 맞는 루틴을 설계해 보자. 30분 일찍 일어나기, 이불 개기, 20분 명상시간 갖기, 부정적인 말 하지 않기 등 거창할 필요는 없다. 그리고 시작했으면 멈추지 마라. 루틴이 익숙해지고 편해지면 어느새 변화된 삶을 맞이하게 될 것이다. 절제 있는 식습관은 체형으로 나타나고, 긍정적인 생각은 표정으로 나타나고, 마음의 여유는 상대를 대하는 태도로 나타나고, 아름다운 감정의 결은 목소리로 나타나고, 좋은 성품은 말투로 나타나고, 신념의 수준은 행동으로 나타난다. 지금의 내 모습은 모두 루틴의 산물이다. 당신은 어떤 루틴을 만들고 싶은가? 아무것도 하지 않으면 아무 일도 일어나지 않는다는 것을 명심하라.

"평소의 습관이 성격이 되고 그 성격이 운명을 만든다."

—《장자》 외편

창의력도 루틴의 산물이다

앞에서 소개한 노벨물리학상을 받은 나카무라 슈지의 이야기를 이어가 보자. 그의 책 《끝까지 해내는 힘》을 보면, 나카무라 슈지는 스스로 똑똑하거나 요령 있게 일하는 사람이 아니라고 말한다. 그보다는 비록 서툴러도 남달리 꾸준하게 하는 편이라고 자신을 평가한다. 그의 성공 비결은 심플한 하루 루틴에 있었다.

그는 매일 아침 7시에 출근해 오전에는 장비를 개조하고 오후에는 반응실험에 매달렸다. 실험을 시작하면 전화도 받지 않고 회의도 외면한 채 사람들과 일절 말을 섞지도 않았다. 평소 그를 봐오던 그의 아내는 평상시 남편의 모습이 마치 무언가에 홀린 사람처럼 보였다고 한다. 나카무라 슈지는 매일 저녁 8시에는 집으로 돌아와 꼭 가족과 함께 저녁을 먹었다. 그는 연구에 열중하느라 불규칙한 생활을 한다고 해서 좋은 결과가 나오는 게 아니라는 사실을 알고 있었다.

나카무라 슈지는 아침부터 밤까지 매일 동일한 루틴을 실천했다. 수없이 많은 몰입의 과정을 반복한 끝에 어느 날 청색 LED의 결정적인 아이디어를 떠올리게 된다. 그것도 혼자서 말이다. 프랑스 철학자 데카르트는 《방법서설》에서 "여러 장인의 손으로 만들어진 작품은 한 사람이 만들어 낸 것보다 완전성에 있어 종종 떨어진다."라고 말한다.[10] 결국, 지극히 평범한 두뇌를 가진 그는 누구도 따라 할 수 없는 독자적인 방식으로 실험을 거듭한 끝에 '나카무라 매직'을 만들어냈다. 그가 청색 LED를 개발하면서 비로소 기존 적색과 녹색에 청색 빛의 삼원색이

갖춰졌고, 무엇이든 원하는 색을 만들 수 있게 됐다.

몰입Flow 이론의 창시자로 유명한 미하이 칙센트미하이는 그의 책 《창의성의 즐거움》에서 창의적인 사람일수록 엄격한 자신만의 루틴을 지킴으로써 더 많은 시간적·정신적 여유를 누린다고 말한다.

> "창의적인 인물들은 자고 먹고 일하는 데 가장 적합한 자신의 리듬을 찾아내고, 다른 유혹이 있어도 그것을 지키려고 노력한다. 그들은 편한 옷을 입고, 마음에 맞는 사람들과 만나고, 중요하다고 생각하는 일만 한다. 물론 그런 습관들로 인해 그들이 반드시 상대해야 하는 사람들에게 호감을 주지 못하고, 괴팍하고 어울리기 힘든 사람으로 보일 수도 있다. 그러나 개인적인 생활습관은 외부적인 요구에서 벗어나 중요한 문제에 집중하는 데 도움이 된다."[11]

타고난 창의력을 가진 천재는 없다. 창의력은 습관이며, 최고의 창의력은 훌륭한 루틴의 결과다. 천재로 추앙받는 모차르트도 24개의 미숙한 교향곡을 완성한 후에야 후세에 길이 남을 25번 교향곡을 작곡할 수 있었다. 오페라 〈코지 판 투테Cosi Fan Tutte〉를 작곡하기 전까지는 음계부터 연습하는 루틴이 있었다. 기술을 타고나는 사람은 없다. 그것은 수없이 많은 연습을 통해 뼈를 깎는 고통과 인내, 성취를 반복하면서 터득하는 것일 뿐이다. 모차르트가 친구에게 보낸 편지에 이런 내용이 적혀 있었다고 한다.

"사람들은 내가 쉽게 작곡한다고 생각하지만 이건 실수라네. 단언컨대 친구여, 나만큼 작곡에 많은 시간과 생각을 바치는 사람은 없을 걸세. 유명한 작곡가의 음악치고 내가 수십 번에 걸쳐 꼼꼼하게 연구하지 않은 작품은 하나도 없으니 말이야."[12]

많은 사람이 모차르트를 타고난 음악적 재능을 가진 사람으로만 알지만 그건 절반만 아는 것이다. 매일 연습하는 루틴이 아니었으면 우리가 아는 모차르트는 없었다. 모차르트는 마차 안에서 작곡을 끝내 무대의 막이 오르기 직전에 단원들에게 악보를 전달하기도 했고, 늘 펜을 쥐고 작곡하느라 손이 기형이 될 정도였다.

창의적인 사람이 되려면 지난하게 루틴을 실천하는 관문을 통과해야 한다. '음악의 성인' 베토벤 역시 마찬가지였다. 그는 난청과 이명으로 건강이 좋지 않았지만 매일 같은 의식으로 하루를 시작했다. 아침 산책을 하면서 악상이 떠오를 때마다 늘 가지고 다니던 작은 노트에 기록했다. 매일 같은 시간에 산책이라는 루틴을 실천하면서 마음의 평안을 유지했고, 방으로 돌아가 최적의 컨디션으로 하루 작업을 시작했다.

현대 첼로연주의 아버지라 불렸던 파블로 카살스는 어린 시절부터 매일 아침 걷는 루틴이 있었고, 자연에서 영감을 받은 후 집으로 돌아와 바흐의 두 곡을 연주했다. 95세 때 기자가 그에게 아직도 6시간씩 매일 연습하는 이유를 묻자 이렇게 답한다.

"왜냐하면 저는 요즘도 조금씩 실력이 느는 것을 느끼기 때문이죠."

창의력이 뛰어난 인물들은 하루를 시작할 때 종교적인 의식과도 같은 루틴을 매일 실천한다. 그들은 일반적으로 일찍 일어나며 오전에는 짧은 시간 동안 강도 높게 일하고, 어려운 일부터 끝낸다. 오후에는 산책하거나 낮잠을 자면서 잠재의식을 자극하며, 일을 마칠 때는 다음날 가볍게 일을 시작하도록 소소한 업무를 남긴다. 천재는 타고나는 것이 아니라 루틴의 결과다.

관계도 사랑도 루틴이 중요하다

앙투안 드 생텍쥐페리의 《어린 왕자》에 등장하는 이야기다. 친구가 되고 싶어 하는 어린 왕자에게 여우가 이렇게 조언한다.

"매일 같은 시각에 오는 게 더 좋을 거야. 가령 네가 오후 네 시에 온다면 나는 세 시부터 행복해지기 시작할 거야. 네 시가 다가올수록 나는 더욱 행복해지겠지? 네 시가 되면 나는 가슴이 두근거리고 안절부절못할 거야. 그럼 행복이 얼마나 소중한 것인지 깨닫게 되겠지. 그러나 네가 아무 때나 오면 몇 시에 마음의 준비를 하고 있어야 하는지 모르잖아. 그래서 의식이 필요한 거야."

그렇다. 관계도 사랑도 루틴이 필요하다. 루틴은 꾸준함이고, 꾸준함은 상대에게 신뢰감을 준다. 여우의 말처럼 상대의 마음을 얻기 위해서는 '아무 때나'가 아니라 '매일 같은 시각'을 정해 상대에게 다가가는 '의식' 즉, 루틴을 실천하는 것이 효과적이다. 나도 청년 시절 한때 한 여인의 마음을 얻기 위해 2개월간의 해외여행 중에도 매일같이 그녀에게 엽서를 써 보낸 적이 있다. 그 루틴이 통해서일까? 그녀는 지금 나를 닮은 두 아이의 엄마가 되었다. 나는 루틴의 힘이 컸으리라 믿는다.

사람은 서로 좋은 사람을 만나기 원한다. 여기서 좋은 사람이란 누구일까? 좋은 사람은 고운 말씨를 쓰고, 깊은 마음씨를 가지고, 긍정적인 생각을 하고, 좋은 사람을 만나고, 사려 깊은 에티켓을 가지고, 좋은 책을 읽는다. 즉 좋은 사람은 사는 동안 좋은 루틴을 쌓은 사람이다. 사람은 결국 상대의 좋은 루틴에 매료되는 것이다.

좋은 루틴이 많으면 선순환이 되며 나쁜 루틴이 많으면 악순환이 된다. 인생이 꼬인 것 같고 힘든가? 그럼 현재 만나는 사람을 살펴보라. 기업가 짐 론은 "당신은 대부분의 시간을 함께 보내는 5명의 평균이다."라고 말한다. 책 《행복은 전염된다》에서 하버드대 니컬러스 크리스태키스 교수 연구팀은 약물 남용, 흡연, 불면증, 음주, 식이장애, 행복이 우리의 인간관계와 어떤 상관관계가 있는지 과학적으로 증명한다. 반 마일(약 800미터) 이내에 사는 친구가 행복해지면 자신이 행복해질 가능성은 42%였고, 친구가 비만이면 자신이 비만이 될 확률은 57%였다. 왜일까? 사람들은 자주 보는 사람들의 모습과 행동에 영향을 받기 때문이다.

좋은 만남을 원한다면 좋은 루틴을 가진 사람을 만나야 하고, 그전에 자신의 좋은 루틴이 선순환되는 구조를 만들어야 한다. 그래서 상대에게 선한 영향력을 끼칠 수 있어야 한다. 좋은 관계, 좋은 사랑을 원하는가? 그럼 자신이 먼저 좋은 루틴을 가졌는지부터 따져보고 의식적으로 좋은 루틴을 만들기 위해 노력해 보자. 사랑이라는 꽃은 좋은 루틴이라는 뿌리에서라야 피울 수 있다.

당신의 하루 루틴은 어떤가?

그는 새벽 4시가 되면 어김없이 일어난다. 하루도 예외가 없다. 대여섯 시간 이상 쉼 없이 원고를 쓴다. 하루에만 200자 원고지 20매 분량을 규칙적으로 써내는 것이다. 좀 더 쓰고 싶거나 잘 안 된다 싶어도 20매까지 기계적으로 쓴다. 오후가 되면 1~2시간 수영이나 달리기를 한다. 때론 둘 다 하기도 한다. 그는 달리기에 대한 애정이 남다르다. "나는 머리로 사물을 생각하는 사람이 아니라 몸을 움직여 파악하는 사람"이라고 말할 정도다. 그 후에는 7~8시간 책을 읽고 음악을 듣는다. 저녁 9시가 되면 잠자리에 든다. 한 권의 소설을 완성하기까지 이런 최면과 같은 일상을 무한 반복한다. 그는 이런 하루 루틴을 30년 넘게 지켜오고 있다. 우리가 보기에는 평범하기 그지없는 단조로운 일상이다.

04:00~12:00 글쓰기

12:00~14:00 달리기(10km), 수영(1.5km)

14:00~21:00 낮잠, 독서, 음악 감상

21:00~04:00 수면

짐작한 사람도 있을 것이다. 주인공은 바로 소설가 '무라카미 하루키'다. 그의 자전적 수필 《직업으로서의 소설가》에서 그는 말한다.

"소설 한 편을 쓰는 것은 어렵지 않습니다. 그러나 소설을 지속적으로 써낸다는 것은 상당히 어렵습니다. 누구라도 할 수 있는 일이 아닙니다."

그렇기에 그는 자신만의 루틴을 만들어 지킨 것이다. 그럼 어떻게 지속해서 글을 쓰는 게 몸에 배도록 했을까? 그의 대답은 단순하다. 기초체력을 몸에 배도록 하고, 다부지고 끈질긴 체력을 얻도록 자기의 몸을 만든 것이다. 그가 오랫동안 작품 활동을 이어오는 비결이 루틴을 통해 예술적 감수성 못지않게 체력을 지켜왔기 때문인 것은 분명하다. 사람들이 그의 책보다 하루키라는 인물에 열광하는 것은 한결같이 자신만의 루틴으로 기대에 부응하는 작품을 계속해서 만들어내기 때문이 아닐까. 그의 성공 DNA는 한마디로 '하루 루틴Daily Routine'이다.

당신의 하루 루틴은 어떤가? 자신만의 하루 루틴을 만들어 지금부터 꾸준히 실천해보면 어떨까?

당신의 하루 루틴 점수는 몇 점일까?

당신은 루틴을 잘 실천하는 사람인가? 현대 경영학의 창시자 피터 드러커는 "측정할 수 없다면 관리할 수 없다."라고 말했다. 다음의 하루 루틴 지수 진단을 통해 자신의 수준을 점검해보자. 그리고 개선해야 할 하루 루틴은 어떤 것들인지 생각해보자. 그러면 의미 있는 성찰의 기회가 될 것이다. 이어지는 2부부터는 하루 루틴을 하나씩 파헤쳐보려고 한다. 이 책은 순서대로 읽지 않아도 상관없다. 당장 개선해야 할 루틴부터 살피는 것도 방법이다.

나의 하루 루틴 지수 진단

문항	점수				
1. 나는 계획하고 하루, 일주일을 시작한다.	1	2	3	4	5
2. 나는 시간에 쫓기지 않고 그날 해야 할 일은 해낸다.	1	2	3	4	5
3. 나의 일과는 규칙적이고 의욕적이다.	1	2	3	4	5
4. 나는 아침에 일찍 일어나 여유 있게 하루를 시작한다.	1	2	3	4	5
5. 나는 아침 식사를 거르지 않고 챙긴다.	1	2	3	4	5
6. 나는 업무를 시작할 때 의식처럼 일정하게 하는 것이 있다.	1	2	3	4	5
7. 나는 업무나 학습의 효율을 높이기 위해 실천하는 의식이 있다.	1	2	3	4	5
8. 나는 하루 중 일정 시간을 자기개발에 투자한다.	1	2	3	4	5
9. 나는 시간을 투자하면서 열정을 쏟으며 실천하는 목표가 있다.	1	2	3	4	5
10. 나는 약속을 미리 계획하며 계획에 없던 약속은 잘 하지 않는다.	1	2	3	4	5
11. 나는 닮고자 노력하는 롤모델과 같은 인물이나 멘토가 있다.	1	2	3	4	5
12. 내 주변에는 성장을 자극하는 좋은 습관을 지닌 사람이 많다.	1	2	3	4	5
13. 나는 버는 돈보다 덜 쓰고 아껴 쓰며 투자한다.	1	2	3	4	5
14. 나는 건강을 위해 꾸준히 하는 운동이나 습관이 있다.	1	2	3	4	5
15. 나는 이동 시간이나 자투리 시간을 효율적으로 활용한다.	1	2	3	4	5
16. 나는 혼자만의 시간을 통해 명상하고 성찰한다.	1	2	3	4	5
17. 나는 도서관, 카페 등 나만의 공간이 있다.	1	2	3	4	5
18. 나는 일과를 정리하고 점검하는 나만의 시간을 가진다.	1	2	3	4	5
19. 나는 정해진 시간에 늦지 않게 취침한다.	1	2	3	4	5
20. 나는 질 높은 수면을 위해 노력한다.	1	2	3	4	5
합계	/100점				

매우 아니다 1점, 아니다 2점, 보통이다 3점, 그렇다 4점, 매우 그렇다 5점

나의 하루 루틴 지수

- 80점 이상: 훌륭한 루틴 디자이너
- 60~79점: 성숙한 루틴 실천자
- 40~59점: 평범한 루틴 도전자
- 39점 이하: 루틴 결핍자

나의 하루 루틴 점수는? 잘하는 점과 개선해야 할 점은?

나의 하루 루틴 점수

잘하는 점

개선해야 할 점

2부

하루 루틴 파헤치기

DISCOVER

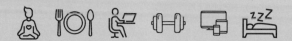

DAILY ROUTINE

3장

설레는 마음으로 아침을 맞을 수는 없을까?

Morning Routine

매일 아침 죽음에서 깨어나듯

> "매일 밤, 잠자리에 들 때면 나는 죽는다. 그리고 다음 날 아침, 잠에서 깨어나면 다시 태어난다."
>
> _마하트마 간디, 독립운동가

히프노스라는 이름을 들어본 적이 있는가? 그는 잠의 신이다. 밤의 여신 닉스의 아들이자, 죽음의 신 타나토스와 쌍둥이 형제이기도 하다. 그의 존재는 고대 그리스 사람들이 잠과 죽음을 유사한 개념으로 보았음을 짐작하게 한다. 형인 죽음의 신 타나토스가 청년이나 해골의 모습으로 나타나는 것과는 달리, 히프노스는 지팡이를 짚고 있는 노인의 모습으로 자주 그려진다. 늙어가면서 영원한 잠과 가까워짐을 암시하는 것으로 해석할 수 있다.

잠은 죽음과 가까운 것이며 또 죽음과 비슷하기도 하다. 잠자는 동안 우리의 몸은 마치 시체나 매한가지다. 컨설팅 프로젝트로 한창 바쁘게 일할 때는 아침에 일어나는데 몸이 뻣뻣한 나무처럼 느껴진 적이 있었다. 정말 이렇게 죽을 수도 있고, 죽는다는 것은 이런 느낌인가 생각하기도 했다. 우리가 아침마다 눈을 뜰 수 있다면, 다시 하루를 살 수 있다는 그것만으로 감사해야 할 일인지도 모른다. 그렇게 깨어나지 못하고 생을 마감하는 사람들이 얼마나 많은가? 우리나라에서만 하루 평균 800여 명이 세상을 떠난다.

오늘은 어제 죽은 자들이 그토록 기다렸던 내일이 아닌가? 만약 우리가 매일매일 보너스 인생을 사는 것으로 생각할 수 있다면, 남다른 하루를 보낼 수 있을 것이다. 최고의 하루를 만드는 것이 그리 어려운 일이 아닐 수도 있다. 열정을 가지고 능동적으로 하루 루틴을 만들고 실천할 수 있다면 그 확률을 더 높일 수 있을 것이다.

특히 기상 후 아침 루틴은 하루의 시작을 알리는 더없이 중요한 시간이다. 당신은 평소 몇 시에 일어나는가? 또 어떤 기분으로 일어나는가? 일어나자마자 가장 먼저 무엇을 하는가? 가슴 설레는 마음으로 하루를 맞이하는가? 하루를 바꾸고 싶다면 일찍 일어나고 싶은 마음이 들 정도로 기대되는 아침 루틴을 만들면 되지 않을까? 더 나아가 인생을 바꾸는 것도 매일 소풍처럼 기다려지는 하루 루틴을 만들 수만 있다면 가능하지 않을까? 그러면 천상병 시인의 시 〈귀천〉의 마지막 구절처럼 이 세상 소풍 끝나는 날, 가서 아름다웠더라고 말할 수 있지 않을까?

귀천歸天

나 하늘로 돌아가리라.
새벽빛 와 닿으면 스러지는
이슬 더불어 손에 손을 잡고,

나 하늘로 돌아가리라.
노을빛 함께 단둘이서
기슭에서 놀다가 구름 손짓하면은,

나 하늘로 돌아가리라.
아름다운 이 세상 소풍 끝내는 날,
가서, 아름다웠더라고 말하리라…

왜 억만장자는 4시에 일어날까?

"일생의 계획은 어릴 때 세우고, 일 년의 계획은 봄에 세우며, 하루의 계획은 새벽에 세운다. 어릴 때 공부하지 않으면 늙어서 아는 것이 없고, 봄에 밭을 갈지 않으면 가을에 거둘 것이 없으며, 새벽에 일어나지 않으면 그날에 할 일을 못 한다."

고려 말 충렬왕 때의 학자 추적이 쓴 《명심보감》에 등장하는 구절이다. 부자나 성공하는 사람이 모두 일찍 일어나는 건 아니다. 그렇지만, 일찍 일어나는 데 달인인 경우가 많다.

피아트 크라이슬러 그룹의 세르조 마르치오네 회장은 새벽 3시 30분에 일어난다. 기상 후 유럽 지역 사업장에 전화를 걸어 판매 현황부터 챙긴다. 빌 게이츠는 새벽 3시에 일어나 두세 시간씩 독서를 한다. 또 앞서 소개한 소설가 무라카미 하루키를 비롯해 영국의 시인이자 청교도 사상가 존 밀턴, 프랑스 계몽주의 작가 볼테르, 발명가 토머스 에디슨, 애플의 최고경영자 팀 쿡, 펩시코의 최고경영자 인드라 누이, 미국 영부인이었던 미셸 오바마 등 새벽 4시에 일어난 사람은 정말 헤아릴 수도 없을 만큼 많다.

우리나라를 대표하는 아침형 CEO 하면 고 정주영 현대그룹 회장을 빼놓을 수 없다. 정 회장은 젊은 시절 새벽 3시에 일어나 일을 시작했고 회장이 되어서도 새벽 4시에 일어났다. 회사는 오전 7시 정도에 출근했는데, 궁금한 게 생기면 임원들의 사무실에 전화를 거는 바람에 회사 임원들은 오전 6시에는 출근해야 했다.

《부자습관 Rich Habits》의 저자 토마스 콜리에 따르면 부자들은 업무 시작 최소 3시간 전에 일어난다고 한다. 부자는 타고난 것이 아니라 새벽 기상과 같은 부단한 자기훈련으로 얻는 것임을 예측할 수 있는 대목이다. 새벽 기상이야말로 끈기와 절제를 상징하는 대표적인 자기훈련이 아니겠는가? 그렇다면 왜 부자들은 새벽 4시에 일어날까? 왜 그 시간에 집착하는 것일까? 무슨 비밀이라도 있는 것일까?

첫째, 가장 생산성이 높은 시간이기 때문이다. 새벽 4시는 하루 중 정신이 가장 명료하고 생산성이 최고인 시간이다. 부자들은 중요한 일을 대부분 이 시간에 해낸다.

둘째, 중요한 일에 집중할 수 있는 시간이기 때문이다. 새벽 시간은 전화나 SNS Social Network Service(사회 관계망 서비스) 등 내·외적인 유혹은 물론 훼방하는 사람이 없어 중요한 일에 집중할 수 있다.

셋째, 자신이 삶을 주도한다는 자신감이 생긴다. 누구보다 하루를 일찍 시작한다는 것만으로 남들보다 앞서고 있다는 자기 만족감이 든다. 부자들은 일반인이 생각하는 '안전지대'에서 벗어난 사람들이다. 그들은 기본적으로 일반인들과 같은 평범한 삶을 살고 싶어 하지 않는다.

넷째, 몇 시간의 고독을 활용할 수 있기 때문이다. 부자들은 바쁜 현대인이 놓치기 쉬운 '고독감'을 즐기며 살아간다.

그럼 부자나 성공한 사람들은 새벽에 일찍 일어나서 뭘 하는 걸까? 대한상공회의소가 국내 기업 CEO 200명을 대상으로 한 조사에 따르면, 10명 중 6명이 매일 오전 5~6시에 일어나 등산, 명상, 신문 읽기, 독서 등 자신만의 루틴으로 하루를 시작한다. 최근 서울 시내 여러 호텔에서는 매일 같이 수백 명의 CEO와 임원을 대상으로 한 조찬모임이 한창이다. 이런 조찬모임이 1,000여 개가 될 것으로 추산하는데, 많은 CEO와 임원이 이른 새벽 학습에 열을 올리고 있다. 강의를 통해 만나는 사람 중 가장 학습 열의가 높은 직급은 단연 임원인데, 이는 결코 우연이 아닐 것이다. 국내 대기업 직원 100명 중 임원으로 승진하는 사람은 불과 0.8명밖에 되지 않는다. 임원은 누구에게나 허락된 자리가 아니다. 직장인에게 성공의 증거라고 할 수 있는 임원이라는 자리는 오르기도 유지하기도 결코 쉽지 않다.

할 엘로드는 그의 책 《미라클 모닝 밀리어네어》에서 부자를 만드는 전형적인 아침 루틴을 '라이프 세이버Life S.A.V.E.R.S.'로 정리한다. 침묵Silence, 긍정Affirmations, 시각화Visualization, 운동Exercise, 독서Reading, 쓰기Scribing 등 6가지다. 이외에도 부자들은 아침 시간에 중요한 업무를 보며, 가족과 함께 식사하는 것으로 하루를 시작한다. 이들 부자는 아침을 오직 자신을 위한 황금 시간대로 활용한다는 것이다. 그들의 삶이 여유 있어 보이는 건 아침 루틴이 한몫하기 때문이다.

그들은 왜 이불을 개는가?

습관 관련 도서들을 보면 몇 가지 공통점이 눈에 띈다. 그중 하나가 작은 습관이 인생을 바꿨다는 것이다. 우리는 성공한 사람들과 위대한 부자들의 업적을 기억하고 흠모하지만, 그들도 우리처럼 평범한 일상을 살았다는 것을 간과한다. 영국의 온라인 미디어 〈데일리 메일〉에서 역사적 위인들의 일과를 조사했는데, 그들은 매우 심플하고 반복적인 일과를 갖고 있었다. 그리고 일반인과는 다르게 그들은 하나같이 자신만의 루틴이 있었다.

미국 해군 제독 윌리엄 맥레이가 텍사스대 졸업식에서 한 연설이 화제가 된 적이 있다. 당시 유튜브 영상은 1천만 명이 훌쩍 넘는 조회 수로 인기를 끌었다. 이 영상에서 그는 "세상을 바꾸고 싶으세요? 그럼 침대부터 정리하세요."라고 소리 높여 말한다. 일어난 자리를 정리하면 작은 뿌듯함을 주고, 성공적인 하루를 시작하는 데 중요한 출발점이 된다고 강조한다. 아울러 세계적인 베스트셀러 《습관의 힘》의 저자 찰스 두히그도 아침에 침대를 정리하는 습관이 생산성과 행복지수를 높이는 데 도움이 된다고 주장한다.

《아주 작은 습관의 힘 Atomic Habits》의 저자 제임스 클리어의 메시지도 일맥상통한다. 한 가지 습관만 지속해서 실행해도 성공할 수 있다고 독자에게 자신감을 심어준다. 그는 고교 시절 촉망받던 자신이 야구 배트에 맞는 불의의 사고로 죽을 뻔한 고비를 이기고 재기할 수 있었던 것도 기상 후에 이불을 개는 것부터 시작했기 때문이라고 주장한다. 이것이 자신이 성공할 수 있었던 대표적인 습관이라는 것이다. 이쯤 되면 이불만 개도 왠지 성공할 것 같다. 그러나 의구심이 생긴다. 과연 성공하는 사람들은 정말 아침에 일어나 이불을 개는 것일까? 이불을 갠다면 도대체 왜 이불을 개는 것일까? 정말 이 작은 습관이 삶을 바꿀 수는 있을까?

사회경제학자 랜들 벨 박사도 각 분야에서 성공한 사람 5천 명을 조사했는데, 아침에 침대를 정리하는 사람이 백만장자가 될 가능성이 무려 206.5%가 높다고 분석했다. 놀라운 통계 아닌가? 뭐든 시작이 중요하다. 이불 개기는 하루를 시작하는 첫 루틴이며, 평범한 루틴 그 이상이다. 일단 하루의 첫 루틴을 성공적으로 수행하는 것을 의미한다. 이불 개기라는 작은 루틴의 성공은 다음 루틴에 긍정적인 영향을 준다. 이불을 갠 후 물을 한 잔 마시거나 양치질을 하거나 세수를 하는 루틴으로 자연스럽게 연결된다. 작은 성공이 연쇄반응을 일으켜 다른 작은 성공으로 이어지는 이치다.

이불 개기는 침실이라는 나만의 공간을 정리하는 것이다. 작은 출발이지만 한편으로는 거룩한 일이기도 하다. 생각해보라. 세상의 모든 사람이 자신의 주변만 깨끗하게 정리하는 습관을 지녔다면, 지구는 지금과 같이 쓰레기 문제로 골머리를 앓지 않았을지도 모른다. 이불 개기는 결코 작은 루틴이 아니다. 이렇게 내가 생활하는 공간을 정리하는 것은 지구 한 모퉁이를 아름답게 하는 인류애를 실천하는 시작이기도 하다.

이불 개기를 귀찮은 소일로 생각했다면 마음을 고쳐먹어야 한다. 누구나 매일 반복해야 하는 일을 이왕이면 훌륭한 루틴으로 만들어 놓는다면 얼마나 좋겠는가? 하루를 마무리하고 잠자리에 들 때 가지런히 놓여있는 이불을 보면서 기분 좋게 이불 속으로 들어갈 수 있으니 말이다. 이불 개기는 어떤 감정으로 하루를 시작하고 마무리할지를 좌우

하는 더없이 중요한 의식이 아닐 수 없다. 이것이 성공하는 사람들이 이불을 개는 이유 아닐까?

> "습관을 조심하라. 운명이 된다."
>
> —마가릿 대처, 전 영국 총리

왜 일찍 자고 일찍 일어나야 하는가?

인간이 일찍 자고 일찍 일어나야 하는 이유가 있다. 그건 간뇌에 있는 콩알만 한 크기의 송과선에서 생성하는 호르몬인 멜라토닌과 관련돼 있다. '수면 호르몬'이라고 불리는 멜라토닌은 밤에 잠을 유도하는 역할을 하는데, 멜라토닌이 충분히 분비돼야 깊은 잠을 잘 수 있다. 멜라토닌은 생체리듬을 관장하는데, 낮에 햇빛에 노출되어야 생성이 되고 주로 밤에 분비된다. 저녁 7시에 분비되기 시작하여 10시에 급상승하고 새벽 3시에 최고로 분비된다. 아침 7시에 빛이 들어오면 멜라토닌 호르몬의 분비가 억제되어 숙면할 수 없다. 따라서 멜라토닌이 분비되는 시간을 고려하면 일찍 자고 일찍 일어나는 것이 잠을 깊이 잘 수 있는 최상의 방법임을 알 수 있다.

그럼 언제 일어나야 하는 걸까? 인간의 하루 에너지 변화를 살펴보면 새벽부터 오전까지 에너지가 가장 높다. 그리고 오후부터는 에너지가 급격히 떨어진다. 따라서 에너지가 넘치는 오전 골든타임에 중요한

시간대별 멜라토닌 분비량[13]

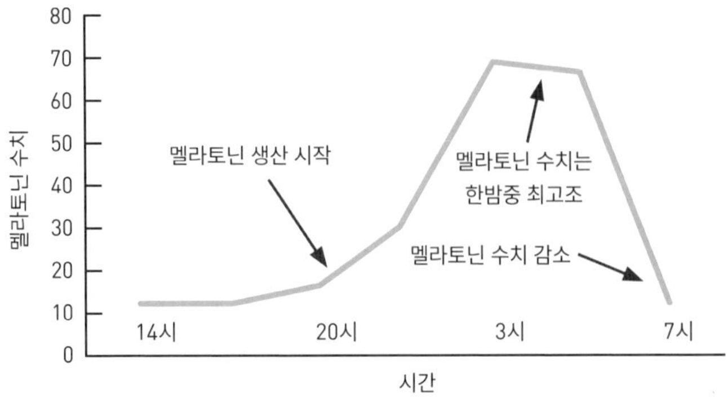

일을 집중하려면 새벽 5시 이전에 일어날 필요가 있다. 《아침형 인간》을 쓴 사이쇼 히로시는 "뇌세포가 활성화되는 아침 1시간은 낮이나 밤의 3시간에 맞먹는다."라고 말한다. 또 "하루는 누구에게나 24시간이지만 이른 아침의 시간만 잘 활용해도 30시간 이상의 가치를 창출할 수 있다."라고도 강조한다.

하지만 간과하지 말아야 할 것은 사람마다 에너지 흐름이 다르다는 점이다. 성공한 사람 중에는 올빼미형 인간도 적지 않다. 영국 〈데일리 메일〉은 스페인 마드리드대 연구팀이 10대 청소년 약 1,000명을 조사한 결과, 저녁형 인간이 아침형 인간보다 사회생활에서 더 많은 수입을 올릴 가능성이 높았다고 전한다. 좀 의외다. 일찍 일어나면 성공할 수 있을까? 꼭 그런 건 아니다. 사람은 저마다 특성이 다르니 말이다. 중요한 건 내 수면 패턴에 맞는 루틴을 만들고 실천하는 것이다.

그러면 여기서 잠깐! 잠은 얼마나 자야 할까? 라는 궁금증이 생긴다.

하루 에너지 흐름 그래프[14]

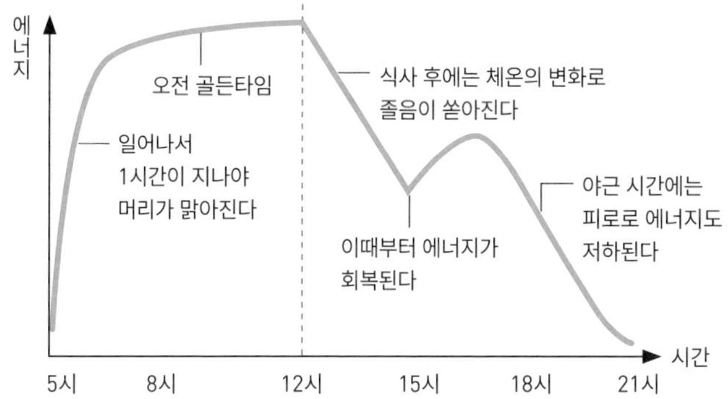

나에게 맞는 적정 수면 시간을 찾아라

성공한 사람들의 수면 시간은 어떻게 될까?

애플 CEO 팀 쿡은 밤 9시에 자서 새벽 3시 45분에 일어나 아침 업무를 시작한다. 약 7시간 정도 자는 셈이다. 아마존의 창업자 제프 베조스는 밤 10시부터 새벽 6시까지 8시간을 잔다. 테슬라 창업자 일론 머스크는 새벽 1시에 취침해 아침 7시에 일어난다. 수면 시간은 6시간이다. 트위터 CEO 잭 도시는 밤 11시부터 새벽 5시까지 6시간 동안 잔다. 이외에도 허핑턴포스트의 설립자 아리아나 허핑턴, 마이크로소프트의 최고 경영자 사디아 나델라, 캠벨 수프의 데니즈 모리슨은 하루 8시간을 자기 위해 최선을 다한다. 구글 회장 에릭 슈미트는 하루에 8시간 반 이상을 잔다. 축구 스타 크리스티아누 호날두는 좀 독특하다. 밤에 두 번, 낮에 세 번 각 90분씩 나눠서 하루에 7.5시간을 잔다. 더 괴짜는 레오나르도 다빈치다. 그는 하루를 6분할해 4시간마다 14분씩 자는 독특한 수면 습관이 있었는데, 하루에 총 1시간만 잤다고 한다. 수면 시간은 사람마다 차이가 있다. 자신에게 맞는 적정 수면 시간을 찾고 유지하는 것이 중요하다.

다음에 나열한 사고의 공통점은 무엇일까?

1979년 3월 28일 스리마일섬 원자력 발전소 사고

1986년 1월 28일 챌린저 우주왕복선 폭발 사고

1986년 4월 26일 체르노빌 원전 사고

1999년 6월 1일 아메리칸 항공 1420편 활주로 이탈 사고

근무자의 수면 부족으로 인한 실수로 발생한 대표적인 사고들이다. 수면은 몸의 회복, 에너지 유지, 기억, 면역체계 유지, 감정조절 등의 역할을 한다. 수면 부족은 여러모로 좋지 않다. 연구에 따르면 7시간 이하의 수면은 자율신경계, 호르몬, 면역계에 좋지 않은 영향을 미치며, 심장병, 뇌졸중, 치매에 걸릴 확률을 높인다. 식욕을 높여 체중 증가의 원인이 되기도 하고, 기억력과 집중력을 저하시키고, 피로와 심한 감정 기복을 유발한다. 또 수면이 부족하면 수명이 짧아진다. 24시간 이상 자지 않을 경우 혈중알코올농도 0.1%의 상태와 비슷한 신체 증상을 보인다.

안타까운 건 바로 이 지점이다. 우리나라는 수면 부족 세계 1위 국가다. 여론조사 기관 입소스에 따르면 2019년 우리나라 응답자 중

35%만이 수면이 충분하다고 생각했다. 평일 평균 수면시간은 6.8시간이었다. 우리나라 사람들은 부지런하고 참 열심히 산다. 하지만 여유 없어 보이는 이유는 잠이 부족한 탓은 아닌가 생각해보기도 한다.

반대로 9시간 이상의 과한 수면 또한 여러모로 좋지 않다. 여러 연구에 따르면 필요 이상의 수면은 당뇨, 치매, 비만, 뇌졸중, 심혈관 질환 위험을 높이고, 뇌 노화를 가속화시키고 임신을 어렵게 하며 시력 저하의 원인이 되기도 한다. 특히 혈관계에 악영향을 미친다. 따라서 내게 맞는 적절한 수면 시간 관리는 건강한 루틴을 위해서 필수적이라 할 수 있다.

미국의 국가 수면 재단 등 전문기관이나 의사들이 권장하는 하루 평균 수면 시간은 8시간이다. 서울대병원이 대규모 또래집단(코호트) 연구를 통해 17년간 추적 조사한 결과에 따르면, 적정 시간 잠을 자지 않을 경우 전체 사망위험률 및 질환별 사망위험이 모두 증가했다. 가장 낮은 사망 위험을 보인 최적의 수면 시간은 7~8시간 정도인 것으로 나타났다.

적정 수면 시간은 개인차가 있기는 하지만 아침에 일어났을 때 피곤하지 않고 낮 동안 졸리지 않을 정도다. 루틴을 설계하기 전에 평상시 자신의 적정 수면 시간을 꼭 확인해 봐야 한다. 며칠간 알람을 맞추지 않고 자고 나서 눈이 자연스럽게 떠질 때는 언제인지 확인하면 된다. 수면은 건강에 필수적이기 때문에 충분한 수면 시간을 꼭 확보해야 한다. 연령대별로 권장하는 수면 시간도 다르다.

수면 시간과 사망위험률의 관계[15]

하루 평균 수면 시간	사망위험률
5시간 이하	1.21
6시간	1.1
7시간	1.00(기준)
8시간	1.03
9시간	1.36
10시간 이상	1.36

우리 몸은 '신체 항상성'을 유지하려고 하므로 수면이 부족하면 몸은 하품 등으로 신호를 보낸다. 빚은 갚아야 하듯이 수면 부채도 어떤 식으로든 갚아야 한다. 그렇지 않으면 몸은 꼭 빚을 되돌려 주게 마련이다. 따라서 수면 루틴을 만들 때 수면의 질과 적정 수면 시간을 꼭 고려해야 한다. 수면 시간을 갑작스레 줄이는 등 무리하지는 말아야 한다. 건강 악화로 고통받다 수면 추심자의 빚 독촉에 시달려 결국 항복하고 루틴을 실천하는 것을 포기하고 말 것이기 때문이다.

연령별 권장 수면 시간[16]

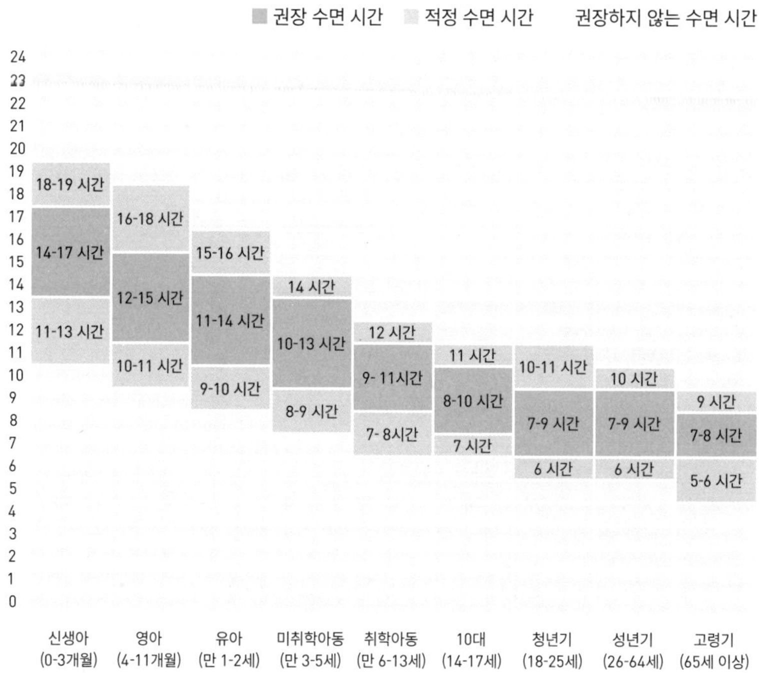

눈을 뜨자마자 무엇부터 하는가?

예능 프로그램 〈힐링 캠프〉에서 가수 박진영의 아침 루틴이 자세히 소개된 적이 있다.[17] 그는 가수 활동을 시작한 후로 20년이 넘게 루틴을 지키고 있다고 했다. 그의 아침 루틴은 이렇다. 매일 아침 8시에 눈을 뜬다. 주저하지 않고 바로 기상한다. 시간이 아깝게 느껴지기 때문이라고 한다. 일어나자마자 침대 옆 서랍을 열고 7종의 영양제를 먹는다.

그리고 바로 옆 서랍에서 잣, 해바라기 씨, 아몬드 등 3종의 견과류와 건포도도 챙긴다. 매일 같은 걸 먹으면 물릴 수 있어서 교대로 바꿔가며 먹는다. 하지만 아몬드 6개 등 먹는 양은 일정하다. 아침 식사 메뉴는 영양을 고려해 맞춤형으로 챙기는데, 식사는 15분 안에 해결한다. 이렇게 간소한 식사는 어디까지나 철저히 시간을 아끼기 위함이다. 이게 끝이 아니다. 이후 그의 아침 루틴은 빈틈없이 이어진다.

박진영의 아침 루틴

08:00~08:05 기상, 영양제, 견과류 등 섭취

08:05~08:20 아침 식사

멸치 한 봉지, 미숫가루, 검정깨, 꿀 한 스푼 두유에 타 먹기

두 가지 과일로 비타민 섭취, 야채즙, 곶감 한 개

08:20~08:50 체조

음악에 맞춰 58가지 동작

08:50~09:20 발성 연습

09:20~11:20 헬스

3가지 다른 운동을 3일 교대로 함

11:20~11:25 옷 코디

5분 만에 옷을 입기 위해 라벨을 표시해 옷 정리

그가 작곡한 상당수의 곡이 아침에 눈을 뜨자마자 맑은 정신에 떠오른 악상이었다고 한다. 그야말로 그는 눈을 뜨는 순간부터 생산성 높은

하루를 시작하는 것이다. 이런 철저한 루틴 덕에 매년 그가 작곡한 곡이 음악 차트에서 1위를 하지 않은 해가 드물 정도였다. 수영 선수 마이클 펠프스도 매일 잠자기 전과 잠에서 깨어난 직후에 자신이 생각하는 완벽한 레이스를 머릿속으로 그리는 이미지 트레이닝을 한 것으로 유명하다. 이 루틴으로 그는 세계에서 가장 많은 28개의 메달을 획득한 수영 선수가 될 수 있었다.

아침에 눈을 뜨는 순간부터 꼭 실천해야 할 것들로 잘 짜인 루틴은 뇌가 무의식 중에도 신경 쓰고 실천하도록 유도한다. 이렇게 뇌를 잘 활용하는 것이 루틴의 핵심이다. 우리는 좋은 루틴을 만들어 뇌를 잘 활용해야 한다. 그러지 않으면 뇌는 원시 본능에 충실해서 한없이 편하게 나쁜 습관으로 살아가게 하기 때문이다. 루틴은 물 흐르듯 사는 것이라기보다는 새로 물길을 내서 내가 원하는 삶을 만들어가는 것이다. 즉 루틴은 살아지는 대로 사는 것이 아니라 살고 싶은 대로 자신의 삶에 새 길을 내는 것이다. 비록 좁은 오솔길이라도 내 길을 만들고 내 발자취를 남기는 것이 진정한 루티너로 사는 것이다.

아침 루틴 스토리

보너스로 얻은 하루 3시간

하루 루틴을 바꿔보겠다고 다짐한 사람들은 기상 시간부터 야심 차게 도전을 감행한다. 평소 아침 7시에 일어나던 사람이 5시나 6시에 일어나는 것이다. 으레 새해가 시작될 때 이런 의욕적인 일을 벌인다. 하지만 어떤가? 이런 시도는 오래가지 않는다. 도전은 작심삼일로 끝나기 일쑤다. 그리고 스스로에게 이렇게 위로한다. "뭐 어때? 내일부터 다시 하면 되지." 하지만 여전히 출근이나 등교 시간 30~40분 전에 일어나 아침 식사도 거르고 부리나케 일상을 시작한다.

당신은 이른 새벽 어두운 도로를 밝히며 달리는 차들을 보면서 이런 생각을 한 적이 있지 않은가? "세상에 부지런한 사람이 참 많다."라고. 맞다. 세상에는 새벽을 깨우는 사람이 많다. 그들 중에는 아침 루틴을 실천하는 사람이 많을 것이다. 나도 바이러스 팬데믹으로 완전히 꼬여버린 일상의 루틴을 바꾸기 위해 새벽 4시 기상을 호기롭게 감행했다. 7시가 다 돼서 일어나던 내게 그야말로 혁명과도 같았다. 왜 4시였을까? 이왕이면 남들보다 일찍 일어나고 싶었다. 5시 전후에 일어나는 사람은 많았지만 4시는 드물었기 때문이다. 시간을 매일 조금씩 당기면서 단계적으로 할까도 생각했지만, 그러고 싶지 않았다. 어느 날이건 일어나기 싫은 건 매한가지기 때문이다. 하지만 버릇을 하루아침에 바꾼다는 게 만만치는 않았다. 낯선 변화에 온몸이 결사 항전했다.

그 과정은 순탄치 않았지만 우여곡절 끝에 결국 4시 기상에 성공했다. 마치 하루 3시간을 보너스로 얻은 기분이었다. 왜 이걸 일찍 실천하지 못했을까? 후회스러운 마음이 들기도 했다. 하루 3시간을 1년만 계산해도 1,095시간이다. 1년에 약 45일을 새로 얻은 셈이다. 물론 일찍 잠들어야 하므로 놓치는 저녁 시간이 있기는 하다. 하지만 생산성 측면에서 보자면 저녁 시간을 새벽 시간과 비교할 수 없다.

아침 루틴의 핵심을 깨닫다

아침 루틴을 만들면서 깨달은 것이 있다. 일찍 일어나기보다 힘든 게 일찍 자는 것이었다. 저녁 식사도 일찍 하고 저녁 시간에 하는 약속도 깡그리 없앴다. 저녁 8시까지는 일과를 마무리해야 했다. 문제는 그게 다가 아니었다. 일찍 잠을 청하는 게 의외로 난관이었다. 일찍 이불 속으로 들어가도 눈이 말똥말똥 잠이 오지 않았다. 저녁형 인간이 갑자기 새벽형 인간으로 재탄생한다는 게 그리 만만하겠는가. 그래서 일찍 잠드는 방법을 찾고 공부하기 시작했다.

잠드는 시간이 안정화되면서 작은 변화가 생기기 시작했다. 어느덧 새벽 4시만 되면 눈이 떠지는 것이었다. 4시가 아니라 3시 50분 정도면 자동으로 깼다. 분 단위로 알람이 울리게 맞춰놓고도 일어나지 못했던 고통은 이내 사라졌다. 의식적으로 챙기기 시작하면서 잠드는 시간이 일정해지기 시작했다. 갖은 시행착오를 겪으며 효과를 보기 시작한 것이다. 취침 루틴에 대한 더 자세한 내용은 책 후반부에서 다루고자 한다. 다시 한번 강조하건대 취침 루틴의 핵심은 일과를 빨리 정리하고 일정한 시간에 잠자리에 드는 것이다. 그것이 아침 루틴의 최선이다.

아침 루틴 디자인하기

남들보다 하루를 일찍 시작한다는 것은 묘한 성취감이 들게 한다. 새벽 시간은 고요한 가운데 내면의 자아를 깊이 독대할 기회이기도 하다. 쾌락과 게으름이 편한 뇌에 지지 않은 자에게 주어지는 황금 같은 시간이다. 이 시간을 얻기 위해서는 아침 루틴이 필요하다. 누군가는

"5, 4, 3, 2, 1" 미사일 발사 전 카운트다운을 하듯 마음속으로 숫자를 외치라고도 한다. 하지만 기상을 위한 방법의 왕도는 없다. 고민하지 말고 기계적으로 이불을 박차고 나오는 것이 최고다.

잠자리에서 일어나기 싫을 때는 마음속으로 이렇게 생각하라고 마르쿠스 아우렐리우스는 말한다. "나는 인간으로서 해야 할 일을 하기 위해 일어나는 것이다. 나는 그 일을 위해 태어났고, 그 일을 위해 세상에 왔는데, 그런데도 여전히 불평하고 못마땅해 하는 것인가. 나는 침상에서 이불을 덮어쓰고서 온기를 즐기려고 태어난 것이 아니지 않느냐."

스마트폰은 멀리 두는 편이 낫다. 알람을 끄고 다시 잘 확률이 높기 때문이다. 나는 기상 시간을 맞춰둔 스마트폰을 거실에 두고 잔다. 그러면 벨 소리에 일어나지 않을 수 없다. 그리고 기상 알람 소리를 두 딸이 만들었는데, 덕분에 사랑하는 두 딸의 목소리를 들으며 기분 좋게 일어난다. 문자나 전화벨 소리도 딸이 녹음한 목소리를 활용하는데, 이는 두 딸이 예상치 못한 시간에 내 삶으로 쳐들어오는 유쾌한 침범이다.

특히 자기 전에 스마트폰을 보는 것은 피해야 한다. 스마트폰을 보게 되면 블루라이트에 노출되는데, 눈의 피로를 야기함은 물론 뇌를 각성시켜 졸음을 쫓아낸다. 스마트폰의 블루라이트는 TV나 노트북보다 최대 5배나 더 방출된다. 국립환경과학원의 실험에 따르면 잠들기 전 스마트폰 사용은 잠이 드는 것을 평소보다 3배나 더 걸리게 한다고 한다. 아울러 스마트폰의 전자파는 수면장애나 기억력 감퇴는 물론 난임과 암 등을 유발할 수 있다.

저자의 아침 루틴

4:00~4:20	근력운동 · 이 닦기 · 자기 암시 · 스쿼트 10회 10세트
4:20~4:30	3분 따뜻한 물 샤워 후 체중 재기 · 모차르트 음악 켜기 · 차 마시기
4:30~5:30	사색(성경 묵상 및 필사) · 미래 및 하루 계획 업데이트 · 기도(기도문 활용)
5:30~6:30	오늘의 뉴스(주요 경제지표 확인, 신문 읽기) · 아침 식사 · 영양제 복용

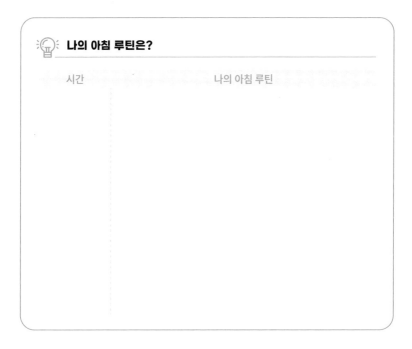

나의 아침 루틴은?

시간	나의 아침 루틴

나는 알람을 끄자마자 누워 있는 상태에서 10여 분간 스트레칭을 겸한 근력 운동을 한다. 리버스 크런치, 슈퍼맨 플랭크, 고양이 자세, 개구리 자세, 스완, 버드 도그, 팔굽혀펴기, 플랭크 등 10가지 운동으로 몸을 푼다. 살짝 숨이 찰 때까지 한다. 연구에 따르면 20분의 운동으로 최대 12시간 동안 기분이 좋아진다. 기상과 동시에 짧게나마 복근과 허벅지 근육 등 코어 근력 위주로 운동을 하는 이유가 있다. 근육 생성에 도움을 주는 테스토스테론 수치가 아침에 최고조에 달하기 때문이다. 근력이 줄면 사망률이 4.13배 상승한다는 연구도 있다. 미우라 카즈요시나 이동국 선수가 고령까지 현역 축구선수로 길게 활약한 이유는 근력 덕분이다. 근육은 선수 생명뿐 아니라 인간의 수명을 좌우한다.[18]

운동을 마치고 일어난 후에는 가장 먼저 양치질하면서 잠을 쫓는다. 자는 동안 폭발적으로 증식한 세균을 없애는 효과도 있다. 양치질하면서 잊지 않고 하는 것이 있다. 거울에 비친 나를 보며 이렇게 기도한다. "오늘 엄청난 기회를 주시고, 절대 그 기회를 놓치지 않게 하소서. 오늘 하루도 지혜가 넘치는 삶을 살게 하소서." 무의식의 자아에게 긍정적인 암시를 하며 교육하는 시간이다. 빌 게이츠는 매일 아침 기상 후 화장실 거울을 보며 다음과 같이 암시했다고 한다. "오늘 나에게 큰 행운이 찾아올 것이다. 나는 무슨 일이든지 할 수 있다." 또 양치질을 하면서 하체 운동인 스쿼트를 10개씩 10세트로 하고 나면 얼추 3분이 된다. 그러면 어느덧 잠이 달아난다. 그리고 따뜻한 물에 3분간 짧게 샤워를 한다. 저녁은 찬물 샤워가, 아침에는 따뜻한 물 샤워가 효과적이라고 한다.

샤워 후 체중계에 올라 체중 변화를 확인한 다음에는 물을 한 잔 마신다. 아무것도 마시지 않은 상태가 7시간 이상 지속되어서 몸이 탈수 상태이기 때문이다. 일어나자마자 커피는 좋지 않다. 정신을 맑게 하는 코르티솔의 분비를 방해하기 때문이다. 그리고 커튼을 젖히고 스마트폰 음악 앱을 열어 음악을 켠다. 즐겨 듣는 음악은 그때그때 다르지만, 주로 모차르트나 바로크 음악을 듣는다. 들으면 머리가 좋아지는 유일한 음악이 모차르트의 곡이라는 연구가 있기도 하다. 1993년 캘리포니아대의 신경생물학자 고든 쇼와 심리학자 프랜시스 로저가 〈네이처〉지에 발표한 바에 따르면, 모차르트의 '두 대의 피아노를 위한 소나타'를 10분 정도 들려주자 대학생 36명의 공간추론능력이 30%나 높아졌다고 한다. 일명 '모차르트 효과Mozart Effect'로 불린다.

저자의 아침 루틴 - 성경 필사

음악을 켠 후에는 미국 나스닥 지수와 투자 종목의 주가를 확인한다. 아울러 원유, 환율, 변동성VIX 지수 등 주요 경제지표를 점검한다. 좋아하는 TWG 차와 함께 맑은 정신으로 30분 정도 성경을 묵상한다. 마음에 드는 구절은 필사한다. 그리고 기도한다. 이어서 개인적으로 의미 있게 지키는 것이 또 있다. 인생 플랜이 담긴 파워포인트 파일을 열어 재점검하고 보완하는 것이다.

100세 플랜이 담긴 구체적인 인생 계획은 매일 내게 말을 걸어온다. 몇 년째 업데이트해 오고 있는 인생 계획은 그동안 실현된 것도 적지 않아 수정을 많이 해야 했다. 계획한 것보다 빠르게 목표를 이뤘기 때문이다. 이 루틴은 꾸준히 좋은 자극이 된다. 인생 계획은 장기적으로 큰 그림을 보며 하루하루를 살게 하므로 효과가 큰 루틴이다.

> "위대한 사람은 단번에 그와 같이 높은 곳에 뛰어오른 것이 아니다. 많은 사람이 밤에 단잠을 잘 때 그는 괴로움을 이기고 일어나 일에 몰두했다. 인생은 자고 쉬는 데 있는 것이 아니라, 한 걸음 한 걸음 나아가는 데 있다. 성공의 순간은 실패했던 몇 년을 보상해준다."
>
> —로버트 브라우닝, 시인

4시에 일어난 나에게 보상하기

많은 사람이 아침 시간을 맞이하는 걸 싫어한다. 출근 내지는 등교해야 하기 때문이다. 따라서 아침 기상의 핵심은 "어떻게 기분 좋게 아침을 맞이할까?" 하는 것이다. 재차 강조하지만 기분 좋은 아침은 전날 밤에 어떻게 미리 준비하느냐에 달려 있다. 벤저민 프랭클린의 말처럼 준비에 실패하는 것은 실패를 준비하는 것이다. 전날 평소 좋아하는 차나 과일을 준비하고, 좋아하는 음악을 바로 들을 수 있게 세팅해 놓고, 아침에 해야 할 일을 미리 정리해 둬야 한다. 그렇게 하면 일어나자마자 동선을 최소화하여 기분 좋은 의식의 흐름으로 하루를 시작할 수 있다. 동선을 최소화하는 것처럼 이동 거리나 행동의 마찰력을 줄이는 것은 루틴을 만드는 데 있어 핵심적인 요소다.

무엇보다 기대되는 아침을 만드는 게 최선이다. 나는 따뜻한 TWG 차나 디카페인 라떼를 좋아한다. 아침 일찍 일어나 좋아하는 라떼와 함께 모차르트의 음악을 듣는 시간이 기대된다. 맑은 정신에 묵상하는 성경 말씀은 아침 루틴의 진수다. 아침에 주저함 없이 일어나는 것은 내가 좋아하는 것들로 기상 후 루틴을 최적화했기 때문이다. 앞서 소개한 나의 아침 루틴을 기억하기 위해 아침 루틴 체크리스트를 암송한다. 일종의 의식처럼 아침 루틴을 순서대로 빠트림 없이 실천한다.

저자의 아침 루틴 체크리스트

일근 이암쿼 삼차차 사계기 오식영

일(일어나면), 근(근력운동)

이(이 닦기), 암(자기 암시), 쿼(스쿼트)

삼(3분 샤워, 체중), 차(모차르트 음악 켜기), 차(차 마시기)

사(사색과 성경 말씀 묵상), 계(미래 · 하루 계획), 기(기도와 필사)

오(오늘의 뉴스 확인, 신문읽기), 식(아침 식사), 영(영양제 복용)

새벽 4시 기상은 보통 사람의 수면 패턴을 거스르는 힘든 도전일 수 있다. 하지만 4시가 기다려지게 만든다면 이야기가 달라질 수 있다. 많은 부자와 성공하는 사람들이 4시에 일어나는 이유는 기대감이 있기 때문이다. 몇 시에 일어나든 기상 시간에 크게 개의치 않아도 된다. 당신은 어떤 루틴으로 하루를 시작하는가? 어떤 루틴으로 시작하는지가 중요하다. 이왕이면 좋은 기분, 최상의 컨디션으로 하루를 시작하는 루틴을 만들어보자. 분명 어제보다 행복한 오늘이 펼쳐질 것이다.

그들은 왜 같은 옷을 입을까?

언제부턴가 아침에 옷장에서 옷을 고르는 시간이 아깝게 느껴지기 시작했다. 그래서 옷 고르는 시간을 줄이기 위해 속옷마저도 똑같은 디자인으로 여러 벌 샀다. 그러다 바지와 셔츠도 같은 색깔로 구입했다. 그래서 요즘은 옷을 고르는 데 드는 시간이 많이 줄었다. 특히 강연 등 외부 활동을 할 때는 제복처럼 늘 같은 색깔과 디자인의 옷을 입고 양말만 바꿔 신는다. 어떤 양말을 신을지 고민하는 시간도 줄이기 위해 선호하는 디자인으로 여러 켤레 구입하기도 했다.

이런 루틴을 지니게 된 것은 직장생활을 그만두고 독립 선언을 하면서부터였다. 이후 경제적인 측면은 물론이고 타인의 시선으로부터 자유롭게 살고자 노력하고 있다. 나는 책을 집필하는 동안 해당 주제의 관련 도서를 모조리 구해서 탐독한다. 그 기간 동안 읽는 책들도 해당

주제 관점에서 읽게 마련이다. 이 책의 원고를 쓰는 동안 토머스 모어의 《유토피아》를 읽었는데, 루틴 관점에서 흥미로운 구절을 발견했다. 이 책은 모든 것이 계획에 따라 이뤄지고 공동체의 통제를 받는 유토피아를 소개하는데, 유토피아 사람의 의복 루틴을 슬쩍 언급하는 대목이 눈에 띄었다.

> "유토피아 사람들은 한 벌로 만족하며 그 옷을 2년 동안 입습니다. 더 많은 옷을 가지고 있어 봐야 추위를 더 잘 막는 것도 아니고 더 멋지게 보이는 것도 아니기 때문에 아예 원치를 않습니다."[19]

본디 유토피아는 사유재산과 선택의 자유가 보장되지 않는 말 그대로 이상향의 세계일 뿐이다. 하지만 유토피아인의 의상 루틴만큼은 내게 인상적으로 다가왔다. 그래서 이 루틴은 계속 지켜야겠다고 마음을 먹었다.

의상 루틴하면 빼놓을 수 없는 인물이 있다. 바로 '스티브 잡스'다. 그는 애플의 신제품이 출시될 때마다 늘 같은 검은 색 터틀넥에 청바지, 그리고 운동화 차림으로 신제품 시연회에 등장했다. 그가 10여 년간 보여준 옷차림은 애플이라는 브랜드만큼이나 영향력 있는 하나의 아이콘으로 자리 잡을 정도였다.

또 페이스북 CEO 마크 저커버그는 일할 때 청바지, 운동화, 회색 티셔츠를 입는 것으로 알려져 있다. 한 인터뷰에서 그의 옷장에 관해 물었을 때 그는 청중에게 "이 지역 사회에 가장 잘 봉사하는 방법을 제이

하고는 가능한 한 적은 결정을 내릴 수 있도록 내 인생을 깨끗이 만들고 싶습니다."라고 말하기도 했다. 상대성 이론을 정립한 아인슈타인에게도 비슷한 루틴이 있었다. 그는 매일 옷을 고르느라 고민하지 않기 위해 옷장에 같은 옷을 다섯 벌 정도 걸어놓았다고 한다.

언젠가 〈집사부일체〉라는 방송프로그램[20]에서 가수 박진영이 자신의 옷장을 공개한 적이 있다. 그의 옷장을 본 출연자들은 깜짝 놀랐다. 몇 벌 안 되는 옷이 소박하기도 했지만, 그의 옷장은 정연하게 분류돼 있었다. 시간 관리에 엄격한 그였기에 옷장은 5분 안에 코디를 맞추기 위해 그가 오랜 경험을 통해 만들어낸 루틴의 결과물이었다. 그는 겨울 동안 두 벌만 입고, 쇼핑은 1년에 두 번만 한다고 했다. 그의 신발이 압권이었다. 발을 한 번에 쏙 집어넣을 수 있는 신발만 신었다. 그는 옷을 계절별로 2세트로 정해 놓고 교대로 입으며, 입고 벗기 편하게 허리춤이 고무줄로 된 바지만 입었다.

이상 몇 사람의 의상에 대한 남다른 루틴과 철학을 살펴보았다. 그들의 공통점은 옷을 고르는 것처럼 삶에서 필수적이지 않은 선택을 제거하고, 대신 야심 찬 목표를 달성하기 위해 생산성과 에너지를 집중한다는 것이다. 그러기 위해서 자신의 이미지에 부합하고 개인적인 스타일을 잘 반영하는 의상 패턴을 만들었다.

요즘 이렇게 유명인의 남다른 옷차림을 흉내 내는 사람들이 의외로 많다. 유튜버 신사임당은 즐겨 입는 검은색 티셔츠를 제작해 자신의 유튜브 채널에 판매 광고를 낸 적이 있다. 이 옷은 잘 팔릴지 긴가민가하던 그의 예상과 달리 몇 시간 만에 초도 물량이 완판되었다. 의상 루틴에 대한 잠재적 수요를 센스 있게 잘 예측한 결과였다.

당신의 옷장에는 어떤 옷들이 있는가? 자신의 이미지를 반영하는 옷들로 채워져 있는가? 이제 나름의 기준을 가지고 내 옷장을 채워보자. 정리계획 컨설턴트 에런 루니 돌랜드는 옷장을 정리하는 기준을 제시하며 실천해볼 것을 제안한다. 이 기준을 참고해 옷 선택의 원칙을 정하고 의상 루틴을 만들어보면 어떨까?

옷장에 들어갈 의복의 기준[21]

1. 자신의 현재 스타일과 반영하고 싶은 이미지를 대변해야 한다.
2. 자신에게 잘 어울리고 체형을 보완해주어야 한다.
3. 옷장에서 최소 두 벌 이상의 옷과 코디해서 입을 수 있어야 한다.
4. 이미 가지고 있는 신발과 함께 입을 수 있는 옷이어야 한다.
5. 상태가 좋고 손볼 필요가 없어야 한다.
6. 적절한 보관 장소가 있어야 한다.
7. 그 옷을 입었을 때의 느낌이 마음에 들어야 한다.
8. 다음에도 그 옷을 입을 일이 있어야 한다.

나의 의상 루틴은?

알약 하나로 아침 식단을 대신할 수는 없을까?

직장인 3명 중 1명은 시간이 없어서 아침 식사를 거른다고 한다. 달콤한 아침잠의 유혹을 뿌리칠 수 없기 때문이다. 하지만 많은 영양학자와 전문가들은 아침 식사를 거르지 말 것을 권장한다. 아침 식사는 생체조절 능력을 담당하는 뇌와 장기에 영양을 공급하며 몸을 깨우는 역할을 하고, 업무 생산성 및 학습능력을 높이기 때문이다. 연구에 따르면 아침 식사를 하지 않을 경우 불규칙한 식사의 원인이 되고, 과식으로 인해 복부 비만을 가져온다. 또 당뇨병, 심장마비, 고혈압 등 각종 질병의 위험률이 증가하고, 영양 불균형을 유발할 수 있다.

나는 맛있는 음식을 좋아하기는 하지만, 숨은 맛집을 찾아다닐 정도로 미식가는 아니다. 단지 끼니를 잘 챙겨 먹는 것만으로 만족한다. 정말 바쁠 때는 종종 "알약 하나로 한 끼를 대신할 수는 없을까?"라고 생각한 적이 있었다. 흥미로운 건 알약으로 끼니를 대체하는 알약 식사에 대한 연구가 꾸준히 진행되고 있다는 것이다. 하지만 2050년은 돼야 가능할 것으로 보이며, 대중에게 상용화될 수 있을지는 아직 미지수라고 한다. 사람들이 식사하는 이유는 끼니를 때우는 것 그 이상이기 때문이다. 따라서 전문가들은 알약 음식은 먹는 즐거움을 빼앗기 때문에 제한적으로 사용될 것으로 예상한다. 알약 음식은 우주여행, 군사, 환자치료, 비상식량, 등반 등 특수 영역에서 활용될 것으로 보고 있다.

알약 식사 이야기가 나와서 말인데, 알약을 비롯한 최소화된 식사는 원래 우주비행사를 위해 만들어졌다. 개발 비용이 만만치 않다고 한다. 2008년 한국인 최초로 우주 비행을 한 이소연 씨가 김치를 처음으로 가져갔는데, '우주 김치'를 개발하는 데 막대한 연구비가 들었다고 한다. 우주식은 경량화가 관건인데, 1kg의 물체를 우주정거장으로 쏘아 올리는 데 약 5,000만 원이라는 큰돈이 들어간다고 한다.

자, 다시 본론으로 돌아와 아침 식단 이야기를 마무리해보자. 건강을 위해 아침 식단을 더 신경 쓰기를 바란다. 균형 잡힌 식단은 우주비행사뿐 아니라 모두에게 식사 루틴의 핵심이니 말이다. 노상 아침이면 우리는 허겁지겁 직장이나 학교에 가느라 아침 식사를 거르거나 소홀히 할 때가 많다. 아침 식사를 수동적으로 때우듯 하지 말자. 아침 식단을 잘 설계해서 루틴으로 만들어보자. 건강은 물론 업무나 공부의 효율을 높일 수 있을 것이다.

건강한 라이프스타일을 위한 나만의 원칙

일반인은 하나도 어려운 직업을 레오나르도 다빈치는 일생을 통해 여러 개 가졌다. 화가, 조각가, 발명가, 건축가, 토목공학자, 엔지니어, 해부학자, 식물학자, 도시 계획가, 철학자, 외교관, 시인, 역사가, 천문학자, 지리학자, 음악가, 과학자, 수학자, 지질학자, 지도제작자, 생물학자, 작곡가, 생리학자 등 정말 다양하다. 그의 관심 영역은 몸의 작용에서 우주까지 전 영역에 걸쳐 끝을 알 수 없다. 다빈치는 그야말로 이 시대가 요구하는 인재인 '폴리 매스Polymath (박식가)'의 전형이자 끝판왕이라고 할 수 있다. 이렇게 여러 직업을 소화하느라 바쁜 그였기에 건강을 위해 체계적인 식단이 필요했을 터. 다빈치는 어마어마한 분량의 작업과 연구를 수행하기 위해 최적화된 식단을 설계했다. 그의 식단은 다음의 몇 가지 원칙을 기초로 했다.

1. 절도
2. 식사 규율
3. 풍미, 식감, 냄새 등 음미
4. 최소한의 지방, 설탕, 소금 등
5. 물이 풍부한 음식
6. 야채와 섬유질이 풍부한 식품

많은 연구에서 40~50대의 건강이 향후 수십 년의 건강으로 이어진다고 강조한다. 지금 젊다면 미리 건강을 챙기기 좋은 기회라고 생각하고, 40대 이상이라면 더 늦지 않게 건강에 관심을 가지고 자신만의 철학과 식사 루틴을 만들어 실천할 것을 권한다. 조선 중기의 의관이었던 허준이 선조의 명을 받아 쓴 의학서인 동의보감에 '식약동원食藥同源'이라는 말이 있다. "음식과 약은 근원이 같다."라는 뜻이다. 자신의 몸에 맞는 음식을 먹으면 그것이 약이 되듯 맞지 않은 음식을 계속 먹으면 독이 될 수 있다. 건강을 위한 약이라 생각하고 좋은 음식과 영양소를 골고루 규칙적으로 먹는 루틴을 갖도록 해야 한다.

특히 현재 자신이 앓고 있는 질병이 있다면 더더욱 원칙을 세우고 실천하길 바란다. 정기적인 건강검진도 좋지만, 더 적극적으로 자신의 몸 상태를 민감하게 살피면서 건강 원칙부터 세워보자. 나도 "나쁜 라이프스타일을 피하고 건강한 라이프스타일을 만든다."라는 건강원칙을 실천해 가고 있다. 지금부터 나만의 건강 원칙을 잘 디자인한다면 머지않아 일상에 건강한 변화가 일어날 것이다.

아침 식사 루틴 스토리

나는 식사 루틴만큼은 잘 설계하려고 욕심을 낸다. 건강만큼 중요한 게 없으니 말이다. 그렇지만 당장 우주비행사처럼 식사를 간소화할 방법도 없고, 식단을 과하게 욕심을 낼 필요도 없다. 다만 내 체질과 건강 상태에 맞는 식단을 꾸려가려고 노력하고 있다.

저자의 아침 식단

구분		메뉴
식사	견과류	아몬드, 호두, 마카다미아, 브라질너트, 건포도, 잣, 해바라기씨
	샐러드	수제 요거트, 삶은 계란, 사과 등 제철 과일
	음료	미숫가루, 두유, 꿀
영양제		오메가3, 마그네슘, 비타민B, 비타민D, 유산균, 비타민C MSM(식이유황), 루테인
기타		말린 흑마늘, 멸치, 블루베리(아로니아), 매실차

우선 메인 메뉴는 흰 쌀밥으로 대표되는 탄수화물과 밀가루, 설탕 등 백색 음식의 섭취량을 대폭 줄였다. 필요 이상 과다하게 섭취하고 있었기 때문이다. 특히 탄수화물은 중독성이 강하다. 그래서 필요한 만큼만 먹고 과감하게 줄여야 한다. 대신 식사 전에 견과류를 먹는다. 견과류는 필수 지방산, 비타민, 무기질, 항산화제 등이 풍부한 영양소의 보고다. 평소 덜 섭취하는 영양소로 식사 전에 먹으면 포만감이 생겨 식사량이 줄어드는 효과도 있다.

영양소를 고려해 제철 과일, 샐러드 등 건강한 식단으로 보완했다. 편식하지 않고 다양한 영양소를 골고루 섭취하는 데 주안점을 두고 있다. 아침 식사 루틴에 들어가는 메뉴는 한 번에 완성하기 힘들다. 영양뿐 아니라 입맛, 식사량, 식사 시간까지 고려하면서 조금씩 보완하다 보면 자신에게 맞는 루틴을 찾을 수 있다.

내게 맞는 아침 식사 루틴을 만들어서 얻는 장점이 많다. 우선 필요한 영양소에 맞춰 균형 잡힌 식사를 할 수 있고, 둘째, 아침 식사 때 뭘 먹어야 할지 매번 메뉴를 고민하지 않아도 된다. 셋째, 자신의 건강 상태에 맞는 최적의 메뉴를 지속해서 보완해 갈 수 있다. 무엇보다 이런 아침 식사 루틴을 계속 실천하다 보면 건강을 지킬 수 있다는 것이 가장 큰 장점이다. 당신도 건강한 아침 식사 루틴을 만들어보고 싶지 않은가?

나의 아침 식단은?

구분	메뉴

영양소별 기능과 대표 음식

구분									기능	대표 음식	루틴 처방
주영양소	열량영양소	탄수화물	정제(가공, 단순) 탄수화물						혈당을 올리고 인슐린 분비를 촉진해 체지방 축적, 당뇨, 고혈압, 뇌혈관질환, 대사증후군 등 발병 위험 높임	설탕, 시럽, 당류, 전분류 등 정제식품, 과자, 탄산음료 등 가공식품	가공식품 절제
			비정제(자연, 복합) 탄수화물						에너지 공급원, 단백질 절약, 혈당 유지, 섬유소 공급, 체구성 성분	잡곡, 현미, 통밀, 견과류	미숫가루
		지방	지방산	포화					암 발생, 뇌기능 장애, 퇴행성 질환	버터, 팜유, 쇠기름, 돼지기름, 베이컨, 과자	
				불포화	단일	올레인산		오메가7	심혈관계질환 예방, 나쁜 콜레스테롤 감소, 피부개선	우유, 동물지방, 채소 기름, 어유, 견과류	
								오메가9	심혈관계질환 예방, 뇌졸중 예방	해바라기, 콩기름, 올리브유, 카놀라유	
					다가	오메가3	동물성	EPA	뇌(뇌졸중 예방), 눈(망막), 신경계 정상성장, 심혈관계(혈행 개선), 중성지방수치 정상 유지, 항염	연어, 참치, 정어리, 멸치 등 기름기 많은 등 푸른 바다생선	오메가3 (식물성/동물성)
								DHA	두뇌 개선, 황반변성, 녹내장 등 눈 건강, 세포막 구성, 성장 발달	고등어, 청어, 연어, 꽁치 등 등푸른 바다생선	
							식물성	ALA*	체내에서 EPA, DHA로 전환 (전환률 1%)	아마씨, 대마씨, 치아씨, 들기름, 견과류	
						오메가6	동물성	LA*	염증 반응, 혈전 생성	옥수수, 참깨, 해바라기씨, 목화씨, 콩기름, 포도씨유	
							식물성	AA*	염증 생성 조절, 혈소판 응집 촉진 *표시는 필수지방산: 몸에 필요 하지만 충분한 양 합성 안 됨	돼지고기 등 육류, 고등어, 청어, 연어 등 바다생선	
								GLA	혈소판 응집 감소, 심혈관 개선	참기름, 해바라기씨	
			글리세롤						장운동, 이뇨, 보습, 항균, 항종양	해조류, 콩, 코코넛, 팜류	
		단백질		완전					동물성 단백질	육류, 우유, 어류, 난류	난유
				부분적 완전					필수 아미노산 일부	대두, 견과류	
				불완전					필수 아미노산 일부	기타 콩 종류, 곡류	
				동물성					필수 아미노산 풍부	육류, 우유, 어류, 난류	
				식물성					식이섬유, 무기질, 비타민 풍부	대두, 견과류, 곡류	견과류
				미생물					아미노산, 비타민B, 핵산, 식이섬유 풍부	효모, 박테리아, 곰팡이	유산균 요거트

부영양소	조절영양소	비타민	지용성	비타민A	시력 유지, 골격 성장, 피부 건강	야채, 간, 우유	(루테인)	
				비타민D	뼈 생장, 칼슘흡수 촉진	간, 노른자, 버섯, 버터	비타민D	
				비타민E	불포화지방산 산화 방지, 생식기능 관여	간, 계란, 생선, 우유, 쌀눈	아몬드	
				비타민K	혈액 응고	녹황색 채소		
			수용성	비타민B1(티아민)	신경조절, 식욕조절	계란 노른자, 콩, 돼지고기	비타민B	
				비타민B2(리보플라빈)	성장 촉진, 점막 보호, 스트레스 완화	우유, 버섯, 시금치, 김		굴
				비타민B3 (니아신)	혈액순환 촉진, 기억력 향상, 당 대사 촉진	참치, 닭고기, 쇠고기		
				비타민B4 (카르니틴)	지방분해, 고지혈증 예방, 독성물질 배출	돼지고기, 소고기, 노른자, 시금치		
				비타민B5 (판토텐산칼슘)	스트레스, 피로, 에너지 대사	버섯, 브로컬리, 계란		
				비타민B6 (피리독신)	면역체계 강화	간, 시금치, 감자, 바나나		바나나
				비타민B7 (비오틴)	탈모예방, 피부염 완화	노른자, 간, 우유, 땅콩		삶은계란
				비타민B9 (폴레이트, 엽산)	신생아 성장 발달(기형 예방), 헤모글로빈 형성	녹황색 채소, 간, 곡류, 콩		
				비타민B12 (시나노코발라민)	칼슘과 결합해 성장 촉진, 신경손상 방지, 적혈구 생성	생선, 간, 쇠고기, 계란		
				비타민B17 (아미그달린)	항암, 통증 완화, 혈압 조절, 조혈 작용	살구씨		
				비타민C	항산화, 콜라겐생성 도우미, 조직성장, 항스트레스, 면역, 심혈관질환 감소	사과, 레몬, 오렌지, 포도	비타민C	건포도
		무기질	대량	칼슘	골격 및 치아 형성, 혈액 응고	우유, 치즈, 두부, 브로콜리	멸치	
				인	영양소의 흡수와 운동	소고기, 닭고기, 돼지고기		
				나트륨	근육, 신경자극 반응	간장, 된장, 김치		
				칼륨	채액의 삼투압과 수분의 평형	미역, 감자, 토마토, 커피		
				마그네슘	다양한 효소의 활성제	우유, 콩, 견과류, 시금치	마그네슘	
				황	통증완화, 해독, 항암, 항염	양배추, 마늘, 양파	MSM	
			미량	철	헤모글로빈 기능	미역, 시금치, 케일, 건포도		
				요오드	갑상선 호르몬 티록신의 주성분	미역, 고등어, 콩, 우유		
				아연	인슐린의 합성과 면역 기능 관여	새우, 닭고기, 돼지고기		
				구리	철의 흡수, 뼈와 적혈구 생성	조개, 게, 우유, 땅콩		
				셀레늄	고혈압 예방, 항산화제	흙마늘, 굴, 브로콜리	흙마늘	
				망간	뼈의 성장과 재생, 혈당조절	귀리, 땅콩, 마늘, 시금치		
			기타(비소, 불소 등)		대장 기능			
		식이섬유		불용성	장 운동	통곡물, 견과류, 과일, 채소		
				수용성	면역력, 장 운동, 당료, 심장질환	다시마 등 해조류, 과일		
		물			영양소 공급 및 노폐물 제거, 체온조절, 식욕 및 음식섭취, 신체조직 구성성분	생수(찬물이 육각수 풍부)	해양심층수	

영양소 제대로 알고 영양제 루틴 만들기

영양소를 고려한 균형 잡힌 식단을 설계하고 내게 맞는 영양제를 고르려면 어느 정도 학습이 필요하다. 영양소에 대한 기본 지식이 생기면 아침 식단과 영양제 루틴을 만들기가 한결 수월해진다. 그래서 필요한 영양소가 무엇인지부터 공부했다. 영양소에 대한 지식이 전무하다시피 했기 때문이다.

영양소에 대해 학습하는 게 쉽지는 않았다. 영양소를 한눈에 보기 좋게 정리한 표가 있을 법도 한데, 그런 친절한 자료는 찾을 수 없었다. 각 영양소에 대한 자료도 일목요연하게 정리된 것을 발견하기가 여간 어려운 게 아니었다. 그래서 우직하게 영양소의 구성부터 시작해 개별 영양소를 하나씩 찾아가며 주요 기능을 정리했다. 그리고 영양소마다 대표적인 음식도 함께 찾았다. 이 작업이 어느 정도 마무리될 때쯤 아침 식단과 영양소 루틴을 계획할 수 있는 기본적인 시야가 생겼다.

영양소에 대한 이해가 생기면서 영양소별 대표 음식을 고려해 내 체질에 맞는 아침 식단부터 보완했다. 그리고 별도로 챙기지 않으면 부족하기 쉬운 필수 영양소는 영양제를 대신 먹는 것으로 식단의 균형을 맞췄다. 내게 맞는 영양제 루틴을 실천하기 위해 3가지를 고려했다. 먼저 고질적으로 가진 질병을 치료하는 것을 최우선으로 했다. 그다음은, 건강 수명과 직결되는 중요한 영양소 위주로 선별했다. 마지막으로, 우선순위에 따라 영양소의 효능과 부작용 여부를 점검하면서 지속해 늘려가기로 했다.

저자가 복용하는 영양제별 효능

영양제	별명	효능
오메가3	'혈관 청소부'	심혈관 건강, 염증 예방, 알레르기 및 면역 개선, 뇌·눈 건강
마그네슘	'천연 진정제'	'스트레스 없애주는 미네랄'로 스트레스 완화, 인슐린 저항성 개선(당뇨, 고혈압, 고지혈증), 혈관 석회화(결석) 예방, 골다공증, 피로, 신진대사, 두통, 근육통, 경련, 우울증, 불안증, 협심증 개선
비타민B	'피로해결사'	B1부터 B17까지 종류 따라 효능 다양, B1, 6, 9, 12 중요 면역체계, 신경계 기능 강화, 신진대사 촉진, 췌장암 예방
비타민D	'햇볕 비타민'	골다공증 예방, 체내 면역력 증강, 항암, 심혈관계 건강, 인슐린 저항성 개선(당뇨, 고혈압, 고지혈증), 신경계 발달, 만성 간염 개선, 아토피, 건선 등 면역계 질환 개선
유산균	'장의 미화원'	설사, 변비, 과민성대장증후군, 방광염 개선, 면역력 증강, 헬리코박터균 억제, 입 냄새 및 치아우식균 억제, 고지혈증, 당뇨(대사증후군) 개선, 아토피, 천식, 비염 등 면역계 개선
비타민C	'강력한 항산화제'	'스트레스 비타민'으로 스트레스 예방, 피부 노화 방지, 백내장 예방, 빈혈 및 감기 예방
식이유황	'부작용 없는 천연 진통제'	관절 및 연골 건강, 통증 및 염증 완화, 운동 후 근육 손상, 치질, 피부 및 모발 개선, 손톱 건강, 해독 기능, 노화 방지
루테인	'자연 선글라스'	황반변성, 백내장, 녹내장 예방, 실명 위험 감소, 인지기능 개선, 피부 색조 개선, 심혈관 건강

지금 복용하고 있는 영양제는 오메가3, 마그네슘, 비타민B, 비타민D, 유산균, 비타민C 등이다. 그리고 내 건강 상태와 체질을 고려해 식이 유황MSM, 루테인, 아스타잔틴을 추가했다. 이를 기본으로 영양제를 보완해 갈 것이다. 필수 영양제 등 건강 관련 정보는 '약사가 들려주는 약 이야기' '하루 비타민' 등 다양한 건강 관련 유튜버의 도움을 받고

있다. 유튜브는 물론 다양한 채널을 통해 유익한 건강 관련 정보를 습득하고 꾸준히 학습하는 것도 좋은 방법이다.

영양제를 복용한 후 효능을 체험하면서 일부 영양제는 아내와 아이들이 함께 먹는다. 부모님에게도 영양제를 드시게 한다면 좋은 선물이 될 것이다. 우선 자신의 나이와 건강 상태에 맞춰 영양제 루틴을 만들어볼 것을 추천한다. 단번에 완성하려고 하기보다는 꾸준히 자신의 몸을 파악하면서 식단 루틴과 함께 보완해 가면 된다. 다만 기억할 것은 영양제가 능사가 아니라는 점이다. 영양제는 건강을 위해 보조적으로 챙기는 것이며, 적절한 식이요법과 운동을 병행해야 효과가 있다.

통계청에 따르면 우리나라 국민의 기대 수명은 계속 늘고 있지만, 건강 수명은 오히려 줄고 있다. 2017년 생명표를 보면 2016년에 태어난 사람의 기대 수명은 82.36세로, 2012년 80.87세, 2014년 81.8세보다 늘고 있다. 하지만 건강 수명은 2012년 65.7세, 2014년 65.2세, 2016년 64.9세로 줄어들고 있다.[22] 갈수록 수명은 늘어나지만, 질병으로 노년의 삶의 질이 점차 나빠지고 있다는 소리다. 건강 수명에 관심을 가져야 하는 이유다.

내게 맞는 식단과 영양제 루틴은 건강을 위해 챙겨야 할 필요조건이다. 바이러스 팬데믹으로 집에 있는 시간이 많아지면서 요리하는 사람이 늘었다고 한다. 자신과 가족의 건강을 위해서 투자하는 시간과 루틴도 함께 늘었으면 하고 기대해본다.

나의 영양제 루틴은?

4장

중요한 일은 오전에 끝내기

AM Routine

워런 버핏과 빌 게이츠의 공통점은?

워런 버핏과 빌 게이츠에 관한 유명한 일화가 있다. 빌 게이츠가 처음으로 워런 버핏을 저녁 식사에 초대했을 때의 일이다. 빌 게이츠의 어머니는 테이블 주위에 있는 모든 사람에게 다음과 같이 질문했다. “성공에 가장 중요한 요소는 무엇일까요?” 세계 최고의 두 부자는 이 질문에 과연 어떻게 답했을까?

“내 초점, 내 레이저 초점이 저의 엄청난 부의 이유입니다.”[23]

워런 버핏과 빌 게이츠는 똑같이 초점Focus, 즉 '집중'이라는 단어를 강조했다. 시간과 에너지를 중요 비즈니스에 집중하며, 이를 위해 일상의 루틴을 최적화하여 실천하는 대표적인 인물들이다.

그들은 하루를 어떻게 보낼까? 워런 버핏의 일과는 그야말로 '집중'을 철저히 실천하는 것이다. 우스갯소리로 "일어나서 맥도날드 햄버거를 먹고 콜라를 마시고 읽고 잔다."라고 요약하기도 한다. 그의 하루 루틴은 정말 심플하다.

워런 버핏은 1958년 30,000달러가 조금 넘는 가격에 산 집에 지금도 살고 있다. 사무실까지는 자동차로 5분 거리다. 이는 그의 안정적인 하루 루틴의 중요한 일부분이다. 그의 일상은 매일 아침 6시 45분에 시작된다. 커피, 차 또는 물 대신 그가 가장 먼저 마시는 것은 캔 콜라다. 그는 체리 맛 콜라를 좋아한다. 하루에 보통 5개의 캔 콜라를 마신다. "하루에 2,700칼로리를 먹으면 그중 4분의 1은 코카콜라입니다."라고 말할 정도다. 그는 코카콜라의 주주이면서 충성고객이다. 훌륭한 마케터 역할을 톡톡히 하기도 한다. 그가 한 가지 메뉴에 집중하는 것은 의사결정에 낭비하는 시간을 줄이기 위한 것이다.

그는 매일 월스트리트저널, USA 투데이, 포브스 등을 읽으면서 아침을 연다. 아침 식사 메뉴는 주식 시황에 따라 다르다. 집 근처에 있는 맥도널드에 가기 전에 매일 아침 그의 아내는 자동차 컵 홀더에 2.61달러, 2.95달러 또는 3.17달러를 넣어준다. 맥도널드에서 2.61달러는 그에게 소시지 패티 2개, 2.95달러는 소시지 맥머핀에 치즈, 베이컨, 계란이며, 치즈 비스킷은 3.17달러다. 그는 주식 시장이 좋지 않을수록 더 저렴한 메뉴를 주문한다. 금융 위기 이후 주가지수가 최악일 때는 1.95달러짜리 해시 브라운을 먹기도 했다고 한다. 계산은 모두 현금으로 하며 카드를 사용하지 않는다.

그의 출근 시간은 주식시장이 열리는 아침 9시 30분경이다. 출근 후 사무실에서 재무제표, 저널, 보고서 등을 읽는다. 하루에 읽는 양이 무려 500페이지가 넘는다. 책 한 권 이상을 읽는다는 이야기다. 특기할 점은 한 번에 하나의 자료에 집중한다는 것이다. 그는 컴퓨터, 전화 통화, 회의를 일절 하지 않는 것으로 유명하다. 점심시간에도 맥도널드 햄버거를 즐긴다. 빌 게이츠가 왔을 때도 맥도날드에서 모아둔 쿠폰을 사용했다고 한다.

퇴근 후에도 그는 신문과 책을 읽는다. 종종 우쿨렐레를 연주하거나 한두 시간 브리지 게임을 취미로 즐기기도 한다. 브리지 게임은 카드 게임의 일종으로 경우의 수를 계산해야 하므로 뇌를 자극하는 데 도움을 준다고 한다. "24시간 내내 브리지를 같이할 동료 수감자만 있다면 평생 감옥에 있어도 좋다."라고 말할 정도로 이 게임을 사랑한다. 그는 밤 10시 45분까지는 침대에 눕는다. 그리고 8시간 동안 충분히 잔다.

이상 워런 버핏의 하루 루틴은 HBO 다큐멘터리 프로그램 〈워런 버핏이 된다는 것Becoming Warren Buffett〉에서 잘 소개하고 있다. 워런 버핏은 철저하게 자신만의 하루 루틴을 실천하는 사람이다. 개인적으로는 하루의 80%를 독서에 집중하는데, 그의 투자 회사 버크셔 해서웨이도 집중 투자로 잘 알려져 있다. 2020년 기준 투자 포트폴리오의 40%가 애플 주식이다. 직원도 20여 명 남짓밖에 되지 않는다. 하지만 놀라운 것은 1977년 이후 매년 평균 22.6%의 수익률을 기록하고 있다는 점이다. 참고로 버크셔 해서웨이 클래스 A 주식은 한 주당 약 35만 달러(2021년 1월 기준)에 이른다.

워런 버핏은 그야말로 인생을 통해 선택과 집중을 실천한 사람이다. 그는 단순한 루틴 실천자가 아니다. 학습과 사고가 핵심이라고 할 수 있는 지식근로자의 선구자라고 할 만하다. 스스로 한번 질문해보자. "나는 워런 버핏처럼 하루를 사는 나만의 주도적인 루틴이 있는가?"

> "부자는 시간에 투자하고 가난한 사람은 돈에 투자한다."
>
> — 워런 버핏, 기업인

중요한 업무는 오전에 끝낸다

출근길 대중교통을 이용하는 사람들을 보라. 하나같이 스마트폰에 고개를 숙이고 있다. 이 정도면 종교 그 이상이다. 많은 사람이 별생각 없이 습관적으로 이메일을 확인하고, 인터넷 기사나 유튜브 동영상을 본다. 이렇듯 우리의 일상을 살펴보면 수동적인 루틴으로 소중한 시간을 도둑맞고 있다.

회사에서도 한 가지 일에 집중하기가 여간 어려운 게 아니다. UC 버클리 경영학과 교수 모튼 한센이 5년간 직장인 5,000명을 대상으로 조사한 결과, 직장에서 집중할 수 없는 건 업무 범위 과다(38%), 상사의

창의적 인물들의 하루 루틴[26]

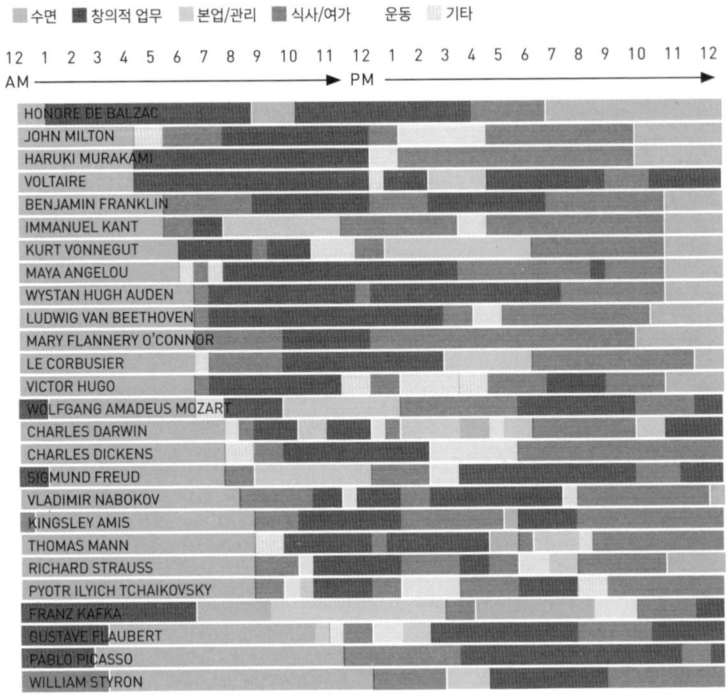

더 많은 업무 요구(24%), 각종 유혹(21%)이 주된 이유인 것으로 나타났다.[24]

집중하기 어려운 업무 환경에서 업무에 집중하려면 어떻게 해야 할까? 인간의 생체리듬과 관련된 여러 연구를 보면 단서를 찾을 수 있다. 판사는 오전에 더 관대한 판결을 내리고, 오전에 시험을 치른 사람이 점수가 더 높다고 한다. 또 교통사고는 오전 2~6시 사이와 오후 2~4

시 사이가 가장 많다고 한다. '업무 집중도'에 대한 국내 한 조사 결과에 따르면 응답자 중 35.2%가 '오전 10시'를 가장 집중도가 높은 시간으로 꼽았다. 그다음은 '오전 9시'(17.4%)였다. 절반 이상의 직장인이 출근 직후 2시간 동안이 가장 집중도가 높았다.[25]

상황이 이렇다면 일과를 설계할 때 생체리듬을 고려한 시간의 선택과 집중이 필요한 것은 자명해진다. 중요한 일은 오전에 먼저 처리하는 것이 지당해 보인다. 이쯤에서 창의적인 유명인사들은 하루 중 언제 핵심 업무를 했을까 궁금해진다. 그림에서 보는 것처럼 개인차가 있기는 하지만 창의적인 인물들의 하루 중 주요 업무를 수행하는 시간은 주로 아침 9시에서 12시 사이가 가장 많은 것을 확인할 수 있다.

그들의 오전은 무엇이 다를까?

161명의 작가와 예술가들의 일과를 다룬 《리추얼》이라는 책에서 메이슨 커리는 영국의 시인 존 밀턴의 하루를 소개한다. 그는 44세에 실명하고 세상을 떠나기 전까지 20여 년간 맹인으로 살면서 1만 행의 서사시 《실낙원》을 비롯한 걸작들을 남겼다.

밀턴의 하루를 간단하게 소개하면 이렇다. 새벽 4시부터 침대에서 혼자 묵상하는 시간을 보냈다. 30분 동안은 조수가 성경을 읽어줬다. 그리고 자신의 기억이 유지할 수 있는 한 많은 서사시를 머릿속에서 써내려갔다. 오전 7시부터 10시까지는 밀턴이 불러주는 내용을 조수가 받아쓰기했다. 그 후 정오에 점심 식사가 제공될 때까지 조수는 그에게 책을 읽어주었다. 오후에는 자신의 정원에서 서너 시간 산책했다. 늦은 오후와 저녁에 그는 방문객을 맞이하고 가볍게 저녁을 먹고 파이프 담배를 피우고 나서 밤 9시에 잠자리에 들었다.

밀턴은 그의 일과에서 독서, 받아쓰기 등 집필에 관련된 핵심 활동을 오전 시간에 집중해서 처리했다. 밀턴 외에도 오전 시간에 창조적 활동에 집중한 뛰어난 사람들이 많다. 《크리스마스 캐럴》의 작가이자 영국이 낳은 가장 위대한 소설가로 평가받는 찰스 디킨스도 아침 7시에 일어나 8시에 식사를 마치고 9시부터 서재에 들어가 오후 2시까지 두문불출했다. 어니스트 헤밍웨이는 아침 6시에 시작해서 정오쯤까지 끈질기게 원고에 매달렸다. 폴 고갱의 생애를 모델로 한 《달과 6펜스》로 유명한 영국의 극작가 서머싯 몸은 하루에 1,000~1,500단어를 쓰겠다는 목표를 세우고 매일 아침 서너 시간씩 작업에 몰두했다. 중독에 가까운 그의 글쓰기 루틴 덕에 92년 동안 78권의 책을 썼다. 또 모차르트는 아침 6시 30분부터 시작해 점심을 먹는 2시 30분까지 작곡에 몰두했다. 《자기만의 방》으로 유명한 여류 작가 버지니아 울프는 오전에 집중된 집필 계획을 세워 원고작업을 체계화했다. 아침에 핵심 활동인 글쓰기부터 먼저 시작했고 점심 식사 전에 원고를 수정했다. 우리가 아는 많은 유명한 작가나 음악가들은 오전에 핵심 업무를 수행했다. 그들이 이 시간에 철저한 루틴으로 자신을 능동적으로 가두고 창작에 몰두하는 것은 나름의 이유가 있다. 버지니아 울프는 그 이유를 이렇게 말한다.

존 밀턴의 하루 루틴[27]

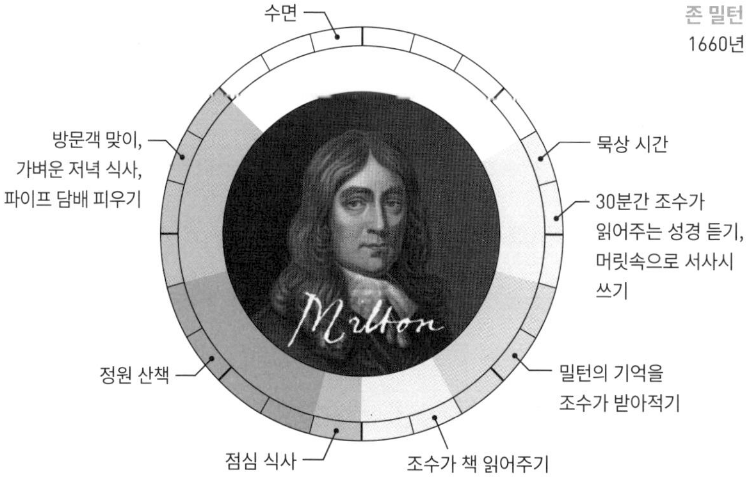

"나는 이것이 직업적인 비밀을 누설하는 것이 아니기 바랍니다. 소설가는 지속적인 무기력 상태로 자신을 이끌어야 합니다. 삶이 극도로 조용하고 규칙적인 상태로 나아가기를 원합니다. 글을 쓰는 동안은 같은 얼굴을 보고, 같은 책을 읽고, 매일 그리고 매달 같은 일을 하기를 원합니다. 그리하여 그의 삶을 둘러싼 환영을 그 무엇도 훼방하지 못하도록 말이지요. 낯가림이 심한 환영적인 정신인 상상력이 비밀스럽게 여기저기 냄새를 맡고 이리저리 더듬거리고 돌진하고 급히 달려가고 갑작스러운 깨달음을 얻는 그러한 과정을 아무것도 방해하지 못하도록 말이지요."

오전에는 분석하고 늦은 오후에는 통찰하라

시간 생물학자를 비롯해 많은 과학자들은 모든 생물에게 생체시계가 있어서, 사람의 감정과 인식능력이 일정하지 않고 하루 24시간 동안 마치 주식 차트처럼 오르내린다고 한다. 노벨 경제학상 수상자 대니얼 카너먼과 오바마의 경제 교사로 일컬어졌던 앨런 크루거가 연구한 바에 따르면 사람들의 정서적 균형은 오전에 올라가고 오후에 내려갔다가 저녁에 다시 올라간다고 한다. 특히 하루 중 기분이 가장 좋지 않을 때는 통근 시간이었고 기분이 가장 좋을 때는 사랑을 나눌 때였다고 한다.

사람은 누구나 잠에서 깨면서 체온이 서서히 올라가기 시작한다. 체온이 오르면 각성 수준과 함께 에너지도 올라가는데, 그러면서 자연스럽게 실행력과 집중력, 추론능력이 높아진다. 분석능력은 정오 때쯤에 최고가 되고 이후에는 줄곧 떨어지다가 오후 5시 정도가 되면 다시 오른다. 이를 증명하는 연구가 있다. 시카고대 경제학과 교수 놀란 팝이 LA의 학생 200만 명을 대상으로 조사한 결과 수학시험을 마지막 2교시보다 아침 2교시에 본 학생의 수학 평균 점수가 높았다고 한다.

그렇다면 중요한 일을 오전 시간으로 몰아서 해야 할까? 다음 실험을 하나 더 살펴보도록 하자. 미국의 심리학자 머레이크 위스와 로즈 잭스가 아침형 인간이라고 생각하는 집단을 나눠 한 집단은 아침 8시 30분부터 9시 30분까지, 다른 집단은 오후 4시 30분부터 5시 30분까지 통찰력 문제를 풀게 했다. 결과는 오후 시간에 푼 사람들이 답을 더

하루 정서적 균형 추이[28]

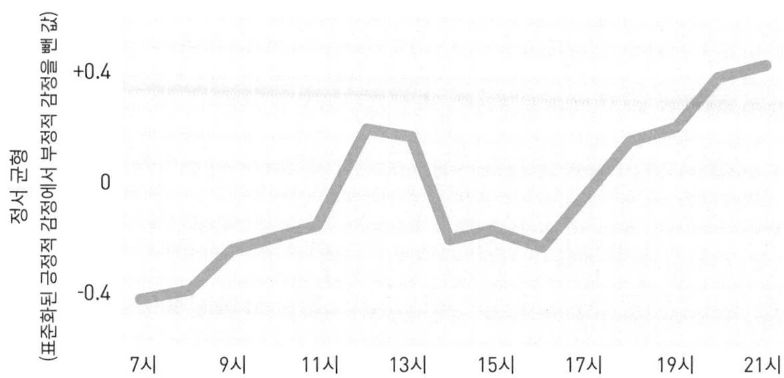

잘 맞혔다.[29]

이렇듯 의외로 컨디션이 최상이 아닌 시간대에 통찰력의 기본이 된다고 할 수 있는 혁신과 창의력이 높아지는 현상을 '영감의 역설Inspiration Paradox'이라고 부른다. 따라서 민첩함과 집중력이 있어야 하는 분석적 업무는 오전에 하고, 기민함이 필요하지 않은 통찰적 업무는 오후 5시경에 하는 것이 최상이라는 결론에 이르게 된다. 이를 적용해 업무를 하게 될 경우 중요한 판단은 오전에 하고, 중요한 인터뷰나 시험 또한 오전에 보는 것이 낫다. 반면 창의적인 아이디어를 필요로 하는 회의나 예술 활동은 늦은 오후에 하는 것이 현명하다.

이런 이해를 바탕으로 학교나 회사에서 교육 커리큘럼을 기획한다면 꽤 유용할 것이다. 학교 교과목 편성을 예로 들어보자. 오전에는 수

학이나 과학 등 분석적 사고를 필요로 하는 과목을, 늦은 오후에는 음악, 미술 등의 통찰적 사고와 창의력이 있어야 하는 과목을 편성하는 것이다. 그리고 업무효율이 떨어지는 오후 3시 전후에는 주로 암기과목을 편성하거나 잠깐 낮잠을 자게 하는 것도 효과적이다. 여기에 0교시 체육 수업을 추가하는 것도 방법이다. 유산소 운동의 효과를 확인하기 위해 미국 일리노이주 네이퍼빌에서 학생을 대상으로 0교시에 체육 수업을 진행했는데, 정규 체육 수업만 받은 학생들에 비해 듣기, 이해력 시험에서 점수가 높았다. 그뿐만 아니라 국제 수학, 과학 경시 대회에서 높은 성적을 거둘 수 있었다.

지금까지는 일반적인 사람들을 전제로 이야기했는데, 20~25% 정도 되는 저녁형 인간은 어떻게 해야 할까? 하고 의문을 가질 수도 있다. 각자 자신의 유형을 파악하고 해야 할 과제를 정한 다음에 시간을 설계하면 된다. 사람마다 편차가 있기 때문에 자신의 컨디션이 최고일 때와 최저일 때, 그리고 반등을 주는 때는 언제인지 찾아야 한다. 분석적인 핵심 업무는 컨디션이 최고일 때 집중하고, 창의력과 통찰력이 있어야 하는 업무는 컨디션이 다시 반등할 때 하는 것이 현명하다.

나의 분석적 업무와 통찰적 업무는?

분석적 업무

통찰적 업무

집중 근무 시간, 도전받는 조직의 루틴

2018년 7월 주 52시간 근무제가 시행되면서부터 이미 조직의 루틴에도 많은 변화가 생겼다. 대표적인 사례가 유연근무제의 확대다. 생산성 향상의 일환으로 근로시간 관리가 강화되었다. 한 연구소의 조사에 따르면 근로시간 단축에 따라 업무 효율을 높이기 위한 방안으로 '근무시간 관리제도'(68.8%)를 가장 많이 도입하고 있다.[30]

근무시간 관리제도의 대표적인 유형은 '집중근무시간제'와 '협업시간제'다. 집중근무시간제는 시간대를 정해서 사적인 대화나 전화,

회의 등을 하지 않고 일에 집중할 수 있도록 한 것이다. 한편, 협업 시간제는 시차출퇴근 등 유연근무제에 따라 직원 간 근무시간이 서로 다른 점을 고려해 회의나 업무요청, 면담 등 부서 간 협업이 필요한 업무를 집중적으로 하는 제도다. 근무시간 관리제도를 시행하는 대표적인 조직들은 다음과 같다.

근무시간 관리제도 시행 조직 예시

회사	제도	시간	내용
넷마블	코어근무시간	10:00~15:00	'선택적 근무제' 실시, 코어근무시간 외 나머지 시간에 자율 출·퇴근
롯데푸드	집중근무시간	09:30~11:30	효율성과 생산성을 높여 퇴근 시간 이전에 업무를 완료하도록 독려
신세계	집중근무시간	10:00~11:30 14:00~16:00	흡연실을 폐쇄하고 회의 등을 최소화해 업무에 집중하도록 독려
현대차그룹	선택적 근로시간	10:00~16:00	타 부서에 협조전을 보내거나, 여러 부서가 참여하는 회의 등은 핵심근무시간대에 집중, 집중 근무 시간 외 스스로 계획한 시간에 출퇴근
GS홈쇼핑	집중근로시간	10:00~11:00 14:00~16:00	팀 내·외부 미팅 최소화, 당일 끝내지 않으면 안 되는 필수 업무를 수행해 오후 6시 퇴근 정례화
LG유플러스	911근무제	09:00~11:00	2013년부터 시행
LG디스플레이	집중근무시간	08:30~10:00 16:00~17:30	파주·구미공장에서는 개별 흡연 등을 자제하면서 협업과 몰입 강화
SK텔레콤	권장협업시간	10:00~15:00	사내 공지를 통해 동료의 근무시간을 조회해 협업을 요청

기업들의 집중 근무 시간은 대개 오전 10시에서 11시 30분까지가 공통분모라는 것을 확인할 수 있다. 집중 근무 시간이 새로울 건 없는 제도이기는 하지만 과거와 달라진 점이 있다. 이제는 생존을 위해 생산성을 높여야 하는 기업에서 집중근무시간제가 선택이 아닌 필수가 되었다는 것이다. 성실하게 야근까지 해가면서 품질과 납기를 맞추던 산업화 시대의 유전자는 갈수록 설 자리를 잃게 될 것이다. 생산성을 높이기 위해 끊임없이 창조적으로 혁신하는 조직만 살아남을 것이다. 참고로 업무 시간의 20%를 창의적 프로젝트에 쏟도록 하는 구글의 '20%룰'도 국제 생산성 순위가 뒤처지는 것을 막기 위해 2013년에 철회했다. 엔지니어가 100명일 때는 적절했을지 모르지만, 직원이 2만 8천 명을 넘어서면서 생산성 차원에서 과도한 자유라고 판단한 것이다.

아직 산업화 시대에 머물러 있는 조직의 루틴을 바꾸기 위해서는 우선 조직과 구성원 간의 공감대가 필요하다. 주 52시간제와 근무시간 관리제도에 대한 조직과 구성원의 입장 차이가 있기 때문이다. 하지만 조직이든 개인이든 새로운 인공지능 시대에 맞는 루틴으로 바꾸지 않는다면 생존하기 어려울 것이라는 점은 확실해 보인다. 의지와 상관없이 선택과 집중을 강요받는 상황이 갈수록 심화할 것이 뻔하기 때문이다.

나를 변화시킨 핵심 업무 시간

나의 핵심 업무 시간은 아침 7시부터 오후 1시까지다. 누구에게도 아무런 방해를 받고 싶지 않는 나만의 시간이다. 내가 가장 싫어하는 것은 내 루틴을 방해받는 것인데, 특히 이 시간이 더욱 그렇다. 이 시간만큼은 가장 우선순위가 높은 작업에 집중한다. 주로 '글쓰기'다. 이는 나의 소중한 인생 프로젝트다. 집필은 여러모로 에너지가 많이 필요한 작업이다. 그래서 강의나 컨설팅 등 다른 일정이 없는 평일에는 예외 없이 대여섯 시간 동안 원고 작업에만 매달린다. 이 시간만으로는 늘 부족함을 느낀다. 나의 글쓰기 루틴은 따뜻한 디카페인 라떼를 한 잔 마시는 것으로 시작한다. 업무 시작을 알리는 나만의 고유한 신호다. 집필을 시작한 이래로 4년 넘게 지켜오고 있는 루틴이다. 이 정도면 내가 쓴 글에는 따뜻한 라떼 향이 배어 있을 법도 하다.

앉는 자리도 일정하게 항상 창가다. 시원하게 시야가 확보되는 자리를 선호한다. 집무실도 그렇게 꾸몄다. 원고 작성은 보통 오후 1시 점심 식사 때까지 이어진다. 그 이상 할 때도 적지 않다. 가끔 예외의 경우를 제외하면 이 루틴은 변함이 없다. 글쓰기에 집중하기 위해 주변 소음에도 신경을 쓴다. 카페에서 작업할 경우 스피커를 통해 흘러나오는 음악이나 나지막한 대화 소리는 적당한 백색소음으로 원고 작업에 도움이 된다. 하지만 그렇지 않을 때는 늘 휴대하는 헤드셋을 끼고 작업한다. 글쓰기는 대부분이 쓰기보다는 생각하는 시간인데, 귀에 거슬리는 소음은 생각을 방해하기 때문이다. 핵심 업무 시간에는 주로 가사가 없는 클래식이나 영화음악을 듣는다. 선배 세대에 비하면 밀레니얼 세대나 Z세대의 경우 ASMR Autonomous Sensory Meridian Response(자율 감각쾌감 반응) 등 적당한 백색소음이 있는 환경에서 공부나 업무 효율이 더 높다. Z세대인 큰딸은 공부할 때 좋아하는 아이돌 그룹의 음악을 듣는다. 조용할 때보다 공부가 잘된다고 한다.

핵심 업무 시간에 집중하기 위해 나름 몇 가지 원칙을 만들어 지키고 있다. 이 시간에는 어떤 약속도 잡지 않는다. 급한 상황이 아니면 전화나 메시지도 확인하지 않는다. 스마트기기도 꺼놓는다. 정말 글을 쓰기 싫을 때도 단 몇 줄이라도 예외 없이 글을 쓴다. 시간 관리를 위해 수시로 타이머를 확인하면서 1시간마다 10분 정도 휴식 시간을 갖는다. 하던 일을 멈추고 잠시 자리를 벗어난다. 때론 주변을 가볍게 산책하기도 한다. 걷다 보면 원고를 쓰면서 풀리지 않던 실마리를 찾을 때도 종종 있다. 맛있는 점심 식사는 이렇게 오전 내내 수고한 자신에게 주는 일종의 보상이다.

프리랜서 사업가라면 핵심 업무 시간을 자유롭게 계획하고 실행할 수 있지만, 직장인의 상황은 여의치 않다. 고객 전화, 회의 소집 등으로 긴 시간을 통째로 핵심 업무 시간으로 확보하는 것이 어려우니 말이다. 이 외에도 직장인의 업무 집중을 방해하는 요소가 많다. 졸음이나 피곤, 각종 잡무(전화 응대, 복사 등), 상사의 잦은 업무 지시와 심부름, 불필요한 잡담과 회의, 스마트폰 사용(SNS, 게임 등), 메신저 사용(PC 및 모바일 등), 주변 소음, 개인적인 문제(사생활), 커피나 담배 등 업무에 집중하기가 여간 힘든 게 아니다.

이런 이유로 직장인의 경우 온전히 몇 시간을 연속해서 일하기는 쉽지 않다. 따라서 시간을 쪼개서 사용하는 게 현실적인 방법이다. 25~30분간 특정 업무에 집중하고 5분씩 휴식을 취하는 것이다. 그러면 25분은 일과 중에도 덜 방해받고 일할 수 있고 심리적으로 부담도 적다. 이를 반복하면 뇌도 서서히 한 가지 일에 집중하는 루틴에 익숙해질 수 있다.

나의 핵심 업무 시간과 핵심 업무는?

핵심 업무 시간	핵심 업무

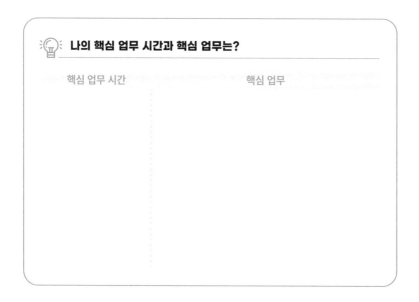

딥 워크를 위한 핵심 업무 시간을 확보하라

우리나라 직장인들의 하루 근무 시간은 평균적으로 9시간 정도다. 하

핵심 업무 시간 루틴 만들기 예시

구분	핵심 업무 시간
1단계 명확한 목표	핵심 업무 시간 정하기 예) 오전 9~11시 핵심 업무 시간 순수 원식 세우기 당일 업무 계획 '체크리스트' 만들기
2단계 기계적 연결	[사람] 주위 사람에게 '핵심 업무 시간' 알려서 협조 구하기 [사물] 업무 집중을 위한 나만의 리추얼(의식) 예) 커피, 차 [시간] 핵심 업무 시간 알람 설정하기(15~20분 전) [공간] 업무 효율이 높은 나의 공간 확보 예) 도서관, 회의실 등
3단계 창조적 발전	(타이머 활용해) 업무별 마감 시한 설정하고 일하기 SNS 차단 및 스마트폰 비행모드
4단계 점진적 성취	당일 업무 계획 실천 여부 점검하기 집중 근무 시간을 오후 시간까지 조금씩 확대하기
5단계 적극적 보상	간식 예) 견과류 정시에 퇴근하기

지만 업무 집중 시간은 절반 수준인 평균 5시간 남짓밖에 안 된다. 직장인들은 업무 집중도를 높이기 위해 어떻게 할까? 설문조사 결과에 따르면, 가장 좋은 방법으로는 '집중 잘되는 시간에 주요 업무를 한다'(42.3%, 복수 응답)를 선택했으며, '업무별 타임 스케줄을 정한다'(30.3%), '낮잠을 잔다'(28.9%), '단순 업무를 먼저 한다'(24.7%), '커피, 간식 등을 먹는다'(24.6%) 등의 순이었다.[31] 당신은 어떤가?

회사의 업무 집중 시간에 맞추는 것도 좋지만, 나만의 핵심 업무 시간을 만들어 실천해보는 것도 방법이다. 먼저 핵심 업무 시간과 원칙을 정하고 매일 업무 계획을 수립한다. 그다음에는 핵심 업무 모드로 전환하는 나만의 신호도 만든다. 평소 즐기는 차 한 잔 정도면 안성맞춤이다. 핵심 업무 시간을 보다 효율적으로 활용하기 위해 지속해서 아이디어를 내며 개선하다 보면 동기부여가 된다. 그리고 핵심 업무 시간에 할 일의 체크리스트를 만들어 진행 여부를 점검하면 성취감을 느낄 수 있다. 리스트를 하나씩 지워가는 과정을 통해 지속성과 성취감의 두 마리 토끼를 잡을 수 있다.

핵심 업무 시간을 잘 지킨 자신에게 간식 등 나름의 보상도 잊지 말자. 단, 간식도 똑똑한 선택이 필요하다. 다이어트 루틴에 방해가 될 수도 있으니 말이다. 루틴을 습관으로 만들기 위해 뇌를 잘 활용하는 게 필수라는 것을 기억하자.

캐나다에 이민 간 친구에게 이런 이야기를 들은 적이 있다. 그는 이민 후 밴쿠버에 위치한 아마존의 주문 처리 센터Fulfillment Center(물류창고)에 취업했다. 그런데 일하는 문화가 우리랑 너무 달라 첫날부터 문화 충격을 받았다고 한다. 그는 9시에 출근해서 4시까지 입고된 상품을 옮기는 고된 일을 했는데 시작부터 만만치 않았다. 걸핏하면 매니저가 호출하더라는 것이다. 매니저는 온종일 컴퓨터 모니터 앞에 앉아서 직원들의 생산성을 실시간으로 확인했다. 생산성이 떨어지는 직원이 생기면 즉시 불러서 코칭하는 게 그의 일이었다. 직원들의 업무는 분 단위로 검사되어 엄격히 관리됐다. 휴식 시간은 오전과 오후에 20분씩 주어졌고, 점심 식사는 30분 안에 해결해야 했다.

우리나라의 관대한(?) 조직 문화는 서양과 사뭇 다르다. 응당 직원과 한두 시간 잡담을 할 수도 있고, 스트레스를 받으면 담배를 태우면서 회사나 상사 뒷담화를 하다 보면 20~30분은 금세 지나가기 일쑤다. 이런저런 이유로 일과 중에 못 한 일이 있으면 여유 있게 저녁 식사를 하고 야근하면서 마무리하면 된다. 야근 수당까지 나오니 일거양득이다.

이런 문화는 이제 이별을 고해야 할 시점이 된 듯하다. 변화하지 않으면 조직에서 더는 생존하기가 쉽지 않게 되었으니 말이다. 증가한 재택근무는 더욱더 능동적인 자기관리를 요구하고 있다. 핵심 업무 시간을 만들어 실천하는 것은 이제 필수 루틴이 되었다. 조직은 구성원을 더 냉정하게 성과에 따라 평가할 것이다. 앞으로 조직에서 고성과자가 되려면 탁월한 루티너가 되어야 함은 자명하다. 새로운 변화의 시작을 알리는 총성은 이미 울렸다.

> "다른 사람이 어떤 일을 하는 것을 볼 때마다 이런 질문을 너 자신에게 던지는 것이 습관이 되게 하라. "이 사람이 이 일을 하는 목적은 무엇일까." 하지만 무엇보다도 그런 질문은 너 자신에게 먼저 던져서, 너 자신을 가장 먼저 면밀하게 살펴라."[32]
>
> _마르쿠스 아우렐리우스 《명상록》 중

죽은 시간을 심폐 소생하는 이동 시간 루틴

대한민국 사람이 하루에 출퇴근하는 데 소요되는 시간이 평균 103분(1

시간 43분)이다. 경기 지역 직장인이 134.2분(2시간 14분)으로 가장 길고, 인천이 100분(1시간 40분), 서울이 95.8분(1시간 36분)이다. 수도권 직장인들은 하루 평균 114.5분(1시간 55분)을 출퇴근에 사용하는 셈이다. 비수도권 지역 직장인들은 평균 59.9분이다. 근무일만 계산해도 일주일이면 약 500분인데, 다시 말해 일주일 중 하루 업무시간인 8시간만큼을 출퇴근 시간으로 사용하는 것이다. 바쁘게 살아가는 직장인에게 무시할 수 없는 시간이다. 당신은 이 시간을 어떻게 사용하고 있는가?

수도권 직장인 출퇴근 소요 시간[33]

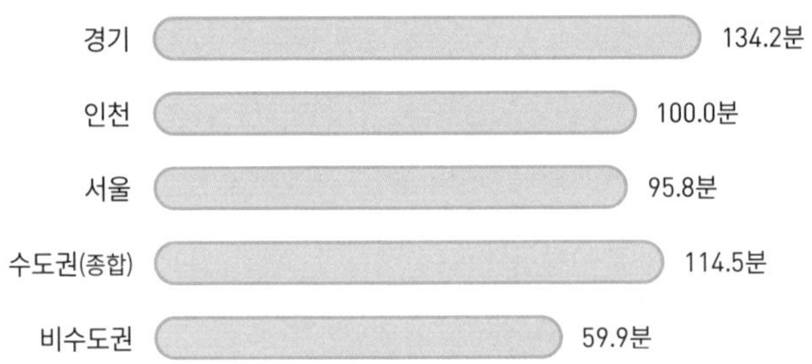

아침 대중교통 풍경을 떠올려보자. 앉아서 화장하는 사람, 자는 사람, 창밖을 보는 사람 등 다양하지만, 열에 아홉은 예외 없이 스마트폰 삼매경이다. 우리나라의 스마트폰 사용자는 95%로 스마트폰 보급률이 세계에서 가장 높은 국가다. 우리나라는 스마트폰 중독도 단연 세계 최고다. 대중교통을 이용하면서 옆에 있는 사람이 스마트폰으로 뭘 하는지 본 적이 있는가? 정보통신정책연구원KISDI의 보고서에 따르면 통화·문자·이메일·채팅(31.6%), 영화·음악·동영상 감상(27%), 상거래(19.2%) 순으로 나타났다. 신문·책·잡지(6.4%)를 보는 사람은 드물었다.

100분이나 되는 적지 않은 이동 시간을 생산적인 시간으로 활용할 방법은 없을까? 이동 시간 루틴이야말로 강력한 시간 관리 방법이다. 활용하기에 따라서는 이동 시간을 자신의 경쟁력을 높이는 소중한 시간으로 승화할 수도 있다. 그런데 이동 시간 루틴을 만드는 데 있어 명심할 게 있다. 바로 명확한 목적이다. 다시 말해 이동 시간에 하고자 하는 바를 뚜렷한 목적을 가지고 구체적으로 계획해야 한다. 예를 들면 경제 공부, 영어 듣기, 자격증 공부, 뉴스 스크랩, 안부 전화 등 목적에 맞게 집중적으로 투자하는 것이다. 목적만 확실하다면 아무리 짧은 시간이라도 에너지를 적게 들이고 환경에 영향을 덜 받으면서 몰입할 수 있다. 《성경》 베드로후서 3장 8절에 이런 말씀이 등장한다.

> "사랑하는 자들아, 주께는 하루가 천년 같고 천년이 하루 같은 이 한 가지를 잊지 말라."

인간과는 다른 신의 시간 개념이 드러난다. 시간은 누구에게나 공평하게 주어지지만, 사람에 따라 상대적이다. 모두가 시간을 의미 있게 사용하는 것은 아니다. 시간의 상대성 원리가 적용되는 것이다. 먼 길도 사랑하는 사람과 함께 가면 짧게 느껴지듯이 말이다. 하지만 즐거운 일이 아니라도 루틴을 만들면 된다. 대중교통을 탄다면 순서대로 루틴을 지켜 반복적으로 실천해 습관으로 만들면 된다.

1. (차에 오르면) 가방에서 책을 꺼낸다.
2. 연필과 형광펜을 든다.
3. (책 보면서 듣는) 음악을 튼다.
4. 책을 읽는다.

내가 이동 시간을 보낼 때 치르는 의식이다. 평소 대중교통으로 이동 시에는 독서를 한다. 그래서 매일 가방에는 두 권의 책을 가지고 다닌다. 한 권은 책을 쓰는 데 도움이 될 만한 책이고, 다른 하나는 고전이나 가볍게 읽을 수 있는 책이다. 음악을 듣는 건 주변 소음에서 자유롭기 위해서다. 그래서 음소거 기능이 있는 헤드셋은 늘 가지고 다니는 필수 소지품이다. 하지만 단점이 있다. 책을 읽으며 집중하다 보면 종종 안내 방송을 듣지 못해 정거장을 지나치는 경우가 있다. 그런데도 대중교통 이용 중 독서를 할 때 느끼는 즐거움은 남다르다. 모두 스마트폰을 볼 때 혼자 독서를 한다는 것만으로 느끼는 상대적 만족감이 크기 때문이다.

책을 읽고 싶지 않거나 독서를 할 여건이 아닐 때는 오디오북을 듣거나 보고 싶었던 경제 유튜브를 몰아서 한꺼번에 보기도 한다. KTX를 타고 출장을 갈 때는 노트북을 펼쳐 사색하면서 여유 있게 원고를 쓰거나 책을 읽는다. 이동 시간 루틴은 목표를 명확히 하되 상황과 장소에 따라 유연해야 함은 물론이다. 이동 시간을 잘 활용한다면 새벽에 일찍 일어나서 할 수 있는 일만큼의 양을 너끈히 해낼 수도 있다. 이동 시간을 별생각 없이 자거나 스마트폰을 보며 낭비하고 있지는 않은가? 이동 시간 루틴을 만들면 죽은 시간을 심폐 소생하여 생산적인 시간으로 되살릴 수 있다.

나의 이동 시간 루틴은?

이동 시간	이동 시간 루틴

5장

점심시간 두 배로 활용하기

Lunch Routine

점심을 5분 안에 끝낸다?

원고를 쓰는 일에 집중하다 보면 식사를 훌쩍 넘길 때가 종종 있다. 그때마다 식사 시간을 아낄 방법은 없을까 고민하곤 한다. 극단적으로 식사 시간을 아끼는 사람이 있다. 일 중독자로 둘째가라면 서러울 테슬라 CEO 일론 머스크가 그렇다. 그는 2014년 〈오토빌드AUTO BILD〉와의 인터뷰에서 “점심은 대개 미팅 중 5분 안에 끝낸다.”라고 밝힌 바 있다. 그는 식사 시간마저 아까워 식사하지 않고 영양을 대신할 방법이 있으면 좋겠다고 말한 적도 있다.

매 끼니 때가 되면 어떤 메뉴를 먹어야 할지 고민하지 않을 수는 없을까? 밥을 먹기 위해 식사 장소로 이동하는 시간도 그렇지만, 중요하지 않은 결정에 에너지를 쏟는 것도 아깝게 느껴져서다. 물리학자 리처드 파인만의 메뉴 선택에 관한 유명한 일화가 있다. 그가 대학에 다닐 때 식당에서 디서트를 고르는 사소한 신데미지 시간 낭비라 생각하고 초콜릿 아이스크림만 먹겠다고 다짐한다. 그는 졸업 후에도 다른 디저트는 입에 대지도 않고 오로지 초콜릿 아이스크림만 먹었다고 한다.

전기 작가 월터 아이작슨이 쓴 스티브 잡스의 전기를 보면, 잡스는 당근, 사과 등 한두 가지 음식만 몇 주간 계속 먹었다고 한다. 그는 비건Vegan, 즉 완전 채식주의자였다. 과일, 견과류, 씨앗, 채소, 곡물 등의 음식만 먹은 것이다. 육류, 가금류, 어패류, 난류, 유지류 등 모든 동물성 식품은 입에 대지도 않았다. 스티브 잡스도 파인만처럼 메뉴 선택의 고민을 최대한 덜 하려고 했을 것이다. 콜라 마니아인 워런 버핏은 점심 메뉴로 버거를 먹고 체리 콜라만 마신다. 빌 게이츠는 점심으로 치즈버거를 즐기고 맥도날드의 빅맥을 먹기도 한다. 세계 최고의 부자와 천재들의 소박한 식사는 그들의 엄격한 시간 관리와 관련이 깊다.

하지만 시간 절약 등 저마다의 이유로 점심 식사를 대수롭지 않게 여길 수도 있지만, 영양전문가들의 의견은 다르다. 일론 머스크처럼 음식을 충분히 잘 씹지 않으면 인슐린이 많이 분비되기 때문에 혈당을 높일 수 있고 체중 조절에 도움이 되지 않는다. 잡스처럼 특정 메뉴만 먹게 되면 영양 불균형을 가져올 수 있고, 워런 버핏이나 빌 게이츠처럼 패스트푸드를 많이 먹으면 심장 질환 위험이 커진다. 식사 시간 절약도 건강을 잘 지키는 범위 내에서라야 더 빛을 발할 것이다.

도시락은 까먹어도 시간은 까먹지 마라

어느 여름 캐나다 밴쿠버에 사는 친구 집에서 1시간 거리밖에 안 되는 시애틀로 가족과 여행을 떠난 적이 있다. 점심때쯤 허기를 달래기 위해 먹을 것을 찾던 중 아마존고AmazonGo라는 매장을 들렀다. 무인매장, 인공지능 편의점으로 불리는 아마존고의 첫 매장은 2016년 12월 아마존 시애틀 본사 내 직원용 매장으로 공개된 것이 시초였다. 여러 기술적 결함을 해결한 후 2018년 1월부터 일반인 대상으로 열렸다. 이후 미국 전역의 매장 수는 2020년 5월 기준 27개로 지속해서 늘어나고 있다.

아마존고에는 계산대가 없는데, 지하철 승강장을 빠져나오듯 매장 밖으로 나오면 자동으로 계산된다. 방문 당시 매장은 점심 식사거리를 사려는 근처 회사원들로 인산인해를 이루고 있었다. 나중에 알게 된 사실인데, 그곳 시애틀의 직장인들은 아마존고 같은 곳에서 식사거리를 구해 아주 간단하게 점심을 해결한다고 했다. 1시간에서 길게는 2시간까지 여유로운 우리의 점심시간과 사뭇 비교된다.

나는 점심 식사를 좀 늦게 하는 편이다. 식사를 위해 나온 직장인들로 붐비는 혼잡한 시간을 피한다면 기다리는 시간을 절약할 수 있고 쫓기지 않고 편하게 식사할 수 있어서다. 그리고 식사 후에는 적어도 20~30분 동안 산책을 한다. 이 시간에 생각을 정리하기도 하고 가끔 가족과 지인들에게 안부 전화를 하기도 한다. 이렇게 산책을 하고 나면 소화도 되고 새로운 기분으로 오후 일정을 시작할 수 있다.

직장인 점심시간 식사 외 활동[34]

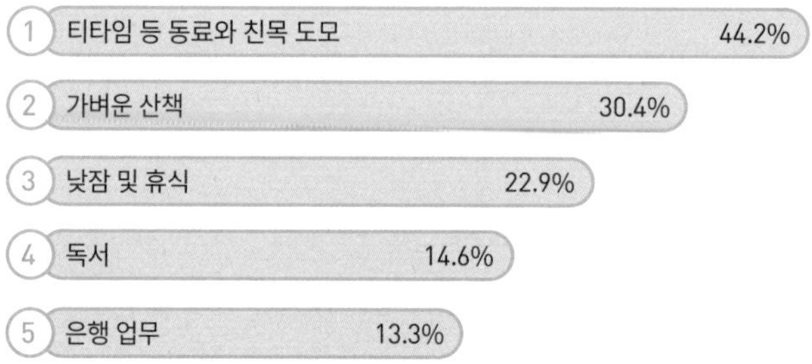

* 점심시간에 식사 외 활동을 하고 있다고 응답한 240명 대상(복수응답)

점심시간을 효율적으로 활용하기 위한 루틴은 아이디어를 내기 나름이다. 짬을 내 운동할 수 있고, 서점이나 도서관을 들러 책을 볼 수도 있고, 일주일에 한두 번은 잘 모르는 사람과 식사할 수도 있고, 차 마시는 시간을 가질 수도 있다. 한 조사에 따르면 점심시간에 식사 이외의 다른 활동을 하는 직장인이 34.9%인 것으로 조사됐다.

점심시간을 유익하게 보낼 수 있는 방법은 찾아보면 많다. 그중에서도 산책과 낮잠은 내가 추천하는 루틴 중 하나다. 산책과 낮잠 예찬론자들은 이를 루틴으로 실천해 하루 에너지의 균형을 탁월하게 관리한다. 산책과 낮잠 루틴에 대해서 하나씩 살펴보자.

나의 점심시간 루틴은?

점심시간	점심시간 루틴

걸으면 해결된다

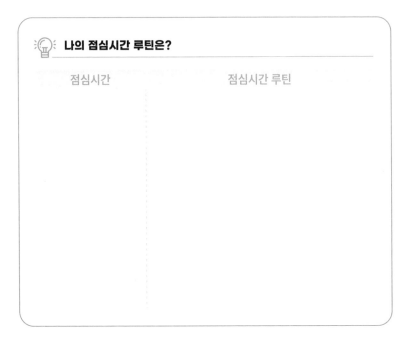

나에게 산책은 직장생활이 남긴 대표적인 흔적이다. 점심 식사 후에는 물론이고 스트레스를 받거나 아이디어가 떠오르지 않을 때면 회사 주변을 걸었다. 그래서 골목골목 샛길까지 샅샅이 꿰고 있었다. 산책은 단순한 취미 그 이상이었던 것 같다. 직장생활을 그만둔 후 지금까지도 마치 방송편성표와도 같은 하루 루틴에서 산책은 중요한 자리를 차지하고 있다. 틈만 나면 동네 주변을 산책하고 웬만한 거리는 걸어서 이동한다. 특히 점심 식사 후 20~30분간의 산책은 빼놓지 않고 실천하는 핵심 루틴의 하나다.

많은 기업의 리더들이 산책하면서 하는 회의를 즐긴다. 일명 '산책 회의'라고 한다. 마크 저커버그는 중요한 인재 영입 시 본사 팔로알토 인근 숲길을 걸으며 면접을 하는 것으로 알려져 있다. 스티브 잡스는 생전에 최고 디자인 책임자CDO였던 조너선 아이브와 산책하면서 1급 기밀에 해당하는 디자인 아이디어를 나눴다고 한다. 트위터 창업자 잭 도시는 매일 걸어서 출근하는 시간이 가장 값진 투자라고 한다. 그는 회사까지 약 8km 거리를 1시간 15분씩 걷는다. 이외에도 링크드인의 제프 와이어, 버진그룹의 리처드 브론슨, 구글의 순다르 피차이 등 많은 CEO가 산책을 즐긴다. 산책은 세계적인 부자들이 공통으로 꼽는 생활 루틴이기도 하다.

산책 루틴을 실천한 인물은 역사를 거슬러 올라가도 어렵지 않게 만날 수 있다. 베토벤은 점심을 마친 후 오후 시간 대부분을 산책에 할애했는데, 악상이 떠오르면 기록하려고 항상 펜과 오선지 두 장을 주머니에 넣고 산책을 했다. 그는 악상을 떠올리기 위해 산책을 했다고 보는 게 맞다. 비슷한 사례로 디킨스는 매일 오후 2시에 책상을 떠나 런던이나 시골의 거리를 3시간 동안 걸었다. 이 산책은 그의 소설을 검토하기 위한 방편이기도 했다. 또 밀턴은 오후에 자신의 정원에서 서너 시간 동안이나 산책을 했다. 이외에도 소크라테스, 데카르트, 니체 등 산책을 루틴으로 실천한 사람들이 많다.

왜 많은 사람이 그렇게 산책에 빠지는 것일까? 이유는 명확하다. 그 효과를 몸소 체험했기 때문이다. 산책으로 얻을 수 있는 효과는 다양하다. 몇 가지만 살펴보면 다음과 같다.

첫째, 산책만으로 창의력이 높아진다. 미국 스탠퍼드대 연구에 따르면, 앉아 있을 때에 비해 걷고 있을 때 창의적인 결과물이 평균 60%나 늘어났다. 걸을 때는 두뇌가 자유로운 아이디어의 흐름에 노출되기 때문이다. 점심 식사 후뿐 아니라 문제가 잘 풀리지 않거나 아이디어가 필요하다면 언제든 일하는 공간을 벗어나 걸어야 한다.

둘째, 정서적 균형 유지와 스트레스 완화를 돕는다. 여러 논문에 따르면 산책은 사람이 행복을 느끼는 순간 분비되는 신경전달물질인 세로토닌을 나오게 하고 스트레스 호르몬인 코르티솔의 수치를 떨어뜨리는 기능을 한다. 스트레스 호르몬은 체중 증가, 기억력 감퇴, 고혈압 등 다양한 질병의 원인이 되는 만큼 관리가 필요하다. 애리조나대 연구에 따르면, 하루에 10분 동안 걷는 것만으로도 혈압을 낮추는 데 효과가 있었다.

셋째, 적절한 햇볕 쬐기가 보약보다 낫다. 햇볕을 쬐면서 만들어진 비타민D는 체내의 칼슘과 인을 흡수해 혈액 속에 보관해서 뼈를 튼튼하게 만든다. 걷기 40분은 뛰기를 25분 한 것과 유사한 열량 소모 효과가 있어서 운동으로도 손색이 없다.

넷째, 비만·당뇨·우울증·암·치매 등의 위험이 낮아진다. 많은 연구에서 매일 30분간 무리하지 않고 걷는 습관을 유지하면 비만·당뇨·우울증 발생 위험을 현저히 줄이는 것으로 나타났다. 특히 암 발병위험도 급격히 낮아지며, 고관절 골절 위험은 40%나 낮아질 뿐만 아니라 관절염 예방률도 50%나 높다. 또 걸으면 혈액순환이 원활해져 뇌에 산소와 영양분이 잘 공급되기 때문에 치매에도 효과적이다.

다섯째, 건강해지고 수명이 늘어난다. 미국 테네시 주립대 연구에서는 매일 산책하는 여성이 그러지 않는 여성보다 체지방이 적었고, 산책으로 인해 삶의 질이 향상되었으며 몸의 독소가 더 적었다고 발표했다. 미시간 약대에서는 50~60세 사람들이 꾸준한 산책을 통해서 다음 8년 안에 죽을 확률을 35%까지 낮출 수 있다고 밝혔다.

어떤가? 이 정도면 산책은 만병통치약 수준이라 할 만하다. 무슨 운동을 해야 할지 망설이고 있다면 지금 바로 산책을 해보라. 산책은 당신에게 기대 이상으로 많은 선물을 할 것이다. 바쁜 일과 때문에 운동할 시간이 도무지 나지 않는가? 산책을 운동으로 승화할 수 있는 어렵지 않은 방법이 있다. 배우 하정우가 밝힌 그의 걷기 비결을 참고해 실천한다면 누구나 산책으로 운동 못지않은 효과를 얻을 수 있다.

> "발 디딜 수 있는 공간만 있다면 걸어서 이동하기, 그러니까 차는 물론 엘리베이터, 에스컬레이터, 무빙워크 등은 가급적 타지 않는다. 걸음 수를 일상에서 알뜰살뜰 모아야 한다. 이동할 때 지키는 이 작은 원칙이 내가 하루에 3만 보를 걷는 결정적인 비결이다. 나는 바퀴 달린 것이나 내 몸을 자동으로 옮겨놓는 탈것을 그다지 좋아하지 않는다. 웬만한 거리는 내 다리로 뚜벅뚜벅 걸어 다니는 게 좋다. 굳이 운동 시간을 따로 내지 않더라도 이렇게 두 다리로 이동하는 것만으로도 하루 걸음 수를 뿌듯하게 채울 수 있다."[35]

산책의 효과를 높이려면 걷는 방법도 신경 쓸 필요가 있다. 양발 끝을 11자로 하고 양쪽 무릎 옆을 살짝 스치며 걸어야 한다. 걸을 때는 발뒤꿈치부터 발이 지면에 닿게 하고 발바닥 전체를 디딘 후 앞으로 무게 중심이 이동하도록 자연스럽게 걷는 것이 좋다. 눈은 10~15m 정도 앞을 향하고 어깨는 약간 뒤로 젖히듯 바로 펴고 걸어야 한다. 호흡은 한 번 마시고 두 번 뱉는 방법으로 하면 좋다. 식사 후 나른한가? 마음이 답답한가? 그렇다면 당장 밖으로 나가 산책을 해보라. 산책이 별건가. 몇 걸음만 걸어도 산책이다.

"걸으면 해결된다."

— 디오게네스, 그리스 철학자

아침을 두 번 맞는 파워냅

지구상에 존재하는 동물들은 대부분 낮잠을 잔다. 몸은 휴식을 요구하는데도 끊임없이 일하면서 생체리듬을 무시하는 동물이 있다. 바로 '사람'이다. 하지만 미국 제32대 대통령 프랭클린 루스벨트는 점심 식사 후 꼭 30분의 낮잠을 잤다. 그는 낮잠 덕분에 매일 3시간씩 더 일할 수 있었다고 한다. "30분의 낮잠이 밤의 3시간과 같은 가치를 지닌다."라는 말을 남겼다.

역사 속에는 낮잠을 옹호한 인물이 많다. 대표적인 낮잠 예찬론자

중 한 명이 영국의 제61, 63대 총리를 지낸 윈스턴 처칠이다. 그는 제2차 세계대전 당시 독일이 런던을 폭격할 때에도 방공호에서 낮잠을 잤다는 일화가 있을 정도다. 어떤 상황에서도 기어코 낮잠만큼은 빠뜨리지 않았다. 오죽하면 처칠은 제2차 세계대전을 승리로 이끌었던 원동력이 '낮잠'이라고까지 했다. "낮잠을 자는 게 시간 낭비가 아니냐?"라고 누군가 그에게 묻자, 처칠은 이렇게 대답했다고 한다. "낮에 잠을 잔다고 해서 일을 덜 한다고 생각하지는 마라. 그런 생각이야말로 상상이라고는 조금도 모르는 아둔함의 극치다."라고 말이다.

훗날 처칠의 수행 비서였던 프랭크 소시어는 이렇게 회상했다. "처칠에게 낮잠은 철저한 규칙이었으며 좀처럼 건너뛰는 법이 없었다." 처칠은 낮잠을 통해 심신을 늘 최고의 상태로 유지했고, 어떤 상황에도 침착해서 내각과 장교들에게 귀감이 됐다. 반면 나치 독일의 지도자였던 아돌프 히틀러는 신경성 불면증으로 잠을 자지도 못하고 대부분의 시간을 매우 산만하게 보냈다. 1944~1945년 연합군이 독일을 궁지로 몰아넣었을 때 그는 며칠 동안 잠을 자지 않고 암페타민, 코카인, 기타 약물 등을 섞어 복용하며 밤을 지새웠다.[36]

낮잠의 효능은 기억력 증진, 면역력 상승, 스트레스 해소, 심혈관 기능 강화, 심리적 안정, 집중력 강화, 혈압 감소 등 다양하다. 또 낮잠 후에는 창의성을 관장하는 우뇌의 활동이 급격히 왕성해진다. 매일 점심과 저녁 사이에 낮잠을 즐겼던 덕에 처칠은 매사에 열정이 넘쳤고, 맑고 깨끗한 정신을 유지하면서 전략을 만들고 합리적인 의사결정을 할 수 있었다.

미국의 석유 갑부 존 록펠러는 자신의 집무실 긴 의자에서 오후가 되면 반드시 30분 정도 낮잠을 잤다. 대통령이 불러도 응하지 않을 정도로 낮잠 루틴을 철저히 지켰다. 그는 98세까지 장수하며 많은 부를 누리고 살았다. 한편 글로벌 생활용품 기업 피앤지P&G 전 회장 래플리는 낮잠을 성공의 열쇠라고까지 강조했다. 그는 30분의 여유가 생긴다면 낮잠에 투자한다고 했다. 낮잠을 잘 상황이 여의치 않을 수도 있다. 하지만 의식적으로 낮잠 루틴을 만든다면 '새로고침'으로 하루를 또 한 번 맞이하게 될 것이다.

낮잠 권하는 나라, 낮잠 권하는 회사

《논어》에서 주로 제자들에 대한 평을 담은 공야장을 보면 공자가 낮잠을 자는 제자 재여를 좀 심하다 싶을 정도로 꾸짖는 장면이 나온다.

> 재여가 낮잠을 자고 있자, 공자가 말했다.
> "썩은 나무에는 조각할 수 없고 더러운 흙으로 쌓은 담장에는 흙손질할 수가 없다. 재여에 대해 무엇을 꾸짖겠는가?"
> "처음에 나는 사람에 대하여 그의 말을 듣고는 그의 행실을 믿었는데, 이제는 사람에 대하여 그의 말을 듣고도 그의 행실을 살펴보게 되었다. 재여로 인해서 이를 바꾼 것이다."

낮잠에 대한 공자의 시선은 가혹하다. 공자로 대표되는 유교 문화의 영향이 큰 동양에서는 전통적으로 낮잠을 죄악시하는 경향이 있다. 나도 그동안 낮잠에 대해서 긍정적이지 않았던 것이 사실이었다. 낮잠 자는 사람을 시간이나 자기관리에 소홀한 사람처럼 한심하게 바라보곤 했었다. 하지만 낮잠에 관해 공부하면서 생각이 바뀌었다. 낮잠과 나태함을 혼동한 데서 생긴 오해였음을 깨달았다. 지금은 개종해서 낮잠 신봉자가 되었다. 여전히 낮잠에 대해서는 여러모로 생각할 여지가 있다.

우리나라는 다른 나라와 비교해 수면이 부족한 국가다. 게다가 대표적인 워크홀릭 국가다. 안타깝게도 일하는 시간은 많은데 그에 비해 생산성은 현저히 떨어진다. 2017년 기준 한국의 시간당 노동생산성은 34.3달러로 경제협력개발기구 OECD 36개 회원국 중 29위다.

수면 부족은 국가적으로도 비효율을 초래한다. 미국 싱크 탱크 중 하나인 랜드연구소가 2016년 실시한 조사에 따르면, 수면 부족으로 인한 생산성 손실 등으로 미국 경제가 입는 피해는 약 480조 원에 달한다고 한다. 우리나라 1년 예산과 맞먹는 어마어마한 피해액이다. 일본 정부와 기업은 2017년 수면 부족으로 인한 경제적 비용이 한 해 157조 원에 달한다는 조사 결과 발표 후 실질적인 대책 마련에 나서기도 했다. 일본 보건부는 모든 근로 연령층이 이른 오후에 30분 정도 낮잠을 자도록 권고하고 나서기도 했다. 우리나라도 국가 차원에서 수면을 독려할 필요가 있다. 낮잠을 죄악시할 게 아니라 권장하는 문화를 만들어야 한다.

낮잠에 대한 오해 중 하나로 많은 사람이 점심 식사 후 잠이 오는 것은 소화와 관계 있다고 생각한다. 하지만 한 캐나다 과학자가 연구를 통해 오후가 되면서 느껴지는 피로감은 선천적으로 타고난 생체시계 때문이라는 것을 밝혔다. 수면 연구가 빌리어드 교수는 실험을 통해 낮잠은 인간의 유전자 형질이며 인간은 생리학적으로 오후에 낮잠을 자게 되어 있다고 결론을 내리기도 했다. 그리고 다른 수면 연구가 플루셰어는 이상적인 수면은 한 번에 몰아서 자는 것이 아니라 쪼개서 자는 것으로 하루를 몇 시간마다 구분 지을 필요가 있다고 역설하기도 한다.[37]

애플 창업자 스티브 잡스는 "낮잠을 잘 수 없는 회사에는 가고 싶지 않다."라는 말을 남기기도 했다. 애플, 구글, 마이크로소프트처럼 세계 일류 기업은 수면 보조 기계와 낮잠 공간을 제공하면서 낮잠을 권장하고 있다. 페이스북, 시스코, 피앤지P&G는 '낮잠 전용 의자'를 설치해 직원들이 낮잠을 취할 수 있게 조치했다. 아리아나 허핑턴은 《수면 혁명》이라는 책을 통해 낮잠뿐 아니라 잠의 중요성을 강조하면서 허핑턴 포스트 사옥에 낮잠 방Nap Room을 만들어 직원들이 충분한 수면을 취할 것을 독려하고 있다.

우리나라도 낮잠을 독려하는 문화가 없는 건 아니다. 바디프렌드는 도곡동 사옥에 총 30여 대의 안마의자를 설치해서 직원들이 수시로 20~30분간 안마를 받으며 낮잠을 잘 수 있게 했다. 마이다스아이티는 오후 12시 30분부터 1시 30분까지 사무실 전체를 소등해 모두가 무조건 낮잠을 자도록 권장하고, 목 베개와 160도 뒤로 젖혀지는 의자도 제공한다. 현대카드는 본사에 낮잠 전용 공간인 '냅앤릴렉스존'을 운영하는데, 업무시간(09:00~11:00, 13:30~17:30) 중 휴식이 필요한 직원들은 하루 1시간 이내로 자유롭게 이용이 가능하다.

또 한국마이크로소프트는 업무시간에 언제든 자유롭게 이용할 수 있도록 수면실을 마련했다. ING생명은 오후 2시부터 20분 동안 낮잠을 자는 제도인 '오렌지 파워냅'을 시행하고, 구글은 직원 복지제도의 하나로 근무 시간의 20%를 낮잠 시간으로 지정하고, 낮잠 전용 '캡슐'에서 휴식을 취할 수 있게 했다. 나이키는 콰이어트룸을 만들어 직원들의 낮잠을 권장한다. 아울러 서울시는 2014년 8월부터 낮잠을 자고 싶은 직원은 출근 후 부서장의 승인을 받고 추가 근무로 법정근로시간을 채우도록 했다. 이처럼 업무 생산성을 위해 구성원들에게 낮잠을 독려하는 조직이 늘어나기를 기대한다.

2시간 같은 낮잠 20분

> "저희가 무리를 떠나 예수를 배에 계신 그대로 모시고 가매. 다른 배들도 함께 하더니, 큰 광풍이 일어나며 물결이 부딪혀 배에 들어와 배에 가득하게 되었더라. 예수께서는 고물에서 베개를 베시고 주무시더니, 제자들이 깨우며 가로되. 선생님이여, 우리의 죽게 된 것을 돌아보지 아니하시나이까 하니."

《성경》 마가복음 4장 36~38절에 나오는 이야기다. 거친 풍랑에도 조그만 고깃배 안에서 깊이 잠드신 예수님은 무척 피곤했던 모양이다. 새벽같이 일어나 밤늦게까지 일하고 기도하던 그는 아마도 막간의 토막잠을 즐긴 것으로 보인다. 이렇듯 피로할 때 잠깐의 짬을 내 취하는 잠은 보약보다 효과적이다.

자, 그렇다면 낮 동안의 토막잠은 언제가 좋을까?

한 연구에서는 하루 중 작업효율이 가장 떨어지는 시간은 오후 2~4시라는 것을 증명하기도 했다. 또 다른 연구에서 근로자들의 생산성이 가장 떨어지는 시간은 오후 2시 55분이라고 분석한 결과도 있다. 메이요 클리닉에 따르면 낮잠 자기 가장 좋은 시간은 오후 2시에서 3시 사이다. 작업 효율이 떨어지는 시간을 낮잠으로 살려낼 수 있다면 더없이 생산적일 것이다.

수면 주기[38]

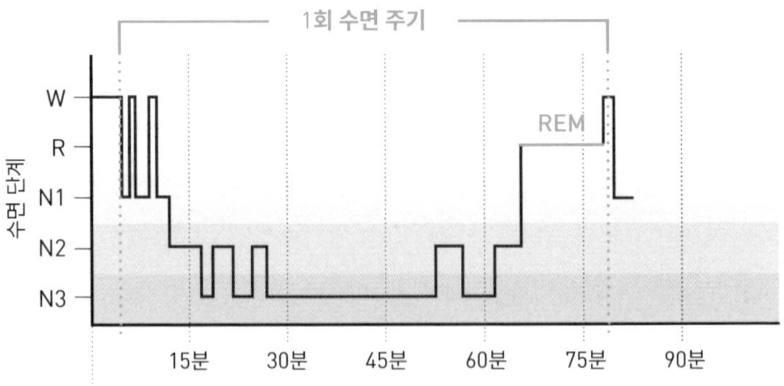

W = Wake(깨어있는 상태), R = REM(Rapid Eye Movement, 얕은 잠), N = Non-REM(깊은 잠)

그럼 낮잠은 몇 분이 적당할까?

수면 주기에서 답을 찾을 수 있다. 수면을 깊이에 따라 막 잠이 든 N1 단계부터 깊은 잠을 자는 단계인 N3까지 구분할 수 있다. 취침 후 5분에 N1 단계, 취침 후 10~15분 사이에 N2 단계에 들어가고, 취침 후 30분에 깊은 수면인 N3 단계에 들어간다. N1 단계는 잠이 너무 짧다. 호주 한 연구팀이 발표한 바에 따르면 5분 정도 낮잠으로는 피로를 줄이고 활력을 높이며 사고력을 날카롭게 하는 데 별다른 효과가 없다고 한다. N3 단계는 잠이 너무 깊게 들어 깨어나기 어렵고 깨어나도 개운하지 않은 수면 무력증이 나타난다. N3 단계 전에 깨는 것이 좋다. 따라서 낮잠 시간은 수면 무력증이 나타나지 않는 10~20분 정도가 적당하다고 할 수 있다.

만약 야근 등의 이유로 잠이 부족해 길게 자고 싶다면 1회 수면 주

수면 무력증[39]

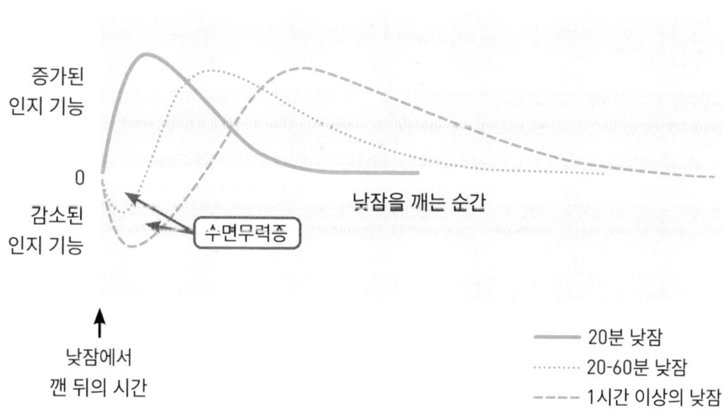

기를 고려해 80분 내외로 자는 게 바람직하다. 축구 선수 크리스티아누 호날두는 수면 코치 닉 리틀헤일스의 자문으로 하루에 5회로 나눠서 자는 독특한 수면 루틴을 실천하는 것으로 알려져 있다. 그 이유는 컨디션을 최고로 유지하기 위한 것인데, 1회 수면 시간이 90분씩인 것은 수면 주기를 고려한 것이다.

천재 화가 파블로 피카소는 침대 옆에 양철판을 놓고 붓을 손에 든 채 낮잠을 즐겼다. 손에 들고 있던 붓이 양철판 위에 떨어지며 소리가 날 때까지 짧은 낮잠을 취했다. 그 시간은 대충 환산해보면 20분 내외이지 않았을까 싶다. 그가 어마어마한 작품을 남길 수 있었던 것은 짧지만 질 좋은 낮잠도 한몫했을 것으로 보인다.

낮잠을 자는 패턴도 중요하다. 졸릴 때 낮잠을 자는 것도 좋지만, 이왕이면 정해진 시간에 자는 것이 효과적이다. 낮잠이 불규칙하면 루틴을 만들기 어렵다. 따라서 낮잠 시간을 정해 하루 루틴으로 만들어야 한다. 군인, 소방관, 우주비행사, 트럭운전사, 항해사 등 특정 직업에 종사하는 사람은 안전과 일의 연장으로 낮잠 루틴을 실천해야 한다. 일반인인 우리도 목적과 장소에 따라 얼마든지 시간을 달리 하면서 낮잠을 루틴으로 만들 수 있다.

낮잠 루틴은 일정한 형식에 구애받지 말고 편안함을 느끼는 마음 상태와 자세면 충분하다. 순간에서 몇 초간 눈을 감고 시각 정보를 차단하는 것만으로도 뇌는 쉴 수 있다고 한다. 10분간의 낮잠은 주의력, 인지능력을 오르게 하고 약 3시간 동안 그 효과가 유지되게 한다. 20분 정도의 낮잠은 최적의 낮잠 시간으로 주의력 개선은 물론 성과나 기분이 좋아지게 한다. 자신에게 맞는 낮잠 루틴을 잘만 만든다면 하루를 두 번 사는 효과를 누릴 수 있다.

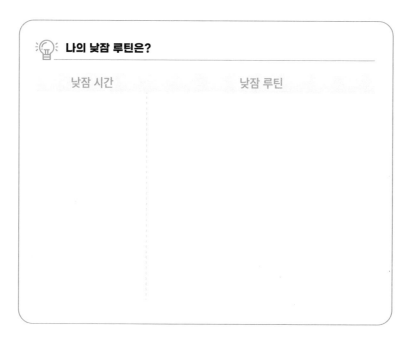

나의 낮잠 루틴은?

낮잠 시간	낮잠 루틴

할 일 목록보다 휴식 목록부터 챙겨라

과로로 인해 무기력해지는 번아웃 신드롬Burnout Syndrome을 호소하는 직장인들이 늘고 있다. 2017년 하버드비즈니스리뷰는 미국에서 번아웃과 관련된 의료비가 한 해 1,250억~1,900억 달러에 이른다고 발표하기도 했다. 번아웃이 갈수록 증가하는 것은 업무와 기술이 고도화되면서 업무에 몰입하기 힘들어지고 있기 때문이다. 번아웃은 더 이상 직원

개인 차원의 문제가 아니라 조직 차원의 문제다. 따라서 번아웃을 줄이기 위해 휴식을 더 적극적으로 권장하는 노력이 필요하다. 휴식을 더 이상 관대한 특전 정도가 아니라 냉철한 변화 대응책으로 활용하는 인식의 전환이 요구된다.

업무 몰입의 어려움

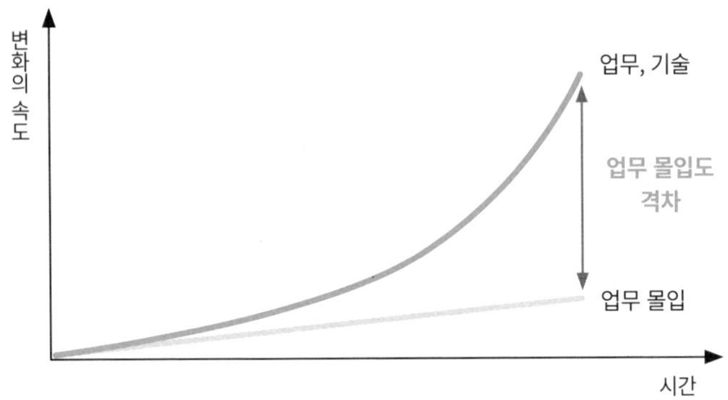

휴식에 대한 직원과 기업의 시각차는 여전하다. 정신건강 앱 업체 샤인Shine이 50여 개 기업을 대상으로 조사한 바에 따르면, 95%가 정신건강을 위한 휴식 시간이 업무 성과를 올릴 것이라고 답했다. 하지만 직장에서 휴식 시간을 갖자고 말하는 데 불편함이 없다고 응답한 사람은 28%에 불과했다.[40] 이렇듯 직원의 휴식에 대한 자율성이 높지 않다. 여전히 휴식은 회복의 상징이 아니라 나태함의 징표라는 조직의 이해가 강하기 때문이다.

그래도 다행스럽게 주 52시간제 시행으로 휴식을 바라보는 엄격한 시선에도 변화 조짐이 보이기 시작했다. 직원과 조직 간 신뢰 문화가 형성되면서 적극적으로 직원의 휴식을 권장하는 조직들이 더 늘고 있다. 근무시간에 도서실에서 책도 보고 소파에 누워 발 마사지도 하게 하고, 사내 영화관, 수영장까지 마련하는 등 휴식을 돕는 조직의 노력이 눈에 띄게 늘었다. 나아가 일과 시간 이후 야근 금지, 일괄 소등 및 강제 퇴근제, PC오프제, 워라밸 데이, 자율출퇴근제, 회의 시간 단축 및 효율화, 휴가재량권 등 직·간접적으로 휴식을 독려하는 정책과 제도도 일상화되고 있다. 휴식을 더 나은 성과를 위한 전략적인 투자의 개념으로 보는 관점이 빠른 속도로 확산하고 있는 것이다.

재택근무가 늘면서 개인 차원의 능동적이고 생산적인 휴식도 중요해졌다. 지금껏 업무에만 집중되던 에너지를 이제는 휴식을 위해서도 적절히 할애해야 한다. 휴식은 업무 효율을 높이기 때문이다. 우리가 아는 세계적인 CEO들은 엄청난 야심가이기도 하지만, 그렇다고 하루 종일 일만 하지는 않는다. 그들의 놀라운 성취 뒤에는 맹목적인 근면이나 성실함 대신 계획적이고 효과적인 휴식이 있다.

압박감 x 재충전 = 성장 + 지속력

리더십 전문가인 로빈 샤르마는 그의 책《변화의 시작 5AM 클럽》에서 탁월한 성취를 이룬 사람들의 행동 방정식을 위와 같이 정리한다. 재충전, 즉 휴식은 성장과 지속력을 얻기 위해 잠깐 쉬는 생산적인 멈춤이다. 혹시 지금 휴식이 사치처럼 느껴지고, 새로운 루틴을 만들고 도전하느라 압박감과 스트레스로 힘든가? 그렇다면 자연스러운 과정이다. 죽음을 기다리는 평범한 삶에 안주하는 안전지대에서 벗어나고 있다는 증거기 때문이다. 샤르마의 표현을 빌자면 모든 변화는 처음에는 힘들고, 중간에는 혼란스러우며, 마지막에는 아름답다.

고도로 훈련된 의사나 판사, 검사도 업무시간이 길어지고 충분한 재충전의 시간을 갖지 않으면 판단력과 생산성이 떨어지게 마련이다. 일을 잘하기 위해서는 적절한 휴식을 통해 자신의 몸과 정신의 에너지를 최적의 상태로 관리하는 것이 필수다. 실적이 좋은 사람을 조사해봤더니 그들은 평균 52분간 일한 후 17분간 쉬었다는 통계도 있다.[41] 일과 휴식의 적절한 균형과 리듬을 지키는 사람이 일도 잘한다. 실리콘밸리에서 미래학자이자 컨설턴트로 활동하고 있는 알렉스 수정 김 방은 그의 책《일만 하지 않습니다》에서 휴식의 중요성을 이렇게 강조한다.

> "우리는 각 분야에서 세계 최고인 사람들이 1만 시간을 노력했기 때문에 그 자리에 오르게 됐다고 믿는다. 하지만 그렇지 않다. 각 분야에서 세계 최고가 되려면 1만 시간의 의도적인 연습과 1만 2,500시간의 의도적인 휴식, 그리고 3만 시간의 잠이 필요하다."[42]

이제는 해야 할 일의 목록을 만드는 것 못지않게 건강과 활력을 위한 휴식 목록을 챙기는 것도 놓치지 말자. 마치 휴가 계획을 세우듯이 설레는 마음으로 하루 휴식 계획을 만드는 것이다. 성공한 사람은 매년 휴가 계획을 세우며 한해를 맞이한다. 왜 그럴까? 그들은 그 시간이 필요함을 알고, 자신에게 그런 시간을 가질 자격이 있다는 것도 잘 알기 때문이다. 그리고 자신이 여러 번의 휴가 사이사이에 틈틈이 일하고 있다고 생각한다. 반면 성공하지 못한 사람은 휴식 시간을 따로 떼어 두지 않는다. 자신에게 그럴 자격이나 여유가 없다고 생각하기 때문이다.[43]

휴식은 기대 이상으로 일에 동기부여가 된다. 휴가처럼 기다려지는 휴식을 지금 당장 만들어보자. 휴식하면 에너지를 쓰지 않고 소파에 누워서 TV를 보고 빈둥거리는 수동적인 활동을 떠올릴 수 있다. 물론 이런 것도 일종의 휴식이다. 하지만 스트레스가 풀리고 생활의 활력이 생기는 산책, 스트레칭 등 신체를 활용하면서 에너지를 사용하는 활동적 휴식이 효과적이다. 왜냐하면 활동적 휴식을 취할 때 몸에서 활력과 의욕이 넘치게 하는 행복 호르몬인 세로토닌이 분비되기 때문이다.

어떻게 쉬어야 할지 잘 모르겠다면 휴식 목록과 휴식 십계명을 참고해보자.

휴식 목록

구분	짧은 휴식	긴 휴식
오전	명상하기 30 눈 운동하기 (30분마다 30초간 30m 멀리 보기) 5분 걷기	텃밭 가꾸기 정원 손질하기 박물관 가기 그림 감상하기
오후	낮잠 자기 50분 일하고 10분 쉬기 스트레칭하기 간식(견과류) 먹기	공원 산책하기 사무실 주변 걷기 차 마시며 대화하기 비즈니스 게임 하기(예, 마시멜로 탑 쌓기)
저녁	목욕하기 한두 곡 음악 듣기 밤하늘 보기 애완동물 보기	책 읽기 영화 시청하기 음악 감상하기 악기 연주하기

휴식 십계명

1. 휴가 계획을 세우듯 휴식 일정을 만든다.

2. 업무 목록보다 휴식 목록을 챙긴다.

3. 혼자보다 다른 사람과 함께 쉰다.

4. 알람 등 휴식을 위한 도구를 잘 활용한다.

5. 에너지가 최저일 때를 파악해 휴식을 취한다.

6. 가끔씩 긴 휴식보다 잠깐씩 자주 휴식을 취한다.

7. 쉴 때는 다른 장소로 물리적 공간을 바꾼다.

8. 쉬는 동안은 업무와 심리적으로도 거리를 둔다.

9. 의도적인 휴식 루틴을 만들어 꾸준히 지킨다.

10. 쉼도 프로처럼! 휴식 전문가가 된다.

이제 하루 휴식 루틴으로 일에 빼앗겼던 휴식을 자신에게 다시 되돌려주자. 휴식 시간을 치밀하게 루틴으로 설계해 놓지 않으면 누구도 휴식 시간을 만들어주지 않을 것이다. 유능한 사람은 할 일 목록 못지않게 휴식 목록을 챙긴다는 것을 잊지 말자. 휴식은 중요한 기술의 하나가 되어야 한다. 수동적인 휴식이 아니라 의도적이고 활동적인 휴식 루틴으로 에너지가 넘치고 행복한 하루를 디자인해보자.

나의 휴식 목록은?

구분	휴식 목록
오전	
오후	
저녁	

6장

업무에 몰입하는 나만의 루틴

PM Routine

지금 당장 시작하라!

기원전 700년경 호메로스와 동시대를 살면서 서양 문화의 위대한 창시자로 불렸던 그리스 서사시인 헤시오도스, 그는 당시 농부의 일상을 표현하며 농부가 해야 할 일상생활의 구체적인 지침을 제시한 책 《일과 날》에서 다음과 같이 근면하고 부지런할 것을 강조한다.

> 그대의 가슴속 마음이 부를 바란다면
> 그대는 다음과 같이 하되 일하고 또 일하시라!
> (중략)

그대는 절대로 내일모레로 미루지 마시라.

헛일하는 사람도 뒤로 미루는 사람도

곳간을 채우지 못하기 때문이오.

근면만이 일을 진척시키지요.

반면에 일을 뒤로 미루는 자는

끊임없이 파멸과 씨름하게 되지요.

(중략)

추위가 사람들을 밭에서 멀어지게 하는 겨울철에는 대장간과

잡담으로 붐비는 마을 회관일랑은 그냥 지나치시라. 그런 때에도

근면한 사람은 가사를 위해 많은 일을 할 수 있을 것이오.[44]

가운데 단락을 보면 특히 '미루는 습관'에 대해서 경계할 것을 이야기하고 있다. 예나 지금이나 사람들은 미루는 버릇에 변함이 없나 보다. "언제 식사 한번 하자." 한국 사람이면 가장 흔하게 하는 말 중 하나다. 거짓말할 생각은 아니었는데 결국은 지키지 못하고 미루는 약속을 얼마나 많이 하는지 모른다. 이뿐 아니다. "언제 부모님께 전화해야지." "청소해야지." "책을 읽어야지." "다이어트를 해야지." "담배를 끊어야지." 우리는 언젠가 해야지 생각만 하고 미루는 일이 얼마나 많은가. 사람은 본능적으로 미루는 데 익숙하다.

왜 자꾸 미루는 것일까? 《내 시간 우선 생활습관》의 저자 닐 피오레 박사는 사람들이 일을 미루는 것은 마음속 깊이 감춰진 두려움에서 잠깐이나마 벗어나려고 하기 때문이라고 말한다. 〈스타워즈: 제다이의 여

습〉에서 요다가 얘기한 것처럼 두려움을 떨쳐 내기 전에 먼저 두려움을 규정해야 한다. 닐 피오레 박사는 두려움을 실패에 대한 두려움, 불완전함에 대한 두려움, 끊임없는 성취 압박에 대한 두려움이라고 설명한다. 한마디로 미루는 습관은 '완벽주의' 때문이라는 것이다. 닐 피오레 박사에 따르면, 사람은 자신의 가치에 위협을 느낄 때 미룬다고 한다. 즉 불완전하고 인간적인 자신의 모습을 받아들이지 못하고 타인의 비난, 거절, 비판을 자신의 완벽함을 허무는 위협으로 보기 때문에 일을 미루는 것이다.

그럼 미루는 습관을 어떻게 바꿀 수 있을까? 기대치를 낮추는 것만으로도 미루는 습관을 줄일 수 있고 행복도를 높일 수 있다. 더 좋은 방법은 작은 것부터 당장 시작하는 루틴을 만드는 것이다. 즉 지금 하고 싶은 것이 있다면 고민 말고 바로 실행에 옮기는 것이다. 이는 성공한 사람들이 가장 많이 추천하는 운명을 바꾸는 루틴의 하나이기도 하다. 주저 말고 일단 시작하라! 얼마나 쉬운가? 글을 쓰고 싶은가? 그러면 일단 의자에 앉아라. 5분 동안 궁둥이를 붙이고 자리를 지켜라. 그리고 말이 되든 안 되든 한 문장을 써보는 것이다. 자리에 앉아 한 줄을 쓰다 보면 아이디어가 떠오른다. 이것이 루틴이 되면 두 줄 세 줄 글이 나온다. 아이디어가 생기고 나서 글을 쓰겠다고 생각한다면 언제가 되어도 글을 쓸 수 없다.

완벽주의에 사로잡혀 시작도 못 하는 우를 범하지는 말자. 아이디어를 생각하는 사람이 10,000명이라면, 그 아이디어를 깊이 생각하는 사람은 1,000명이다. 하지만 그 아이디어를 실행하는 사람은 100명뿐이다. 그중 10명은 성공에 근접하고 1~2명만 성공한다. 이것이 세상의 원리이며, 성공하는 사람들이 희소한 이유이기도 하다. 성공하고 싶다면 미루는 습관을 과감히 버리고, 지금 당장 시작하는 루틴을 실천해보자. 부모님께 효도하고 싶은가? 지금 당장 전화하라! 여행을 가고 싶은가? 지금 당장 떠나라! 마음에 드는 사람이 있는가? 지금 당장 고백하라! 해야 할 일이 있는가? 지금 당장 시작하라!

> "앞으로 나아가기 위한 비결은 일단 시작하는 것이다. 일단 시작하기 위한 비결은 복잡하고 압도적인 일을 다루기 쉬운 작은 일로 분해한 뒤 맨 처음의 하나를 시작하는 것이다."
>
> — 마크 트웨인, 소설가

몰입을 극대화하는 최고의 무기

업무에 집중하는 의식이 있다는 건 업무성과를 높이는 데 큰 도움이 된다. 나는 중요 업무 중 하나인 강의를 위해 꾸준히 루틴을 지킨다. 보통 내 강의는 2시간 정도의 특강이고, 출간한 책에 관한 주제가 주를 이룬다. 짧은 강의이니만큼 에너지 집중이 필요하다. 그래서 강의가 있을 때면 평소보다 컨디션 관리에 더 신경을 쓴다. 강의 전날에는 되도록 일찍 잔다. 아침에 일어나서는 스트레칭을 빠뜨리지 않는다. 강의 당일에는 다른 활동에 집중하기가 여간해서는 쉽지 않다. 강의가 오후나 저녁이라도 다른 일이 쉬이 손에 잡히지 않는다. 왜냐하면 특별히 준비할 것이 없더라도 온 신경이 강의에 집중돼 있기 때문이다. 나만 이렇게 예민한지도 모른다.

막상 강의 시간이 다가오면 몇 시간 전부터 구체적인 나만의 루틴을 작동하기 시작한다. 우선 2시간 전에는 《성경》의 잠언 1~3장을 영어로 읽으며 입을 푼다. 강의하면서 발음이 꼬이지 않게 하기 위해서다. 생각보다 도움이 된다. 그리고 늦어도 1시간 전에는 강의장에 도착한다. 무엇보다 심리적으로 시간에 쫓기지 않고 여유 있게 강의를 준비하기 위해서다. 예측 못 한 돌발 상황에 대비하기 위함도 있다. 이 루틴 덕분에 갑자기 강의장이 변경되는 등 곤란할 뻔한 상황을 모면한 적이 몇 번 있다. 미리 강의 현장에 도착하면 좋은 점이 많다. 담당자와 명함을 교환하며 회사나 학습자에 대한 주변 이야기를 들을 수도 있는데, 강의를 하는 데 꽤 참고될 때가 많다.

강의장에 도착하면 먼저 노트북을 설치하고 연결이 매끄러운지, 동영상이 잘 구동되는지 살핀다. 그리고 학습자가 앉게 될 맨 뒷좌석에 앉아서 화면이 잘 보이는지, 동영상 음향은 적당한지 확인한다. 강의장 온도가 적절한지도 꼭 챙긴다. 강의장 온도가 높으면 학습자가 졸 수도 있고 강사는 땀이 나서 강의에 집중하기 힘들 수 있기 때문이다. 강의장 온도는 겨울에는 20도 내외가 적당하며, 여름에는 25도를 넘지 않도록 확인한다. 어느 정도 강의 준비가 완료됐다 싶으면 강의 시작 10여 분 전쯤에 화장실에 가서 거울을 보며 옷맵시를 확인하고 입도 푼다. 그리고 짧은 기도와 함께 모든 준비를 마친다. 준비가 잘될수록 자신감이 커진다. 자신감은 준비에서 나오기 때문이다.

이렇게 강의 전 루틴이 매끄럽게 이뤄진 후 연단에 서면 강의에 부드럽게 빠져든다. 하지만 가끔 이 루틴이 원활하지 않을 때가 있다. 강의 전 고객사 담당자나 임원과 식사나 미팅을 할 때가 그런 경우다. 오후 1시부터 강의인데 그 전에 점심을 먹는 것이다. 감사한 마음에 거절하지는 않지만, 강의 전에는 솔직히 부담되는 건 사실이다. 식사하며 대화를 하다 보면 금세 1시가 다 되기 때문이다. 노트북 연결이 매끄럽지 못하거나 동영상이 제대로 재생되지 않으면 어쩌나 하는 걱정에 식사 내내 마음이 편치 않다. 그래서 식사는 미리 서둘러서 하며 미팅은 강의 후에 하는 것으로 양해를 구한다.

루틴을 건너뛰고 강의 시간이 다 돼 강단에 서면 편치 않다. 그 여파가 강의에 영향을 미칠 때가 있다. 그래서 안정적인 강의 시작과 리스크 최소화를 위해 강의 도입 부분은 장표와 멘트를 항상 통일해 안전장치를 마련했다. 하지만 그야말로 안전장치일 뿐 최상의 컨디션일 수는 없다. 특강은 시간이 짧기 때문에 강의 도입에서 페이스를 놓치면 그것을 만회할 시간과 기회가 부족하다.

강의 도중에 지키는 루틴도 있다. 강의 내내 마음속으로 이렇게 되뇐다. "학습자는 나보다 똑똑하다. 나도 틀릴 수 있다. 최대한 즐기자." 그리고 마이크는 왼손에, 레이저 포인터는 오른손에 들고 강의를 한다. 포인터는 현장에서 마련해주더라도 내가 늘 쓰던 걸 활용한다. 강의장과 청중은 늘 바뀌기 때문에 낯설어 편치 않더라도 사용하던 익숙한 포인터를 쥐고 있는 것만으로 마음이 안정감을 유지하는 데 도움이 된다. 그리고 예외적인 경우가 아니면 강의는 예정된 시간을 넘기지 않으려고 노력한다. 제아무리 좋은 내용의 강의라 할지라도 시간을 초과해서 듣는 걸 좋아하는 학습자는 드물기 때문이다.

강의를 마친 후에는 이전 모습대로 모든 걸 원위치 시키고 강의장을 빠져나간다. 그리고 강의 당일 사진과 함께 강의에 대한 간단한 소회를 블로그 등 SNS에 올린다. 또 급한 업무가 있지 않은 이상 그날은 다른 일을 하지 않고 서점이나 영화관을 가는 등 수고한 나에게 보상하는 걸 잊지 않는다. 미국의 작곡가이자 지휘자인 존 애덤스도 낮에는 작곡으로 시간을 보낸 후 저녁에는 작업에서 완전히 벗어나, 멋진 요리를 준비하고 책을 읽거나 아내와 함께 영화를 본다.[45]

이렇게 강의 전부터 강의가 끝난 후까지 일련의 루틴을 일정하게 지킨다. 다른 업무를 할 때도 이런 루틴은 비슷하다. 나만의 업무 루틴은 최고의 몸 상태와 안정적인 마음 상태를 유지하는 데 효과적이다. 그리고 좋은 컨디션으로 굴곡 없이 일하는 데 도움이 된다. 이런 업무 루틴을 지속 보완해 가면서 그야말로 나만의 노하우이자 핵심 성공 요인으로 만들어 간다. 최적화된 업무 루틴은 업무 몰입을 높이는 더할 나위 없는 최고의 무기다.

업무에 몰입하는 나만의 의식은?

업무	업무에 몰입하는 나만의 의식

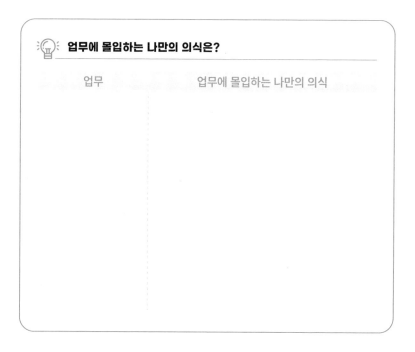

하이퍼포머들은 그들만의 노트가 있다

내 주변에 일 잘하는 사람들을 보면 비슷한 점이 있다. 그들은 고유한 업무 루틴이 있다. 일을 시작하기 전에 해야 할 일을 메모하거나 아이디어를 일단 노트에 옮기는 것이다. 또 충분히 머릿속으로 시뮬레이션을 해보고 일의 맥락과 핵심을 파악한 후 업무에 임한다. 이런 사람들은 무턱대고 일을 시작하는 보통의 사람들과 좀 다르다.

한창 실무자로 컨설팅 업무를 하던 시절에 일 잘하는 컨설턴트들을 보면 하나같이 아이디어 노트가 있었다. 그 노트에는 아이디어들이 자신만의 기호와 함께 채워져 있었다. 그들은 일하면서 떠오르는 아이디어를 자신만의 원칙에 따라 정리한다. 시간을 단축하고 효율적으로 업무를 처리할 수 있기 때문이다.

내 경험으로도 업무 생산성을 높이는 데 아이디어 노트와 기호가 효과적이었다. 오래 근무한 회사에서 이직 때문에 짐을 정리하던 때가 생각난다. 일하면서 쓴 10권 정도 되는 아이디어 노트를 쓰레기통에 버렸었다. 당시에야 노트를 다 버리면서 그동안의 고생도 잊어버리자는 심산이었다. 하지만 그때 그 노트를 왜 버렸을까? 아쉬운 마음에 가끔 후회될 때가 있다. 그 후로는 책은 버려도 노트는 버리지 않는다.

종종 지난 노트를 들춰볼 때면 메모할 당시의 추억이 소환되고 고민하던 것들에 대한 뜻밖의 아이디어를 얻곤 한다. 그래서 책을 쓰거나 프로젝트를 하다가 아이디어가 막히면 지난 노트를 펼쳐보곤 한다. 한번은 가방 속에 있던 노트가 커피로 흠뻑 젖은 적이 있었다. 덜 닫힌 텀블러 뚜껑 때문이었다. 노트에 대한 애착이 얼마나 컸던지 가방에서 젖은 노트를 꺼내면서 혼자 허공에다 소리를 지르고야 말았다. 몇 개월에 걸쳐 정성껏 메모한 노트였기에 마음이 상해 감정을 삭이기 어려웠다. 이 정도면 집착이지 싶기도 하다.

기호로 가득한 노트 하면 떠오르는 인물이 있다. 바로 '레오나르도 다빈치'다. 나는 가끔 400여 장의 스케치와 육필 원고가 담긴 큰 그림책 《레오나르도 다빈치 노트북》을 펼치곤 한다. 그의 노트를 보는 것만으로 영감이 떠오르고 도전이 된다. 또 서재 한쪽에는 해외 출장 중에 산 다빈치 석고 피규어가 있다. 아이디어가 필요할 때면 그것을 보면서 "다빈치라면 어떻게 했을까?"라고 묻기도 한다.

애서가인 빌 게이츠는 '코덱스 해머Codex Hammer'라고 부르는 다빈치의 작업 노트를 자신의 도서관에 소장하고 있다. 이 노트는 1994년에 3,080만 달러를 들여 산 72쪽 분량의 '코덱스 레스터Codex Leicester'의 하나로, 지질학, 천문학 등에 대한 글과 360개의 그림으로 빼곡하다. 아마 빌 게이츠는 르네상스 시대를 빛낸 다빈치의 노트를 통해 여러 영감을 얻고 있을 것이다.

나의 언어와 논리로 세상 해석하기

가게 주인이 아인슈타인에게 물었다.

"상대성 이론을 이해하는 사람이 10명도 안 된다고 하던데 도대체 그게 뭐요? 쉽게 알려줄 수 없소?"

아인슈타인은 이렇게 대답했다.

"당신이 예쁜 여자와 1시간을 함께 있으면 1분처럼 느껴지지 않소?"

가게 주인은 웃으며 대답했다.

"뜨거운 난로 위에 1분만 앉아 있다면 1시간보다도 훨씬 길게 느껴지는 것처럼 말이요?"

아인슈타인은 이렇게 대답했다.

"지당한 말씀입니다! 그게 상대성입니다."

이상은 아인슈타인에 얽힌 널리 알려진 일화다.

한 분야에서 정통한 사람은 그 원리를 쉽게 설명할 수 있다. 반면 어설피 아는 사람은 현란한 말과 수식어로 포장하는 경우가 많다. 한 분야에 일가를 이룬 사람은 말이든 글이든 이해하기 편하게 푼다. 군더더기가 없고 담백하며 정곡을 찌른다. 뾰족한 송곳으로 찍듯이 말이다. 한 지인은 글을 쓸 때 "중학교 2학년도 이해할 수 있도록 쉽게 쓴다."라는 원칙을 지킨다고 한다. 그래서 미사여구나 어려운 단어를 사용하지 않는다. 독자가 처음부터 끝까지 멈춤 없이 자신의 글을 술술 읽게 하기 위해서란다.

쉽게 표현하는 것은 상당한 내공을 요구한다. 불필요한 군더더기를 걷어내야 하고, 메시지를 단순화해 핵심을 전달해야 하기 때문이다. 생텍쥐페리가 이야기한 것처럼 말이다.

> "가장 훌륭한 디자인은 더 이상 추가될 것이 없는 게 아니라 더 이상 뺄 것이 없는 것이다."

따라서 이를 위해서는 순도 높은 술을 증류해내듯 정제된 사고의 과정이 필수적이다. 이렇게 단순화하는 루틴은 업무 시 꽤 유용하다. "그래서 핵심이 뭔데?" "그래서 네 생각이 뭐야?"라는 본질과 핵심을 묻는 질문에 효과적으로 대응할 수 있기 때문이다.

아인슈타인이 상대성을 설명하듯 단순화는 누구나 가까이서 접할 수 있는 사례를 잘 활용하는 것이다. 성리학의 뛰어난 인물들에 관한 글을 연구한 책으로 정평이 나 있는 주희와 여조겸이 쓴 《근사록》이 있다. 책 이름의 '근사'란 《논어》 자장子張 편에서 공자의 제자인 자하子夏가 '간절하게 묻고 가까이서 생각한 것切問近思(절문근사)'에서 따온 것인데, 여기서 '가까이서 생각하는 것'이 바로 단순화의 방법이라고 할 수 있다. 이처럼 전하고자 하는 내용을 가까운 주변의 사례로 쉽게 표현하는 능력은 회의, 협업, 문서작성, 보고, 지시 등이 일상인 직장인에게 특히 유용하다. 창의력, 기획력, 문제해결력 등 직무 수행에 필요한 역량은 대부분 단순화하는 능력과 관련이 깊다.

입법, 사법, 행정에 대해서 막 공부하기 시작한 자녀에게 개념을 설명한다고 가정해보자. 이렇게 설명하면 어렵지 않게 이해할 수 있을 것이다. 아침에 6시가 되면 일어나야 하는 것은 '입법'이다. 뒤척이다가 더 자야 할지 말아야 할지 판단하는 것은 '사법'이다. 그리고 이불을 박차고 일어나는 것은 '행정'이다. 아침에 일어나는 순간부터 우리의 하루는 입법, 사법, 행정의 연속이다. 입법은 계획하는Plan 것이요, 사법은 점검하는See 것이요, 행정은 실천하는Do 것이다. 바람직한 삶은 잘 계획하고, 점검하고, 실천하는 것이다. 좋은 사회도 바람직한 국가도 마찬가지다.

당신은 전략과 전술이 어떻게 다르다고 생각하는가? 경영학의 구루 피터 드러커는 이해하기 편하게 이렇게 구분한다. "전략은 어디로 가느냐의 문제라면, 전술은 그곳을 어떻게 가느냐의 문제다." 얼마나 단순하고 명료한가? 매사에 모든 현상을 단순화하는 능력은 나의 언어와 논리로 세상을 해석하는 세련된 사고의 과정이다. 단순화하는 루틴은 일을 줄이고 집요하게 매달려 탁월한 성과를 내는 아웃퍼포머가 가진 대표적인 업무 역량 중 하나다.

"단순하게 설명할 수 없다면, 충분히 잘 이해하지 못하고 있다는 것이다."

— 알베르트 아인슈타인, 물리학자

일론 머스크를 만든 생각 루틴

일반적인 CEO라면 하나도 하기 힘든 사업을 일론 머스크는 여러 개 운영하고 있다. 그는 페이팔을 시작으로 스페이스X, 테슬라, 솔라시티, 뉴럴링크, 더보링컴퍼니 등 다양한 분야를 넘나들며 사업을 전개하고 있다. 사업 괴물과도 같은 일론 머스크에게 테드TED 기획자인 크리스 앤더슨이 그의 놀라운 혁신의 비결을 묻자 머스크는 이렇게 대답했다.

"나는 사고하기에 좋은 틀이 물리라고 생각한다. 물리의 제1원칙 같은 것이다. 무슨 소리냐면, 물질의 근본적인 것까지 파고들어 그로부터 생각해나가는 방법이다. 유추해나가는 방식과는 반대되는 개념이다. 우리는 살아가면서 대부분 유추를 통한 논리를 가지고 사는데, 결국 다른 사람들이 하는 것에 약간의 변형만 주고 따라 한다. 평소에는 그렇게 해야 한다. 아니면 정신적으로 하루하루를 버티기 힘들기 때문이다. 하지만 뭔가 새로운 것을 한다면 물리적인 접근을 해야 한다. 물리는 직관에서 벗어나 어떻게 하면 새로운 것을 발견할 수 있을지 생각하는 방법이다. 양자역학처럼 정말 직관적이지 않은 것들 말이다. 그래서 이런 사고법이 중요하다."

일론 머스크의 사고법은 일명 '물리의 제1원칙'이라고 하는 것이다. 쉽게 말하자면, 이미 존재하는 것에서 추론하거나 약간의 변형을 가하는 것이 아니라, 더 이상 쪼갤 수 없는 가장 기본이 되는 요소들로 쪼갠 후에 그것들을 조합하여 근본에서부터 논리를 쌓아 올리는 것이다. 한마디로, 타인이 만들어놓은 기준이 아니라 나만의 논리를 만드는 것이다. 일론 머스크는 이런 자신의 사고법을 다음과 같이 설명한다.

"사람들은 말한다. '배터리팩은 매우 비싸고 앞으로도 그럴 것이다. 왜냐하면 과거부터 그래왔기 때문이다.'라고. 하지만 그건 정말 바보 같은 생각이다. 왜냐하면 무엇인가 새로운 것을 만드는 데 그 추론을 적용한다면 절대로 새로운 무언가를 만들어내지 못한다. 이런 소리를 하면 곤란할 것이다. 아무도 차를 원하지 않는다. 말은 굉장하고 우리에게 익숙한 데다 말이 먹는 풀은 어디에나 매우 많고 사람이 살 수 있는 휘발유는 없기 때문에 사람들은 차를 사지 않을 것이다. 사람들은 이렇게 말했다. 배터리에 관해서도 이와 마찬가지로 사람들은 1kwh당 600달러가 들고 미래에도 크게 달라지지 않을 것이라고 한다.

배터리가 무엇으로 만들어져 있지? 배터리의 구성 성분이 뭐지? 배터리의 구성 성분들의 시장 가격은 얼마지? 코발트, 니켈, 알루미늄, 탄소, 가체 분리용 중합체, 그리고 밀봉된 캔으로 구성되는구나. 이렇게 성분의 재료들로 쪼갠 다음에 그 재료들을 런던금속거래소에서 구매한다면 각각의 금속들은 얼마 정도 할까? 질문해보는 것이다. 그랬더니 1kwh당 8달러 정도밖에 안 하네. 이처럼 각각의 필요 물질들을 어떻게 더 영리하게 배터리의 형태로 결합할 수 있는지를 생각해보는 것이다. 그러면 누구도 생각하지 못할 만큼 저렴한 배터리를 만들 수 있게 된다."

앞으로 바뀌는 시대에는 일론 머스크식 사고법이 필요하다. 일론 머스크의 사고법인 물리의 제1원칙은 무수한 질문을 통해 무지를 깨닫게 하고 본질을 고민하도록 하는 '소크라테스의 문답법'을 연상케 한다. 또 '왜'라는 질문을 계속 던져 문제에 접근하고 해결하는 '5Why 사고법'이 떠오르기도 한다.

자, 그렇다면 일론 머스크의 사고법을 당장 현실에 적용하려면 어떻게 하면 좋을까? 당연하다고 생각했던 모든 통념에 대해 '왜'라며 질문을 던지는 것부터 시작해야 하지 않을까? 단지 5번 정도 왜라며 묻는 것에 그칠 것이 아니라 핵심과 본질을 발견하고 궁금증이 해소될 때까지 묻기를 반복하는 것이다. 스스로 끝없이 질문하고 답을 찾아가는 과정을 무한반복하면서 자신만의 논리와 철학을 만드는 훈련을 하는 것이다.

나는 이를 'N Why 기법'이라고 부르고 싶다. 이 기법을 실천하려면 어린아이처럼 편견 없이 호기심 어린 눈으로 세상을 보는 훈련을 해야 할 것이다. 내게 있어 글을 쓰는 일련의 과정은 어쩌면 'N Why 기법'을 훈련하고 실천하는 과정이라고 볼 수도 있다. 글쓰기는 내가 궁금증을 가진 주제에 대해 물음표를 느낌표로 바꾸는 작업이기 때문이다. 두뇌가 질문에 답하는 문답 놀이에 적응해 가면 사고는 더 치밀해지게 마련이다.

성공 가능성을 289% 높이는 메모 루틴

"밭이 넓었고, 밭두둑 가에 감나무가 심겨 있었던 듯하다. 가난한 중국 선비는 농사로 생계를 이었다. 김을 매면서도 생각이 자꾸 이어졌다. 잡초를 뽑다가 악을 제거하는 마음공부의 한 자락을 깨닫고, 거름을 주다가 선을 북돋우는 방법을 떠올렸다. 호미로 돌멩이를 뽑아 내던지다가 며칠째 맴돌던 구절이 문득 이해되었다. 메모해야겠는데 그곳은 밭이었고, 가난해 종이도 없었다. 생각 끝에 그는 아예 밭 가운데 작은 항아리를 묻었다. 감잎을 따서 넣어두고 붓과 벼루도 함께 놓아두었다. 김을 매다 짧게 깨달음이 지나가면 항아리 근처에 나다를 때까지 생각을 다듬어 감잎에 적어 항아리 속에 넣어두었다."[46]

정민 교수의 《책벌레와 메모광》이라는 책에 등장하는 일화다. 예나 지금이나 메모에 대해 열정적인 사람이 있다. 강의하면서 만난 한 정부 기관의 서기관과 메모의 중요성에 대해서 대화를 나눈 적이 있다. 대화 도중 그는 자신의 메모 사례를 소개했다. 그는 샤워하다가 번뜩 아이디어가 떠오르면 샤워 중에도 곧바로 뛰쳐나와 메모한 적도 있다고 했다. 또 20대부터 읽은 책을 모두 요약하고 있다는 이야기도 덧붙였다. 이렇게 메모한 자료를 직원 대상으로 강의할 때 유용하게 활용하고 있었다. 그는 기관 내에서 후배들에게는 존경받는 선배로, 업무에서는 창의적인 리더로 정평이 나 있는 인물이다.

자신의 분야에서 일가를 이룬 사람들을 보면 하나같이 메모광이 많다. 메모 습관을 지닌 사람이 그렇지 않은 사람에 비해 성공할 가능성이 289% 더 높았다고 한다. 미국의 경제학자 랜들 벨이 5,000명을 대상으로 습관이 성공에 미치는 영향을 조사한 결과다. 성공한 사람 중에는 자신이 관심을 가지는 주제에 대해서 편집증적으로 메모에 집착하는 경우가 많다. 노르웨이 소설가 크누트 함순은 늘 침대 옆에 연필과 종이를 놓아두었는데, 아이디어가 떠오르면 불을 켜지도 않고 어둠 속에서 곧바로 생각을 써 내려가기 시작했다. 이는 평상시 그의 루틴이었는데, 아침에 일어나 어둠 속에서 쓴 글을 읽는 데 어려움이 없을 정도였다.

헝가리 수학자 에르되시 팔은 식사를 하는 와중에도 냅킨에 수학기호를 끄적이며 수학에 대한 연구를 잠시도 멈추지 않았다. 이렇게 광적으로 집착한 연구 덕에 그래프 이론, 수론 등에서 방대한 업적을 남기며 20세기 가장 위대한 수학자로서 명성을 얻을 수 있었다. 미국 16대

대통령인 링컨은 모자 안에 필기구와 종이를 늘 가지고 다녔고, 음악가 슈베르트는 틈틈이 흰 와이셔츠에 떠오르는 악상을 메모한 것으로 알려져 있다. 미국의 복음주의 신학자 조너선 에드워드는 떠오르는 영감을 기억해 두려고 옷의 특정 부분에 종이를 핀으로 꽂아 두었다. 며칠간 여행을 다녀오면 그의 옷은 작은 종잇조각으로 뒤덮여 있을 때가 많았다고 한다.

《레미제라블》의 작가 빅토르 위고는 항상 작은 수첩을 가지고 다니면서 아이디어가 떠오르면 지체 없이 메모했다. 위고의 세 자식 중 훗날 작가가 된 샤를은 아버지를 이렇게 회상했다. "아버지는 '잠을 잘 잤다.'라거나 '마실 것 좀 가져오너라.'라는 말까지는 아니어도 지극히 사소한 아이디어라도 입에 올리면 곧바로 수첩을 꺼내 방금 말한 것을 기록했다. 어떤 것도 그냥 흘려보내는 법이 없었다. 그리고 모든 것이 글로 옮겨졌다… 아버지의 책이 출간될 때마다 우리는 그 말이 고스란히 책에 쓰였다는 것을 확인할 수 있었다." 이외에도 저명한 철학자 니체, 칸트부터 스티브 잡스까지 메모광은 헤아리기 힘들 정도로 많다.

지금은 메모하기 위해 앞서 중국 선비처럼 밭에 항아리를 묻어두지 않아도 되고 번거롭게 종이와 펜을 챙기지 않아도 된다. 스마트폰만 있으면 언제 어디서든 편하게 메모할 수 있기 때문이다. 텍스트, 이미지, 오디오 등 다양한 형태로 자료를 저장할 수 있다. 메모 루틴을 실천하자고 마음만 먹는다면 얼마든지 자신에게 맞는 메모 도구를 찾아 활용할 수 있는 편한 세상이다.

갈수록 넘쳐나는 정보와 세상 소음에서 벗어나고 싶다면 나만의 정보 저수지와 아이디어 보물창고를 만들어야 한다. 정약용은 "둔한 붓이 총명함을 이긴다鈍筆勝聰(둔필승총)."라고 했다. 천재란 애초에 없다. 기록과 연습이 천재를 만든다. 천재는 꾸준히 루틴을 실천한 사람일 뿐이다.

1시간 앉아 있으면 수명이 22분 단축된다

한국인은 하루 평균 8시간 가까이 앉아서 지낸다. 한국인의 삶을 고달프게 하는 첫 번째 질병이 '허리 병'인 건 당연하다. 여기에 인구의 절반 이상이 걷기나 유산소 운동을 하지 않는 것을 고려하면 국민의 건강이 심히 걱정된다. 한국인의 평균 기대수명은 82.7년이지만 유병 기간을 제외한 건강수명은 64.4년이다. 생애 마지막 18년가량을 골골하게 병원 신세를 지며 산다는 것이다. 왜 그럴까? 여러 이유가 있겠지만 그중 빼놓을 수 없는 게 진학에 몰두하느라 청소년기에 체육을 등한시하기 때문이다. 이를 방증하듯 우리나라의 운동 부족 학생 비율은 94.2%로 세계 최고다.

생활체육이 일상화된 캐나다에서는 학생 때에 많은 시간을 운동하는 데 쏟는다. 방과 후나 쉬는 날이면 근처 공원이나 놀이터에는 운동하는 사람들로 넘친다. 한국에서 미주 명문 대학으로 유학을 한 학생 절반이 졸업하지 못하고 학업 도중에 포기하는 이유가 무엇인지 아는가? 자기 실력보다 높은 토플 및 미국 대학입학 시험SAT 점수, 비싼 학

한국인의 하루 평균 앉아 있는 시간[47]

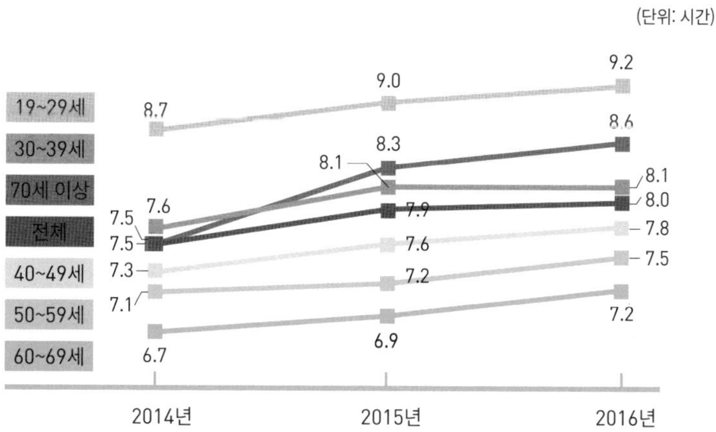

비, 잘못된 전공 선택 등이 있지만, 체력도 크게 한몫한다. 공부든 일이든 체력이 필수다.

좌식 생활을 분석한 호주의 한 연구에 따르면 1시간 앉아 있으면 수명이 22분 단축된다고 한다. 한국인이 하루에 8시간 앉아 있는 걸 감안하면 하루에 약 3시간, 일상에서 12년이 넘게 수명이 단축된다는 의미다. 그냥 앉아 있는 것만으로 말이다. 직장인이 되어도 앉아서 생활하는 시간은 학생 못지않게 많다. 앞서도 언급했지만 2018년 기준 OECD 회원국 중 근로자의 연간 근무시간을 보면 우리나라는 1,967시간으로 다섯 번째다. 오랜 시간 일하면 자연스레 오래 앉아 있을 수밖에 없을 테니 허리 병이 걱정되는 부분이다.

오래 앉아 있는 것은 여러모로 신체에 악영향을 미친다. 오래 앉아 있으면 혈전이 생겨 뇌졸중 위험이 증가하고, 수면 무호흡증 및 거북목, 목 근육통이 생길 확률이 높아진다. 사망하거나 당뇨, 심장병, 폐색전증에 걸릴 확률이 최대 2배 증가한다. 만성 피로와 고혈압이 생길 확률이 높아지고, 비만이 되거나 대장암에 걸릴 위험도 커진다. 또 척추 디스크 등 각종 허리 병의 확률을 높인다. 많은 의사가 "앉아 있는 것은 새로운 암이다."라고까지 경고한다.

건강해지려면 오래 앉아있는 나쁜 습관을 바꿔야 한다. 일본 와세다대 스포츠과학학술원 교수 오카 고이치로는 《5분 스탠딩 건강법》에서 30분에 한 번 내지는 1시간에 5분이라도 일어날 것을 강조한다. 이보다 더 적극적인 방법이 꾸준히 운동하는 것이다. 하지만 운동을 열심히 하더라도 앉아 있는 시간이 길면 효과는 제한적이다. 가장 능동적인 방법은 일어서서 일하고 공부하는 것이다. 다행인 건 이런 노력의 일환으로 개인이나 조직 차원에서 그리고 집이나 학교, 직장에서 스탠딩 데스크의 사용이 늘고 있고 차츰 장려하는 분위기라는 것이다.

서서 일하는 사람만 누리는 3가지 비밀

메이슨 커리의 《리추얼》을 보면 빅토르 위고의 인상적인 작업실이 소개되어 있다. 빅토르 위고는 망명해 가족과 함께 영국령 건지섬에 도착했는데, 그는 그곳에서 집을 사고 개보수해 지붕 위에 사방이 확 트인 유리 집을 세운다. 건지섬에서 가장 높은 곳에 있는 그의 집은 영국 해

협이 한눈에 보이고 날씨가 좋을 때는 프랑스 해안까지 보였다. 그는 그곳에서 매일 아침 거울 곁에 마련한 작은 책상 앞에 서서 글을 썼다고 한다. 위고도 스탠딩 데스크를 사용한 것으로 보인다. 그야말로 내가 그리는 가장 이상적인 작업실인 바다가 내려다보이는 이층집의 풍경이다.

스탠딩 데스크의 역사는 500년을 거슬러 올라가 레오나르도 다빈치를 창안자로 부르기도 한다. 하지만 미국 건국 초기쯤으로 보는 게 일반적이다. 미국의 3대 대통령 토머스 제퍼슨이 대표적인 인물이다. 《노인과 바다》를 쓴 미국의 노벨상 수상 소설가 어니스트 헤밍웨이는 타이프라이터와 나무 독서대가 포개져 놓인 가슴 높이의 책꽂이를 마주 본 자세로 똑바로 서서 글을 썼다.[48] 이외에도 리하르트 바그너, 요하네스 브람스 등 음악가와 찰스 디킨스, 버지니아 울프 등 작가, 쇠렌 키르케고르, 프리드리히 니체 등 철학자가 사용했다고 한다. 최근에는 마이클 델, 스티브 잡스까지 여러 유명인이 사용한 것으로 알려져 있다.

왜 그들은 스탠딩 데스크를 사용했을까? 스탠딩 데스크의 비밀은 다음의 3가지로 요약해 볼 수 있다.

첫째, 생산성을 높인다. 1988년 5월 19일 〈워싱턴 포스트〉의 기사에 따르면 도널드 럼즈펠드가 초기 DIY 스탠딩 데스크 사용자이자 스탠딩 업무의 생산성에 대해 처음으로 생각한 사람으로 보인다.[49] 마트 계산대에서 일하는 직원을 보면 앉아서 일하는 것보다 서서 일하는 게 효율적임을 알 수 있다. 계산대에도 의자가 준비되어 있지만 그들은 여간해서는 앉아서 일하지 않는다.

둘째, 창의성을 높인다. 토머스 제퍼슨이 소유한 가장 흥미로운 가구 중 하나는 높이 조절이 가능한 스탠딩 데스크였다고 한다. 사람은 서 있는 자세만으로 에너지와 창의력이 더해진다. 많은 정치가, 음악가, 작가, 화가가 스탠딩 데스크를 사용한 주요 이유다.

셋째, 건강을 증진시킨다. 1883년 7월 한 인기 과학 저널에 이런 기사가 실렸다. "소화 불량의 첫 증상이 나타나면 서기 관리인, 출품 사무원, 저자 및 편집자는 즉시 망원경 책상(스탠딩 데스크)을 가져와야 한다." 앉아 일하는 것에 대한 문제의식은 오래전부터 있었음을 넌지시 확인할 수 있는 기사다.

최근 직원을 위해 스탠딩 데스크를 권하는 조직이 늘고 있다. 대표적인 조직은 '애플'이다. 애플의 CEO 팀 쿡은 2018년 6월 14일에 한 경제방송 대담 프로그램에 출연해 직원들에게 스탠딩 데스크를 지급했다는 발언으로 화제가 되었다. 자세한 언급은 피했지만, 그 제품은 버튼 조작으로 높낮이가 조절되는 것이라고 했다. 또 팀 쿡은 한 콘퍼런스에서 '고혈압, 흡연, 고혈당과 함께 움직이지 않는 습관이 건강을 해치는 요인'이라는 세계보건기구의 자료를 인용하며 앉아 있는 것의 폐해를 강조하기도 했다.

애플은 일어서기의 중요성을 상품에도 적용하고 있다. 대표적인 상품 중 하나인 애플 워치에는 하루에 12시간 동안 1시간마다 적어도 1분간 일어서서 움직이게 하는 메시지가 뜬다. 애플 워치 사용자에게는 익숙한 기능이다. 오래 앉아 있는 것의 위험성을 고객에게 알리는 적극적인 아이디어다. 서서 일하는 루틴만으로도 생산성, 창의성, 건강을 모두 챙길 수 있다는 것을 잘 알고 실천하는 사례다.

나도 서서 일하기를 실천하고 있다. 집무실에서 일할 때 스탠딩 책상을 사용한다. 작은 변화지만 원고를 쓸 때 더 집중력이 높아졌다. 앉아서 일할 때보다 훨씬 생산적이다. 카페에서 일할 때면 늘 높은 탁자가 있는 창가에 자리를 잡는다. 고질적으로 허리 질환을 앓고 있는 사람들에게 서서 일하는 루틴을 추천한다. 서서 일하는 것의 중요성과 구체적인 방법에 대해 궁금하다면 오카 고이치로의 《5분 스탠딩 건강법》과 공병호의 《일어서라! 서서 일하고, 서서 공부하라!》 등 서서 일하는 루틴과 관련된 도서를 참고하면 이해를 더 높일 수 있을 것이다.

서서 일하는 바른 자세[50]

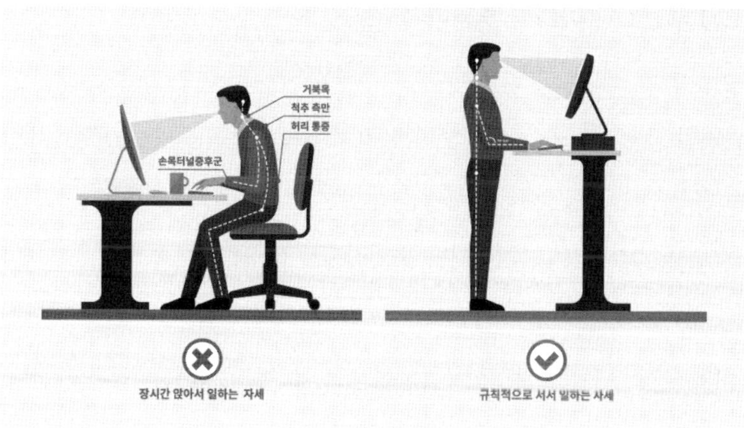

7장

모닝 루틴보다 이브닝 루틴이다

Evening Routine

모닝 루틴보다 이브닝 루틴이다

완벽한 모닝 루틴을 실천하면 성공할 수 있을 것이라고들 말한다. 책이나 유튜브 등 많은 매체에서 한목소리로 모닝 루틴을 권한다. 이런 유혹에 평소 아침잠이 많은 저녁형 인간도 큰맘 먹고 새벽 5시에 일어나는 시도를 몇 번은 감행해봤을 법도 하다. 하지만 어떤가? 결코 만만치 않다. 모닝 루틴을 시도해서 성공적으로 실천하고 있는 사람은 드물다. 도대체 왜 그럴까? 모두가 아침형 인간은 아니기 때문이다. 나도 아침형 인간은 아니다. 그렇다고 저녁형 인간도 아니니, 낮형 인간이라고 해야 할지도 모르겠다. 하지만 그보다 더 결정적인 이유는 생산적인 하루는 전날 밤을 어떻게 보내느냐에 달렸다는 걸 모르는 데 있다.

많은 사람이 기적의 모닝 루틴은 철저한 이브닝 루틴이 전제되어야 한다는 점을 간과한다. 바이러스 팬데믹 이후 많은 사람의 루틴이 무너진 이유 중 하나는 갑자기 늘어난 저녁 시간을 효율적으로 활용하지 못한 데서 찾을 수 있다. 대다수가 저녁에 녹초가 되어서 집에 들어오면 밤늦게까지 소파에 드러누워 TV를 보거나, 인터넷 쇼핑이나 SNS를 하고, 술을 마시는 등 나쁜 습관이 더 늘어났다고 한다. 물론 저녁 식사 전후면 이미 하루 동안 필요한 에너지와 의지력이 고갈됐을 가능성이 높다. 그렇기 때문에 종일 수고한 자신에게 휴식을 선물할 명분도 충분하다. 하지만 문제는 그게 아니다. 계획성 없는 이브닝 루틴은 수면에 악영향을 끼칠 뿐 아니라, 고스란히 다음날까지 부정적인 영향을 미치는 게 진짜 문제다.

이브닝 루틴에는 모닝 루틴보다 더 절제된 계획이 필요하다. 낮에 많은 에너지를 쏟는 직장인이나 학생, 주부라면 더더욱 유념해야 한다. 종일 일하고 공부하느라 지친 자신에게 저녁 시간은 소중한 휴식이자 삶의 시간이다. 대부분의 사람은 자신이 하는 일Work이나 공부Study의 영역에서는 계획적으로 시간을 철저히 관리한다. 하지만 역설적으로 삶Life의 영역에서는 무계획하고 시간 관리에 소홀하다. 행복한 저녁 시간은 물론이고 더 활기찬 하루를 위해서 모닝 루틴보다 이브닝 루틴이 더 절실하다는 것을 기억해야 한다.

저녁 식사, 때우듯 주린 배만 채우는 시간인가?

저녁 식사는 일과 삶의 경계선에서 삶의 영역으로 넘어왔음을 알리는 시간이다. 즉 일과 후에 하는 저녁 식사는 직장인이라면 일, 학생이라면 공부를 마무리하고, 삶의 영역에 해당하는 내 시간을 시작하는 의미 있는 시간이다. 그래서 종일 기다린 그 시간은 수고한 자신에게 주어지는 보상과도 같다. 따라서 저녁 식사 시간에 나름의 의미를 부여하고 남다르게 사용하는 루틴을 만드는 건 가치 있는 일이 아닐 수 없다.

지금 당신은 저녁 식사 시간을 어떻게 보내고 있는지 들여다보자. 지금부터 제시하는 많은 인물의 각양각색 저녁 식사 루틴을 살펴보면서 자신의 저녁 식사 습관은 어떤지 점검하고, 저녁 식사 루틴을 만드는 데 재료로 삼으면 어떨까 싶다. 메이슨 커리의 《리추얼》에 등장하는 저녁 식사 루틴을 실천한 인물들 위주로 분석해 다섯 가지 유형으로 나눠서 정리해봤다.

첫째, 소박한 저녁 식사이다.

베토벤의 저녁 식사는 그야말로 간소했다. 한낮의 식사 때 먹고 남은 음식과 한 그릇의 수프가 전부였고, 포도주를 즐겨 마셨다. 식사 후에는 한 컵의 맥주를 마시며 파이프 담배를 피웠다. 《종의 기원》을 쓴 찰스 다윈은 정식으로 저녁 식사를 하지 않고 달걀 하나 혹은 작은 고기 한 점으로 대신했다.

파블로 피카소는 자유로운 식욕으로 악명이 높지만, 그의 식단은 놀

랍게도 제한적이었다. 그는 50대인 1930년대에 엄격한 식이요법을 적용했다. 건강이 나빠지고 생산성이 떨어질 것이라는 걱정에 시달린 그는 제한적인 지중해식 식단을 고수하기 시작했다. 그의 식사와 간식은 생수나 우유로 씻어 낸 생선, 야채, 포도, 쌀 푸딩으로 구성되었다.

둘째, 가족과 하는 저녁 식사이다.

오스트리아 심리학자이자 신경과 의사였던 프로이트는 진료가 저녁 9시에 끝날 때도 있었는데, 예외 없이 가족과 다 함께 모여 저녁 식사를 했다. 전 세계 최대 규모의 동영상 공유 플랫폼인 유튜브의 CEO 수잔 워치스키는 가급적 저녁 6시까지 집에 들어가 가족과 함께 저녁 식사를 한다. 다섯 아이를 키우는 그녀는 직원들에게도 일찍 퇴근해 가족과 함께 저녁 식사할 것을 독려한다.[51]

셋째, 사교형 저녁 식사이다.

《율리시스》를 쓴 아일랜드 더블린 출신 작가 제임스 조이스는 저녁에 친구들과 늦게까지 어울려 술을 마시는 습관을 지녔다. 그는 심신을 녹초가 되게 하는 문학적 노동으로부터 머리를 맑게 하는 휴식의 방법으로 친구와의 교제를 활용했다.

넷째, 완벽주의형 저녁 식사이다.

크로아티아 태생의 미국 전기 공학자 니콜라 테슬라, 그는 수소차 니콜라의 전기차 테슬라라는 이름의 장본인이기도 하다. 혼자 하는 그의 저녁 식사는 좀 남달랐고 잘 짜인 각본과도 같았다. 그와 젊은 수습공 시절 같이 지내던 토머스 에디슨조차 그를 "열심히 일하는 많은 조수가 있지만, 자네가 최고야!"라고 말할 정도로 일중독이었다. 일을 마친 후 저녁 8시에 하는 식사는 강박적으로 치밀했다. 호텔에 도착하면 항상 같은 테이블에서 음식이 나올 때까지 식기를 리넨으로 닦은 후 식사 모습을 머릿속으로 계산했다. 이는 어린 시절부터 계속된 강박으로 그렇게 철저한 루틴이 아니면 어떤 음식도 맛있게 먹지 못했다.

다섯째, 단식형 저녁 식사이다.

《잃어버린 시간을 찾아서》로 유명한 프랑스의 소설가 마르셀 프루스트는 저녁때 외출해 엄청난 양의 저녁 식사를 했다는 기록들도 있기는 하지만, 아침에 먹는 한두 잔의 카페오레와 한두 개의 크루아상으로 하루를 버텼다고 한다.

지금까지 소개한 인물들은 각기 다른 직업, 환경, 개인 특성만큼이나 저녁 식사 유형도 다양하다. 그렇지만 그들은 모두 공통적으로 자신만의 저녁 식사 루틴을 꾸준히 지켰다. 이들에게서 배울 수 있는 점은 무엇일까? 저녁 식사가 단지 끼니를 때우듯 주린 배를 채우는 단조로운 일상이 아니라 나름의 가치 있는 의식, 즉 루틴으로 승화했다는 것이다. 이런 인물들의 루틴 중에서 내가 실천하는 것은 가족과 함께 하는 저녁 식사다. 이 시간은 가족과 일과를 나누며 대화할 수 있는 소중한 시간이다.

생각대로 살지 않으면 사는 대로 생각하게 된다

〈빠삐용〉은 눈에 잘 띄는 검은색과 흰색의 줄무늬 죄수복을 입고 열연하는 빠삐용(스티브 매퀸)과 루이 드가(더스틴 호프먼)의 연기가 압권인 영화다. 혹시 영화 속에 등장하는 주인공 빠삐용이 지은 죄가 무엇인지 아는가? 살인 누명을 쓰고 감옥에 들어간 빠삐용이 꿈속에서 유죄 판결을 받는 장면이 다음과 같이 그려진다.

> "난 죄가 없소. 포주를 죽이지도 않았소."
> "무고한 나에게 당신들이 죄를 뒤집어씌운 거요."
> "그건 어느 정도는 사실이지. 하지만 당신의 진짜 죄는 포주를 죽인 것이 아니야."
> "그렇다면 내 죄가 무엇이란 말이오?"
> "네 죄는 인간이 저지를 수 있는 최악의 죄지. 바로 '인생을 낭비한 죄'야!"

꿈속에서 빠삐용에게 내려진 이 죄목이 혹시 당신에게도 해당되지는 않는가? 짬만 나면 계획 없이 유튜브나 뉴스 기사를 확인하느라, 그리 중요하지 않은 메시지를 확인하느라 소중한 시간을 흘려보낸다. 갈수록 넘쳐나는 인터넷 공간의 정보를 의식적으로 선별해서 능동적으로 소화하지 않으면 소중한 인생을 낭비하기에 십상이다.

특히 퇴근 후 피곤함에 스마트폰을 꺼내 들고 시간을 보내다 보면 황금 같은 저녁 시간을 낭비하기 딱 좋다. 따라서 저녁 시간을 의미 있게 보내기 위해서는 무엇보다 디지털기기 사용 기준을 정하고 유용한 디지털기기 활용법을 만들어야 한다. 주도적으로 디지털 환경을 이용할 수 있어야 한다는 소리다. 디지털 시대는 누군가에게는 축복일 수 있지만 다른 누군가에게는 재앙일 수도 있다. 적절한 디지털 단식으로 디지털 루틴을 만들어야 하는 이유다.

조지타운대 컴퓨터공학과 교수 칼 뉴포트가 쓴 《디지털 미니멀리즘》이라는 책이 있다. 책에서 그는 온라인 공간에서 시간을 보낼 때는 자신에게 도움이 되는 소수의 핵심 활동에만 초점을 맞추고 다른 모든 활동은 내려놓으라고 강조한다. 그는 디지털 환경에서 살아남기 위한 구체적인 철학을 제시하는데, 바로 디지털 미니멀리즘의 3가지 원칙이다. "잡다함은 대가를 수반한다." "최적화가 중요하다." "계획성은 만족감을 준다."가 그것이다. 한마디로 디지털 루틴을 만들라는 것이다. 칼 뉴포트는 친절하게 디지털 미니멀리즘을 실천하기 위한 전략 4가지를 제시한다. 디지털 루틴을 만드는 데 참고할 만하다.

첫째, 혼자만의 시간을 사수하라.
스마트폰을 집에 둔다. 오래 산책한다. 자신에게 편지를 쓴다.

둘째, '좋아요'를 누르지 마라.
'좋아요'를 누르지 않는다. 대화시간을 만든다.

셋째, 여가의 질을 높여라.

매주 뭔가를 고치거나 만든다. 저급한 여가를 위한 시간을 정한다. 모임에 들어간다. 여가 계획을 세운다.

넷째, 주의를 빼앗기지 마라.

소셜 미디어 앱을 삭제한다. 휴대기기를 단일 목적으로 활용한다. 소셜 미디어를 프로처럼 활용한다. 슬로 미디어를 받아들인다. 스마트폰을 멀리한다.

우리는 빌 게이츠가 실천하는 '생각 주간Think Week'처럼 매일 일상의 날을 예리하게 벼리는 '생각 시간Think Time'을 통해 자신과 만나는 고독의 시간이 필요하다. 나는 강의나 컨설팅이 상대적으로 뜸한 한여름과 한겨울에는 1개월 정도씩 '생각의 달Think Month'을 가진다. 이 기간에는 가족과 함께하고 집필에 몰두할 수 있는 나만의 시간을 가질 수 있다. 프리랜서나 사업하는 사람들이 누릴 수 있는 특권이다.

파블로 피카소는 말한다. "멋진 고독이 없다면 의미 있는 작품도 없다."라고. 이제 폭주하는 디지털 시대에 내 인생을 멋진 작품으로 만들어내기 위해서는 능동적으로 자신을 제어하는 고독 루틴을 만들지 않으면 안 된다. 자신의 삶을 생각할 겨를이 없을 정도로 너무 바쁘게 살지는 말자. 독서만큼 여유 있게 고독을 즐기면서 삶의 품격을 높이는 것이 있을까?

"무리 지어 다니면서 성공한 사람은 없다. 뭔가를 배우거나 공부할 때는 먼저 홀로서기를 해야 한다."

— 사이토 다카시, 작가

가장 훌륭한 벗은 책이다

부자들의 가장 대표적인 루틴은 무엇일까? 《부자 습관》으로 세계적 베스트셀러 작가가 된 토마스 콜리가 2017년 미국 시사주간지 〈타임〉에 부자들의 가장 두드러진 습관 7가지를 소개했다. 독서, 명상, 일찍 일어나기, 7~8시간의 충분한 수면, 30분 이상 꾸준히 운동하기, 소통 기술 연마하기, 상황을 객관화하고 자신과 대화하기가 그것이다. 이 중에서 가장 많이 가진 습관은 단연 '독서'였다. 부자들의 88%가 하루 30분 이상 책을 읽었다. 주로 읽는 책은 소설이나 오락물이 아니라 위인들의 전기나 역사, 자기개발 서적과 같은 논픽션이 주를 이뤘다.

당신은 독서하면 떠오르는 사람이 누구인가? 경영학의 아버지로 일컬어지는 '피터 드러커'를 빼놓을 수 없다. 그는 3세부터 배운 독서 습관을 95세까지 이어갔다. 그의 독서는 남들과 좀 달랐다. 아니, 아주 달랐다. 강의나 저술 활동 이외의 시간에는 매년 새로운 주제를 발굴하여 3개월간 집중적으로 공부했다. 예컨대 2004년에는 명나라 시대의 중국미술에 몰두했고, 일본 회화에 대해 관심도 많아 수묵화를 소장할 정도로 조예가 깊었다.

피터 드러커가 실천한 루틴의 절정은 '3년 공부법'이다. 3년마다 계획을 세우고 독서에 집중했다. 20대 초반에 직장생활을 시작해 평생에 걸쳐 20여 개 분야를 3년마다 바꿔가며 학습한 것이다. 그가 경영학의 대가가 된 것은 3년 공부법을 통해 다양한 분야로 식견을 확장할 수 있었기 때문이다. 나는 느지막이 3년 공부법을 실천하기 시작했다. 늦게라도 시작한 게 행운이라고 생각한다. 그 첫 번째 주제가 바로 '세대'였다. 3년간 세대 관련 서적과 논문 등을 깡그리 탐독하며 천착했다. 그 결과물로 3권의 세대 관련 책을 출간하기에 이르렀다. '세대 전문가' '세대 소통 컨설턴트'라는 수식어도 얻게 되었다. 3년 공부법은 새로운 변화를 맞이하는 인생의 중요한 티핑 포인트가 되었고, 이 루틴은 삶의 중요한 터닝 포인트를 가져왔음을 고백하지 않을 수 없다.

피터 드러커 못지않게 버크셔 해서웨이 회장 워런 버핏도 둘째가라면 서러울 독서광이다. "그냥 사무실에 앉아서 온종일 책을 읽는다."라고 자신의 루틴을 소개하기도 했다. 그는 근무일의 80%를 독서에 할애할 정도다. 거의 활자 중독 수준이다. 그가 읽는 책은 일반 단행본만이 아니다. 파이낸셜 타임스, 뉴욕 타임스, 오마하 월드 헤럴드, 아메리칸 뱅커 등 여러 신문과 다양한 자료를 읽는다. 그는 비즈니스에 종사하는 대부분의 사람보다 더 많은 독서와 사고를 하면서 의사결정을 한다. 그리고 독서를 선택 사항이나 취미로 여기지 않는다. 그에게 독서는 다른 것들보다 우선시해야 하는 중요한 과제다. 사람들에게 평소 하루에 500페이지의 책을 읽도록 권장한다. 물론 그는 그것을 늘 실천하고 있다.

또 한 명의 독서광으로 빌 게이츠를 빼놓을 수 없을 것이다. 매년 50권의 책을 읽는 것으로 알려져 있다. 독서를 위해 주말에 3~4시간을 사용하며, 매일 밤에 최소 1시간씩 책을 읽는다. 한편 일론 머스크는 어렸을 때 하루에 2권의 책을 읽었고, 제프 베조스는 열세 살 때까지 수백 권의 공상 과학 소설을 읽었다. 월트 디즈니의 CEO였던 밥 아이거는 매일 새벽 4시 30분에 일어나서 책을 읽고, 마크 저커버그는 2주마다 1권의 책을 읽는다고 한다.[52]

당신의 독서 습관은 어떤가? 읽고 싶을 때 읽는 단순한 취미를 넘어 독서 루틴을 만들어보면 어떨까? 21세기 최고의 경영사상가로 꼽히는 게리 해멀은 말한다. "책을 읽지 않는 사람은 평생 똑같은 수준으로 부지런히 꿀벌처럼 일할 수는 있지만, 게릴라처럼 갑자기 출세하거나 사업에 성공하지는 못한다."

진실로 삶을 변화시키고 싶은가? 그렇다면 어릴 적 감명 깊게 읽었던 책을 다시 넘겨보고, 성공한 사람들이 어떤 책을 읽었는지 살펴보라. 그런 다음 인생 필독서를 만들어보자. 그리고 책장을 사고, 그 책장에 필독서들을 채워보자. 서가에 꽂힌 책을 보는 것만으로도 뿌듯할 것이다. 설마 그 책들을 한 장도 넘기지 않을 수 있겠는가? 당장 책을 읽을 수 있는 환경설정부터 해보는 것이다.

> "사귀는 벗을 보면 그 사람을 알 수 있듯이, 읽는 책을 보면 그 사람의 품격을 알 수 있다."
>
> —새뮤얼 스마일스, 작가

책은 꽁꽁 얼어버린 생각을 깨뜨리는 도끼가 아니면 안 된다

부자는 독서 루틴을 실천하고 독서는 부자를 만든다고 해도 과언은 아니다. 그럼 부자들은 어떤 책에 감명을 받았을까? 또 그들은 어떤 책을 추천할까? 워런 버핏은 자신의 삶에 지혜를 준 책으로 애덤 스미스의 《국부론》, 그의 스승인 벤저민 그레이엄의 《현명한 투자자》, 《증권 분석》을 들었다. 빌 게이츠는 감명 깊게 읽은 책을 매년 자신이 운영하는 홈페이지에 5권 정도 엄선해서 추천한다. 그가 추천한 책은 예외 없이 베스트셀러가 된다. 스티브 잡스는 고전문학을 사랑했는데, 윌리엄 셰익스피어의 《리어왕》, 허먼 멜빌의 《모비 딕》을 경영과 리더십에 활용했다. 그렇다면 한국의 젊은 부자들이 가장 많이 추천하는 책은 무엇일까? 사마천의 《사기열전》, 에드워드 기번의 《로마제국쇠망사》, 호메로스의 《일리아드》와 《오디세이아》, 플루타르코스의 《영웅전》 등이라고 한다.[53]

요즘은 스마트기기의 영향으로 종이책을 읽는 사람이 많이 줄었다. 10명 중 4명은 1년에 한 권의 책도 보지 않는다는 씁쓸한 통계도 있다. 빈곤한 독서율은 불황에 허덕이는 출판계 현실을 봐도 금방 알 수 있다. 한 설문에 따르면 독서는 부와도 관련성이 깊다고 한다. 가난한 사람 중 하루에 30분 이상 책을 읽는 사람은 2%밖에 안 된다고 한다. 또 다른 연구에 따르면 가난한 사람의 92%는 배움에 대한 독서가 없고, 책을 읽는 사람 중 79%는 오락적인 책을 읽는다.[54] 무서운 건 이는 자녀에게로 고스란히 대물림된다는 것이다.

독서는 분명 흔적을 남기게 마련이다. 독서는 사고에 폭풍을 일으켜 순식간에 삶을 송두리째 바꿔놓기도 한다. 당신은 카프카의 표현처럼 자신 안의 꽁꽁 얼어붙은 무지와 편견의 바다를 깨뜨려버린 도끼 같은 책을 만난 적이 있는가? 진정한 독서는 삶의 혁명을 가져온다. 자신의 삶부터 바꾸고, 함께 하는 사람을 변화시키고, 나아가 세상에 선한 영향력을 미치게 한다. 그야말로 《대학》의 '수신제가치국평천하修身齊家治國平天下(자신을 갈고 닦아야 가정이 세워지고 나라가 세워지고 천하도 평화로워진다)'를 실천하게 되는 것이다.

> "우리가 읽은 책이 우리 머리를 주먹으로 한 대 쳐서 우리를 잠에서 깨우지 않는다면, 도대체 왜 우리가 책을 읽는 거지? 책이란 무릇, 우리 안에 있는 꽁꽁 얼어버린 바다를 깨뜨려버리는 도끼가 아니면 안 되는 거야…"
>
> _프란츠 카프카의 《변신》 1904년 판 머리말 중

만약 책을 읽는데도 자신의 삶에 아무런 변화가 없다면 독서 루틴부터 점검해봐야 한다. 부산한 낮에는 책을 읽을 엄두가 나지 않는다면 고즈넉한 저녁 시간을 할애해 독서 루틴을 만들어보는 것이다. 과시, 지적 유희, 취미, 생계 등을 위한 독서도 좋지만, 자신의 삶뿐 아니라 가정과 조직, 국가에 흔적을 남기는 독서를 위해서 말이다.

책 없는 방은 영혼 없는 육체와 같다

TV를 한 시간 볼 때마다 기대수명이 최대 22분씩 단축된다. 호주 퀸즐랜드대 연구팀에서 분석한 결과다.[55] 또 많은 연구에서 TV 시청이 가난과 관련 있다고 분석한다. 가난한 사람의 가장 대표적인 습관 중 하나가 'TV 시청'이다. 부자들은 TV를 보지 않는다. 보더라도 길지 않다. 그들은 그 시간에 다른 더 의미 있고 생산적인 일을 한다. 독서를 하거나 가족과 식사하고 대화를 한다. 조사에 따르면 부자의 60% 이상은 TV 보는 시간이 하루 1시간 미만이지만, 가난한 사람들은 20% 정도만이 하루 1시간 미만이었다. 응답자의 80%가량은 1시간 이상 TV를 시청한다는 것이다.

서울대 심리학과 최인철 교수의 연구에 따르면 TV 시청은 재미와 의미 두 측면에서 모두 만족도가 낮은 대표적인 활동이다. 그런데도 TV 시청 시간이 많은 건 습관 때문이다. 집에 들어오면 냉장고 문을 열듯 습관적으로 TV를 켜는 것이다. 부자와 빈자를 가르는 건 다름 아니라 이렇게 사소하고 작은 습관이다. 만약 자신의 의도와 달리 긴 시간 TV를 보는 습관이 있다면 시간을 제한해보면 어떨까? 시간이나 프로그램 등을 정해 루틴을 만드는 것이다. 그러지 않으면 밤늦도록 TV를 보느라 시간을 허비하기에 십상이다.

사람은 환경, 특히 공간의 지배를 받는다. 우리나라의 많은 가정을 보면 하나같이 TV의 위치가 집 안의 최고 명당자리를 떡하니 차지하고 있다. 우리나라가 경제력 수준에 비하면 독서율이 현저히 떨어지는 이유 중 하나가 이 때문이지 않을까 생각한다. 온 가족이 모이는 자리에는 예외 없이 TV가 자리하고 있다. 가정문화를 만드는 공간의 중심에 있는 것이다. TV가 가족 간 서로 마주 보며 대화할 시간을 빼앗는 것은 당연하다. 유튜브, 스마트기기의 영향으로 TV 시청 시간이 꽤 줄었다고 하지만, 우리 국민의 TV 사랑은 어느 나라와 비교해도 뒤지지 않는다.

가정이 변화하고 대한민국의 문화가 바뀌려면 TV가 위치한 자리를 다른 무언가로 대신해야 한다. 이왕이면 그 자리에 책이 들어섰으면 하고 기대한다. 한때 독서 운동의 일환으로 '거실을 서재로' 캠페인이 유행이던 시절이 있었다. 독서는 캠페인이나 취미가 되어서는 안 된다. 어찌 가을만 독서의 계절인가? 독서는 생활이고 자연스러운 문화가 되어야 한다. 독서 강국이 곧 세계 패권국이었음을 역사는 증명한다. 특히 인문고전을 많이 읽는 국가가 세계를 지배한다. 월평균 성인 독서량을 보면 미국이 6.6권, 일본이 6.1권, 중국이 2.6권인데 반해 우리나라는 0.8권에 불과하다.

시사 교양지 〈뉴요커〉에 한국인들은 책을 읽지 않으면서도 노벨문학상을 원한다는 내용의 칼럼이 실린 적이 있다. "한국은 정부의 큰 지원으로 노벨문학상을 가져갈 수 있나"라는 제목으로 쓴 칼럼이었다. 이 기사에서 한국은 글을 아는 사람의 비율인 식자율이 98%에 달하고 출판사에서 매년 4만 권의 책이 나온다고 적었다. 하지만 동시에 한국이 상위 30개 선진국 중 국민 1인당 독서 시간이 가장 적다고 꼬집었다. 노벨문학상 수상자가 발표될 때쯤이면 종종 거론되는 한국 작가의

책도 읽히지 않는다고 예리하게 지적했다.[56]

이런 나라에서 노벨문학상 수상자가 나온다면 어쩌면 기적이 아닐까? 독서 루틴은 개인뿐 아니라 국가의 부를 결정한다. 이런 현실을 바라보며 안타까워하고 있을 수만은 없지 않은가? 당장 내 독서 루틴부터 만들고 실천해보자. 매일 내가 원하는 시간, 나만의 장소에서 좋아하는 차를 마시며 인문고전의 저자들과 대화하는 시간여행을 떠나는 것, 생각만 해도 멋지지 않은가?

미국 43대 대통령이었던 조지 부시는 많은 대통령의 직무를 수행하면서도 2006년에만 95권의 책을 읽었다. 그가 일주일에 2권의 책을 읽을 수 있었던 이유는 학습과 휴식이 중요하다는 것을 알았기 때문이다. 바빠서 책을 못 읽는 것이 아니라 바쁠수록 중요한 일을 더 간절하게 챙겼기에 가능한 일이었을 것이다. 미국의 경제학자 랜들 벨이 5,000명을 대상으로 습관이 성공에 미치는 영향을 조사한 결과, 독서 습관을 지닌 사람이 그렇지 않은 사람에 비해 성공할 가능성이 122% 더 높았다. 또 예일대 공중건강 연구진은 책을 읽는 사람이 책을 읽지 않는 사람보다 23개월 더 오래 산다고 발표하기도 했다.[57]

저녁은 소중한 사람과 함께 하라

우스갯소리로 캐나다는 '재미없는 천국', 한국은 '재미있는 지옥'이라는 말이 있다. 한국을 재미있는 지옥이라 부르는 건 먹거리, 볼거리, 즐길거리가 넘치는 저녁 문화를 빼놓을 수 없기 때문이다. 우리나라처럼 저녁 문화가 발달한 나라가 많지 않으니 말이다. 한국인은 밤이면 불야성을 이루는 저녁 풍경에 익숙하다. 그래서 다른 나라와 비교하면 우리는 늦게 잠드는 편이다. 한국인이라면 아침보다 저녁이 익숙하다. 일생을 통해 몸은 이런 문화에 적응해왔다. 그래서 많은 사람이 일찍 잠들지 못하는 건 당연하다. 상황이 이렇다 보니 하루 루틴을 만들고 지켜내는 것이 환경적으로 여간 힘든 게 아니다.

나는 저녁 약속을 잡지 않는다. 주말에는 더욱더 그렇다. 특히 저녁 회식은 겉으로는 정중하게 속으로는 당당하게 거절한다. 이 시간만큼은 거절의 힘을 철저히 발휘한다. 루틴을 지키기 위한 나만의 원칙이다. 정말 예외적인 경우가 아니고서는 말이다. 워런 버핏은 성공한 사람과 엄청난 성공을 한 사람의 차이를 이렇게 말하는데, 엄청난 성공을 한 사람은 거의 모든 것에 'No'라고 말한다는 것이다. "평생 같이 일할 수 없는 사람과는 단 하루도 함께 일하지 마라." 우연히 책을 읽다가 스타트업 투자자 나발 라비칸트의 이 메시지를 접하고 이 원칙에 더욱더 확신하게 됐다. 그리고 내 인생 원칙에 '만나고 싶은 사람만 만난다.'를 하나 더 추가했다. 워런 버핏도 비슷한 말을 한다. "10년이상 볼 게 아니면 10분도 그 주식을 갖고 있지 마라. 관계든 당신의 길이든 10년 이상을 볼 것이 아니면 10분도 이어가지 마라."

나는 '책 거부 아편 노예'형 인간을 멀리한다. 책을 읽지 않는 사람, 거짓말하고 거지 근성으로 사는 사람, 부정적인 사람, 아집과 편견에 사로잡힌 사람, 노예근성으로 사는 사람, 예의 없는 사람이다. 이런 뱀

파이어 같은 사람들에게 소중한 시간과 에너지를 빼앗기고 싶지 않다. 사랑하고 좋아하는 사람들을 만나서 즐기는 데도 시간이 부족하기 때문이다. 내 삶의 행복과 고요를 깨뜨리는 이 세력은 멀리하거나 투쟁해야 할 대상이다.

헤밍웨이의 소설 《노인과 바다》를 보면, 항구를 떠난 노인이 3일 밤낮을 외로움, 그리고 청새치와 사투를 벌이는 장면이 시적으로 묘사된다. 노인은 외로울 때마다, 또 청새치를 낚는 감격의 순간에도 소년 마놀린을 떠올린다. 소설의 제목이 왜 《노인과 소년》이 아니었을까 싶을 정도로 노인과 소년의 우정과 사랑이 애틋하게 그려진다. 만약 당신이 소설 속 노인의 입장이라면 조각배에 같이 태우고 싶은 사람은 누구인가? 청새치를 잡는 기쁨의 순간을 함께 하고 싶은 사람은 누구인가? 지금 머릿속에 떠오르는 그 사람과 저녁 시간을 같이하라.

저녁 루틴의 핵심은 저녁 약속을 최소화하는 것이다. 그리고 그 시간을 자신과 가족을 위해 투자하는 것이다. 버진그룹의 창립자인 리처드 브론슨은 400개가 넘는 기업을 경영하지만, 자신이 소유한 섬에서 많은 시간을 보내며 모험가로서 유별난 취미에 몰두한다. 전 인텔 회장이었던 앤드루 글로브는 늘 아침 8시에 출근해 저녁 6시에 퇴근했다. 페이스북 최고운영책임자COO인 셰릴 샌드버그는 오후 5시 30분이면 퇴근해서 6시부터 아이들과 식사를 한다. 이들의 공통점은 무엇일까? 급한 일을 처리하느라 바쁜 삶이 아니라, 급하지 않더라도 중요한 일을 삶의 우선순위로 두고 소중한 사람과 함께 하는 루틴을 지켰다는 점이다

"진정한 행복을 만드는 것은 수많은 친구가 아니라 훌륭히 선택된 친구들이다."

—벤 존슨, 육상 선수

8장

하루 루틴의 핵심은 일찍 자는 것이다

Night Routine

하루 루틴의 핵심은 일찍 자는 것이다

개그맨 유재석이 tvN의 〈일로 만난 사이〉라는 프로그램에 나와 후배들과 산속에서 대화를 나누는 장면을 우연히 본 적이 있다. 유재석은 후배인 아나운서 장성규의 질문에 자기관리 원칙을 넌지시 밝혔다. 그는 녹화 전날 놀러 간다거나 밤새워 놀지 않고 철저하게 방송에 맞춰 컨디션을 조절한다고 했다. 그러자 자리를 함께한 모델 한혜진이 거드는데, 배우 차승원도 다음날 녹화가 있으면 일찍 잔다는 것이다. 이어서 유재석은 동시에 여러 프로그램을 하지 않는 이유도 밝혔다. 하는 일에 최선을 다했다는 보람이 아닌 그냥 하나 끝냈다라는 느낌이 양심에 찔려서 선택과 집중을 한다는 것이다. 그는 설령 프로그램을 고르는 데 까탈스럽다는 오해를 받더라도 그 원칙을 지키고 있다고 했다.

언젠가 섬기는 교회의 목사님께서 설교 중에 이런 말씀을 하셨다.

"밤에 잠이 안 오는 건 일과 중에 열심히 살지 않은 것에 대한 하나님의 심판입니다."

목사님은 이런 말씀을 할 자격이 있는 분이다. 매일 새벽 기도를 위해 일찍 일어난다. 그동안 당신의 자녀들에게 늦도록 누워 있는 모습을 보인 적은 한 번도 없다. 그는 휴일이나 명절에도 평일처럼 예외 없이 교회로 출근한다. 그랬기에 그 말씀은 루틴이 무너진 나를 꾸짖는 것만 같았다. 당시는 한참 아침 루틴을 만들어보겠다는 일념으로 새벽 4시 기상 목표를 세우고 씨름하며 시행착오를 거듭하고 있던 시기였다.

갑작스레 당긴 기상 시간은 부족한 수면으로 이어졌다. 잠들지 못하다가 새벽이 다 돼 잠들기도 하고, 저녁 8시에 취침해 다음 날 아침 7시에 일어나기도 했다. 몸은 지금껏 이어온 루틴을 관성처럼 치열하게 지켜냈다. 불규칙한 수면과 갑작스레 바뀐 기상 시간에 몸이 적응하지 못하고 잠이 부족해 종일 몽롱한 상태로 보내기 일쑤였다. 집중력과 에너지는 떨어졌고, 몸은 못다 채운 수면 부채를 갚기 위해 필사적으로 수면 신호를 보냈다.

시행착오를 겪던 어느 날 문득 이런 생각이 들었다. "새벽 4시 기상보다 중요한 것은 일찍 자는 게 아닐까?" 하루 루틴을 계획하는 데 있어서 가장 중요한 것은 일어나는 것보다 제때 잠드는 것이라는 생각이 섬광처럼 뇌리를 스쳤다. 그래서 수면에 대한 루틴을 공부하기 시작했다. 역시나 일찍 일어나는 사람들은 하나같이 일찍 잤다. 예외가 없었다. 최소 저녁 8시에 집에 들어와 잘 준비를 했고 회식도 밤 9시를 넘겨서까지 밖에 남아있지 않았다. 성공한 사람들에게 활력이 넘치는 비결에는 충분한 수면이 크게 한몫한다는 걸 새삼 깨달았다.

왜 빨리 잠들지 못할까?

이불 속으로 들어가도 잠이 오지 않는 이유를 노트에 하나씩 적어봤다. 카페인 음료는 주말에 커피믹스 한 잔 정도 하는 것이 다인데, 커피믹스 마신 날은 일찍 잠을 청하기 쉽지 않았다. 그리고 낮에 햇빛을 볼 시간이 거의 없고, 취침 시간을 밤 10시 전후라고 애매하게 정하고, 운동하지 않는다는 것 정도가 큰 이유였다. 그리고 가끔 있는 저녁 약속이나 늦은 시간 걸려온 전화를 받고 통화하다 보면 늦게 자는 경우도 종종 있었다.

빨리 잠들지 못하는 이유를 객관적으로 알아보기 위해 수면에 관한 연구를 하나씩 살펴보기 시작했다. 수면은 면역력 강화에 결정적인 요소임은 물론 집중력 증강, 성인병 예방, 스트레스 완화, 피부 건강, 체중 관리, 안전사고 예방을 위해 필수적이다. 또 여러 연구에서 수면을 위해 다방면의 적극적인 노력을 시도할 것을 강조하고 있었다. 왜냐하면 수면을 취하는 것은 그리 쉬운 일이 아니기 때문이다. 수면을 방해하는 요인은 우리 생각보다 많다.

수면을 방해하는 요소 vs. 수면을 돕는 요소

수면을 방해하는 요소	수면을 돕는 요소
만성 통증, 불면증	페퍼민트, 멘톨 성분이 없는 치약 쓰기
늦게 자는 생활습관	샤워보다 입욕하기
취침 전 격렬한 운동	발 따뜻하게 하기
전자기기	카페인 없는 캐모마일, 허브차 마시기
알코올(음주)	호두, 콩, 바나나, 꿀, 체리
흡연	저녁 산책
고민거리 대화	가벼운 스트레칭
자극적인 음식	암막 커튼 등 활용해 침실 조도 낮추기
야근	침실에 스마트기기 두지 않기
커피 등 카페인 음료	규칙적 수면 시간
초콜릿	취침 1시간 전부터 보조 등 켜기
특정 약물	적정한 온도
많은 물 마시기	수면을 돕는 음악 듣기

질 높은 수면을 위해 꼭 챙겨야 할 디테일

수면을 위한 루틴을 다시 설계하기로 했다. 취침 시간은 밤 9시로 정하고 취침 전에 산책했다. 생각보다 산책이 효과적이었다. 수면을 위한 취침 루틴의 핵심은 온종일 풀가동했던 몸의 엔진을 끄고 식히는 것인데, 산책이 이 기능을 톡톡히 했다. 마시던 디카페인 라떼도 오후 3시가 되기 전에 다 마셨다. 디카페인 커피 또한 한 컵에 20mg 정도의 카페인을 함유하고 있다. 따라서 디카페인 커피도 카페인 음료라는 것을 알아야 한다. 카페인에 예민한 사람은 잠을 자기 전에는 마시지 않는 것이 좋다. 주말에 한두 잔 마시던 커피믹스도 끊었다.

점심 식사 후에도 시간을 내서 30분 정도 산책을 하는 것도 빼놓지 않았다. 비타민D를 충분히 합성하려면 하루에 최소 15분 이상 햇볕을 쬐야 하기 때문이다. 하지만 생각처럼 쉽지 않았다. 그래서 부족한 비타민D는 영양제를 복용하는 것으로 보완했다. 비타민D는 골다공증이나 우울증을 예방하고 몸의 면역력을 높이는 필수영양소다. 저녁에는 예배를 제외하고는 일절 약속을 잡지 않았다. 산책 후 스마트폰은 수면 모드가 되게끔 설정했다. 암막 커튼으로 침실을 어두운 동굴처럼 조성하는 것도 잊지 않았다.

취침 루틴이 어느 정도 안정되면서 기상 시간이 점차 규칙적으로 바뀌기 시작했다. 무엇보다 수면을 위해 챙겨야 할 것을 실천한 게 주효했다. 취침 루틴에는 생각보다 디테일한 자기 관리가 요구된다. '수면을 위해 취침 전에 끝내야 할 것들'을 숙지하여 자신의 수면 환경을 최적으로 설정해보자. 취침 루틴에 성공한다면 아침 루틴도 실천하기가 한결 쉬워진다.

한편 충분한 수면을 위해 잊지 않고 꼭 챙겨야 할 요소 중 하나가 적정 온도다. 이상적인 침실 온도는 15.5도부터 25도까지 의견이 다양하다. 이 수치를 상하한선으로 생각해 평균을 내면 18도 정도다. 권장 온도보다 훨씬 더 낮거나 높은 온도의 침실 환경에서는 잠을 편하게 잘 수 없고 꿈을 꾸는 단계인 렘수면의 질에 악영향을 미칠 수 있기 때문이다.

수면을 위해 취침 전에 끝내야 할 것들

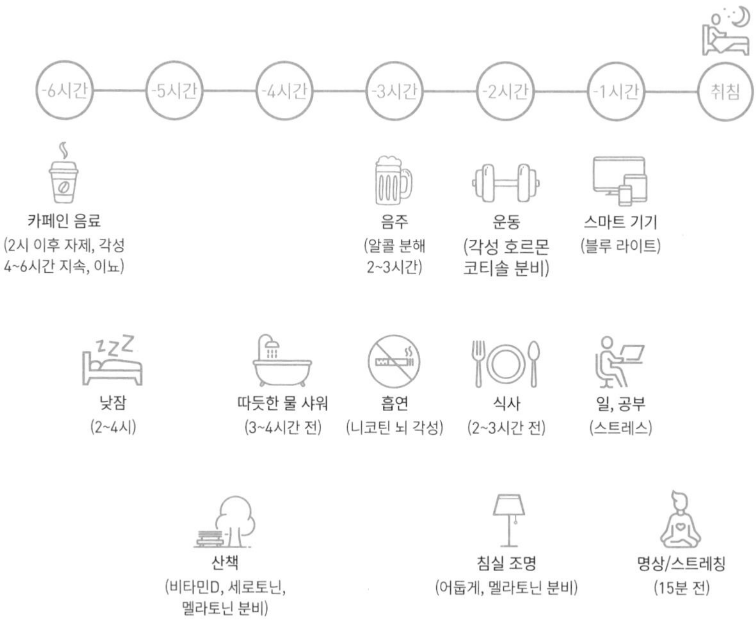

월스트리트저널은 주변 온도와 수면의 관계에 대한 최근의 연구 결과들을 종합해 수면 주기 조절에는 빛보다 온도가 더 큰 작용을 한다고 보도하기도 했다. 잠이 들려면 피부 체온이 아닌 뇌와 내장이 있는 몸속 체온이 0.95~1.4도 정도 떨어져야 한다는 것이다. 미국 캘리포니아대 버클리캠퍼스의 신경과학과 매튜 워커 교수는 몸속 체온이 너무 높으면 우리 뇌가 깬 상태에서 수면 상태로 쉽게 전환하지 못하거나 숙면을 이루지 못한다고 말한다.

온도 못지않게 습도도 충분한 수면에 영향을 준다. 기상청에 따르면 봄과 가을에는 50%, 여름에는 60%, 겨울에는 40%가 질 높은 수면을 위한 최적의 습도라고 한다. 여름에는 끈적거림에, 겨울에는 건조함 때문에 수면을 방해받는다. 특히 저온 건조한 겨울은 특별한 관리가 필요하다. 연구에 따르면 체온이 1도 떨어지면 면역력은 30%가 낮아지고 체온이 1도 올라가면 면역력이 5배가 높아진다. 또 콧속이 건조하면 세균이 침투하기 쉽기 때문에 감기와 인플루엔자에 취약해진다.

또 기억해 두면 좋은 것이 있다. 겨울에는 가습기를 잘 활용하면 질 높은 수면에 도움이 된다. 다만 가습기는 관리에 주의가 필요하다. 세균 번식이 잘 안 되는 제품을 사용해야 한다. 그리고 바닥에서 1m 정도 높이에, 사람과의 거리는 2~3m 떨어진 곳에 두고 사용하는 것이 좋다. 정수기 물은 소독약품이 제거돼 세균이 발생하기 쉽다. 따라서 수돗물을 사용하고 식초나 굵은 소금을 넣으면 세균 번식을 막을 수 있다. 청결을 위해 매일 새 물로 바꿔야 하고 물때를 세척할 때는 베이킹파우더를 사용하는 것이 좋다. 모쪼록 면역체계를 안정화하는 데 핵심적인 역할을 하는 완벽한 수면을 위해 생활 속 작은 루틴까지 디테일하게 챙겨보자.

시간을 정복한 사나이, 그에게 배울 점

1916년 1월 1일, 그는 시간에 대하여 남다른 결심을 한다. 그날부터 자신의 모든 시간을 철저하게 계획하고 기록하고 평가하기로 마음먹는다. 그 후로 그는 정말로 자신의 모든 시간을 기록하기 시작했다. 휴식, 독서, 산책 등 모든 활동이 몇 시간, 몇 분이 걸렸는지 꼬박꼬박 적은 것이다. 1972년 그가 사망하는 그날까지 56년 동안 단 하루도 중단이 없었다. 심지어 아들의 죽음도 그의 시간결산표에 빠짐없이 기록했다. 그의 일기는 이런 식이었다.[58]

그의 하루 일기

울리야노프스크, 1946년 4월 7일

곤충 분류학: 이름 모를 나방의 그림을 두 장 그렸음 – 3시간 15분

나방을 감정함 – 20분

보충 업무: 슬라브에게 편지를 씀 – 2시간 25분

대인 업무: 식물 보호 위원회 회의에 참석 – 2시간 25분

휴식: 이고르에게 편지를 씀 – 10분

〈울리야노프스크 프라우다〉지 – 10분

레프 톨스토이의 작품 〈세바스토폴의 기사〉 – 1시간 25분

기본업무 총계 – 6시간 25분

그는 평생에 걸쳐 쓴 일기 아닌 일기를 이른바 '시간 통계법'이라고 불렀다. 마치 장부를 쓰듯 자신만의 방법으로 사용한 시간을 철저하게 통계로 관리했다. 시간의 효율을 극대화하며 살았으며 엄청난 양의 일을 했다. 생물학, 곤충학, 과학사에 정통했으며, 철학, 문학, 역사에서도 전문가를 능가하는 경지였다. 그는 70여 권의 학술서적을 발표했는데 그 가운데는 생물 분류학, 곤충학 방면에서 경전으로 평가될 만한 저서들도 있다.

주인공은 바로 러시아 출신 과학자 '알렉산드르 알렉산드로비치 류비셰프'다. 그는 천재들이 지닌 특징의 하나인 앉아서 버티는 의지력이 남달랐다. 누군가 자신을 사진으로 찍을 때면 얼굴을 찍을 게 아니라 궁둥이를 찍으라고 말할 정도였다. 82세에 사망하기까지 마지막 몇 십 년 동안에도 일에 대한 정력과 사유의 힘은 줄어들기는커녕 더 늘었다고 한다. 그는 마지막 순간까지 신이 인간에게 부여한 가능성의 최대치를 살고 간 사람이라고 할 만하다.

그는 자신이 90세까지 산다는 것을 전제로 마지막 5년까지 5년 단위로 계획을 세우고 구체적으로 시간을 관리했다. 하루 24시간 중 10시간을 순수 집무 시간으로 계산하고 삼등분한 것을 1시간, 30분 단위로 할당해서 썼는데, 남거나 모자란 시간의 오차가 10분을 넘는 법이 없었다. 그리고 일을 시작한 시간과 끝낸 시간을 기록하는 데도 5분을 초과하지 않았다. 순수 집무 시간에서 휴식 시간은 빠졌고 순수하게 일에 바친 시간만 계산했다. 자신이 계산하길 순수 집무 시간의 하루 최고 기록은 11시간 30분이었다.

류비셰프의 사례가 당신에게 어떤 느낌으로 다가오는가? 시간 관리를 잘해야겠다는 도전 의식이 생기기보다 유별난 기인의 독특한 사례쯤으로 여겨질 수도 있을 것이다. 누구도 여간해서는 류비셰프처럼 빈틈없이 시간을 관리하기는 힘들 것이기 때문이다. 하지만 그에게서 해야 할 일을 계획하고 점검하는 루틴만큼은 꼭 배울 만하다.

류비셰프처럼 시간 통계법까지는 실천하지 못하더라도 적어도 하루 전날에 다음 날 해야 할 일의 목록을 적고 그것을 실천했는지 확인하는 정도는 할 수 있을 것이다. 그도 어렵다면 매일 꼭 해야 할 일 중 3가지만 적고 점검하는 것도 괜찮다. 아메리칸 익스프레스 전 CEO 케네스 셔놀트는 취침 전 '다음 날 꼭 해야 할 일 3가지'를 머릿속으로 계획하는 습관을 지녔다. 그는 이 방법으로 다음날 업무를 할 때 우선순위에 따라 업무를 처리할 수 있었다고 한다. 3가지도 힘들다면 그날 꼭 해야 할 한 가지를 기록하고 확인해보기 바란다.

꿀잠을 부르는 숙면 스트레칭

취침 전 스트레칭이나 요가 등 가벼운 운동은 숙면에 큰 도움을 준다. 하루 동안 뭉친 근육을 이완시키고, 낮 동안 쌓인 피로와 긴장을 해소해 줄 뿐 아니라 심리적 안정을 도모하고 올바른 수면 패턴을 유지하게 해 숙면에 효과적이다. 잠을 청하지만 10분 안에 잠들지 못하고 불면증이 있다면 숙면 스트레칭을 실천해보기 바란다. 취침 전 숙면 스트레칭 루틴을 만들고 매일 꾸준히 실행해보자.

숙면 스트레칭은 다음의 3가지 방법으로 효과를 높일 수 있다.

첫째, 숙면 스트레칭 의식을 알리는 신호를 만들어 활용한다. 취침 전 잔잔한 음악 켜기, 잠옷 입기, 침실 소명 켜기 등 스트레칭을 시작할 때 보내는 신호를 만드는 것이다.

둘째, 내게 맞는 스트레칭 자세를 찾는다. 숙면 스트레칭 자세는 다양하다. 고양이 자세, 깍지 끼고 등 밀기 같은 간단한 자세부터 골반 스트레칭 같은 난이도가 있는 자세도 있다. 자신에게 맞는 자세를 몇 가지 선택해 순서대로 몇 세트씩 루틴을 만들면 된다.

셋째, 서서히 강도를 높여간다. 처음에는 간단하고 쉬운 자세부터 시작해 점점 익숙해지면 몸 상태에 맞춰 강도나 난이도를 높이면 몸이 더 유연해지는 것을 체험할 수 있다.

대표적인 숙면 스트레칭의 자세를 몇 가지 소개한다.

1. 코브라 자세

척추를 교정하고 혈액순환에 도움을 주며 전신의 군살을 빼는 자세다.

1) 앞으로 엎드린 상태에서 두 다리를 모은 후 손을 바닥에 댄다.

2) 숨을 깊게 들이마시면서 팔꿈치를 펴고 상체를 코브라처럼 세운다.

2. 고양이 자세

몸의 쓰지 않는 근육을 풀어주는 자세다.

1) 기어가는 자세에서 두 손과 무릎을 어깨너비만큼 벌린다.

2) 머리를 숙이면서 허리를 천장 쪽으로 둥글게 올린다.

3) 반대로 머리를 뒤로 젖히고 허리를 움푹하게 바닥 쪽으로 내린다.

3. 무릎 꿇고 엎드리기

몸의 많은 부위에 스트레칭 효과가 있는 자세다.

1) 무릎을 바닥에 대고 발등이 바닥에 닿게 앉는다.

2) 양팔을 앞으로 쭉 뻗으며 손과 이마가 바닥에 닿을 정도로 숙인다.

4. 몸통 비틀기

골반, 허리, 복부의 근육 스트레칭에 효과적인 자세다.

1) 상체를 곧게 세우고 왼쪽 무릎을 구부린 상태에서 왼쪽 다리를 오른 쪽 다리 위로 겹친다.

2) 머리와 어깨가 근육의 당김이 느껴질 정도로 왼쪽으로 튼다.

3) 같은 동작으로 반대편도 반복한다.

5. 무릎 당기기

뭉친 엉덩이 근육의 스트레칭에 효과적인 자세다.

1) 천장을 보고 반듯이 누워 무릎을 굽혀 가슴 쪽으로 당긴다.

2) 양팔로 다리를 감싼 후 몸통 쪽으로 누르며 호흡한다.

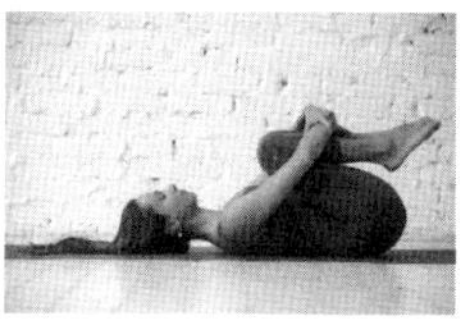

6. 브릿지 자세

엉덩이 근육을 비롯해 주변의 많은 근육을 푸는 데 효과적인 자세다.

1) 양손을 옆에 놓고 무릎을 세운 채로 누워 손바닥은 지면에 붙인다.

2) 숨을 내쉬면서 엉덩이만 위로 올려 1~2초 유지한다.

3) 숨을 마시면서 엉덩이를 아래로 천천히 내린다.

자세를 여러 번 바꿔가며 내게 맞는 숙면 스트레칭 자세를 찾아 루틴을 만들었다. 순서는 난이도가 낮은 자세부터 시작해 서서히 강도를 높여간다. 숙면 스트레칭은 둘째 딸과 함께 하루를 마무리하는 일종의 의식이다. 그러면 행복한 기분으로 하루를 마감하면서 잠을 깊게 잘 수 있다.

사랑하는 사람과 함께 만드는 스트레칭 루틴

한국인은 누구와 있을 때 행복한가?[59]

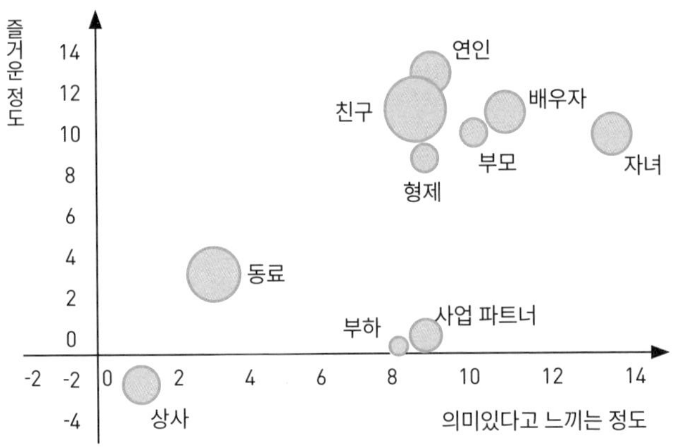

부부, 자녀 등 사랑하는 사람과 취침 전에 함께 할 수 있는 스트레칭을 만들어볼 것을 추천한다. 부부 사이는 금슬이 좋아지고 자녀와의 관계는 더 돈독해질 것이다. 나는 잠드는 시간이 비슷한 둘째 딸과 잠자

사랑하는 사람과 스트레칭 루틴 만들기 예시

구분	스트레칭 루틴
1단계 명확한 목표	기분 좋은 하루 마무리와 숙면 돕기 취침 시간 정하기 예) 오후 9시
2단계 기계적 연결	[사람] 사랑하는 사람과 함께 [사물] 조명등 켜기, 라벤더 아로마 베개에 뿌리기 [시간] 취침 10분 전 스트레칭 시작 [공간] 안방 침대 위
3단계 창조적 발전	서로 협의해 스트레칭 동작 만들기 녹음된 구령에 맞춰 스트레칭하기
4단계 점진적 성취	스트레칭 동작의 난이도를 조금씩 높이기
5단계 적극적 보상	뽀뽀해주기, 엔도르핀과 숙면

기 전에 함께 취침 스트레칭을 한다. 스트레칭 루틴은 딸과 함께 상의해가며 서로 스킨십을 할 수 있는 동작 중심으로 10가지를 만들었다. 딸과는 유연성의 차이가 크기 때문에 동작의 난이도는 아빠를 중심으로 맞췄다. 각 동작에 번호를 붙여 순서대로 구령을 넣어가며 하나씩 해나간다.

한국인은 누구와 함께 있을 때 행복할까? 서울대 심리학과 최인철 교수의 연구에 따르면 자녀와 함께 할 때가 가장 의미 있고 즐겁다고 한다. 딸아이와 함께 하는 취침 전 스트레칭 루틴은 여러모로 유익한 점이 많다. 먼저 취침에 대한 동기부여가 된다. 아이와 스트레칭을 하고 싶은 마음에 취침 시간을 지키게 된다. 자연스레 취침 시간이 규칙적으로 된다. 함께 스트레칭하는 과정에서 자녀와 스킨십은 물론 대화를 하게 된다. 뻣뻣한 몸을 펴느라 온갖 신음을 내는 아빠와 아무렇지 않게 동작을 해내는 딸 사이에 웃음이 오간다. 그렇게 사랑하는 딸과 기분 좋게 잠든다. 따로 보상은 필요 없다. 엔도르핀과 숙면을 덤으로 얻게 된다.

9장

월요병 없는 주말 루틴

Weekend Routine

주말 루틴이 있으면 월요병은 없다

학생, 직장인 할 것 없이 현대인들은 누구나 주중에 열심히 살아내느라 피곤하다. 그래서 토요일이면 보상이라도 하듯 주중에 부족했던 잠을 몰아서 자는 경우가 많다. 늦잠은 일요일까지 이어진다. 하지만 이런 습관은 주말 전반에 부정적인 영향을 미친다. 호주 플린더스대 래온 래크 교수팀의 연구에 따르면, 토요일 늦잠은 생체시계의 리듬을 망가뜨려 일요일 수면에 악영향을 줄 뿐 아니라, 월요일 아침에는 피로감을 더 크게 느끼게 만드는 것으로 나타났다.

많은 사람이 월요병을 앓는 이유는 다양하지만, 가장 큰 이유는 주말에 망가진 생체리듬 때문이다. 계획적이지 않은 주말 루틴이 그 원인이라고 할 수 있다. 따라서 주말이나 휴일에도 평일과 비슷한 시간에 기상하는 것이 좋다. 낮잠도 주중 루틴대로 유지하는 게 현명하다. 길게 자더라도 30분 이상 넘기는 것은 좋지 않다. 즉 주말에도 평일의 기상이나 낮잠 루틴을 유지하는 게 바람직하다는 것이다. 하다못해 주말에 휴식으로 시간을 보내더라도 계획적이어야 한다.

독일 작가 슈테판 클라인은 월요병에는 '죄수 심리'가 작용한다고 말한다. 자신이 시간을 자유롭게 지배할 수 없기 때문에 힘들다는 것이다. 월요일은 이틀 동안 누렸던 자유가 끝나고, 다시 자신을 구속해야 하기에 고통이 커지는 것이다. 이런 죄수 심리에서 벗어나기 위해서는 내가 시간의 주인이 되어야 한다. 루틴은 시간을 내 편으로 만들고 내가 인생의 주인공이 되게 하는 방법이다.

10분의 마법, 한 주 계획하고 목표 점검하기

트위터와 스퀘어의 공동창립자인 잭 도시는 지난 2012년 한 언론과의 인터뷰에서 "일요일 하루는 지난 한 주를 돌아본 후 평가하고, 다가오는 한 주를 준비하는 데 사용한다."라고 밝혔다. 성공한 사람은 으레 일요일 오후 시간 중 길게는 반나절, 짧게는 10분 정도라도 꼭 다음 한 주를 계획하고 준비하는 데 할애한다.

일요일 저녁에 다음 한 주를 준비하는 효과는 정말 크다. 직장인의 고질병인 월요병을 막을 수 있을 뿐 아니라, 월요일 아침을 한결 여유 있는 마음으로 맞이할 수 있게 한다. 미리 한 주 동안 있을 활동을 고민하는 것만으로 막연한 두려움을 없앨 수 있기 때문이다. 더 나아가 시간에 대한 통제감이 생겨 자신감을 가질 수도 있다. 하버드대의 연구에 따르면 매일 저녁 15분 동안 하루를 점검하고 교훈을 얻는 사람이 그러지 않는 사람보다 업무 성과가 23% 정도 더 높았다. 매일 하루를 반성하고 계획하는 게 힘든가? 그렇다면 주말만이라도 차분하게 성찰의 시간을 가진다면 다가오는 한 주를 더 생산적이고 활기차게 맞이할 수 있을 것이다.

주말을 활용해 실천하면 좋은 루틴이 있다. 성공하는 사람이 실천하는 전형적인 루틴이기도 하다. 다가올 주간 계획과 함께 장기 계획 및 목표를 점검하는 것이다. 목표 없이 산다고 크게 문제가 될 건 없다. 하지만 목표가 있으면 유익한 점이 많다. 먼저 미래에 대한 방향성이 생긴다. 그러면 오늘 해야 할 일을 구체화할 수 있고, 하루의 삶에 에너지가 샘솟는다. 그러면 자신의 계획과 결정에 확신과 자신감이 생긴다. 또 상황에 덜 휘둘리게 되고 어려움이 닥쳐도 기꺼이 인내할 수 있는 마음이 길러진다.

명확한 목표는 루틴의 출발점이다. 주말에 목표를 점검하는 것은 세운 목표가 여전히 바람직한지 살피는 것이고, 수정·보완할 여지는 없는지 목표를 더 정확하게 미세 조정하는 것이다. 사격에 비유하면 탄착점을 확인하면서 수시로 영점을 조절하는 것이라고 할 수 있다. 퇴근길에 이런 생각이 들 때가 있지 않았는가? "난 무엇 때문에 이렇게 사는 걸까?" 누구나 살다 보면 한 번쯤은 이런 현실 자각 타임이 오게 마련이다. 하지만 목표가 있으면 이런 시간을 생산적인 고민으로 승화할 수 있다. 목표를 명확히 하다 보면 내가 열심히 일하며 사는 이유에 대한 의미 부여가 가능하기 때문이다.

> "계획이 실패하는 이유는 목적이 없기 때문이다. 어느 항구로 가야 할지 모른다면, 제아무리 순풍이 불어도 소용이 없다."
>
> —세네카, 고대 로마 사상가

주말에는 스마트폰을 끄고 쉬자

바이올린 줄은 가끔 느슨하게 풀어놓을 필요가 있다. 그래야만 끊어지지 않고 오래 사용할 수 있기 때문이다. 사람도 마찬가지다. 한 주 동안 수고했으니 일요일 하루는 푹 쉬면서 재충전하는 시간을 가져야 한다. 인간은 일주일에 한 번은 쉬도록 만들어졌기 때문이다. 《성경》에서 조물주도 6일 동안 일하고 7일째 쉬었다. 쉼은 세상의 이치다.

> "하나님이 그가 하시던 일을 일곱째 날에 마치시니, 그가 하시던 모든 일을 그치고 일곱째 날에 안식하시니라."
>
> —《성경》 창세기 2장 2절

신앙을 가진 사람이 아니더라도 일요일은 가족 내지는 사랑하는 사람과 함께 온전한 휴식을 취할 필요가 있다. 지나간 한 주를 정리하고 새로운 한 주를 계획하는 시간으로 활용한다면 금상첨화일 것이다. 일주일에 하루를 쉬는 것은 건강하게 장수하는 비결이기도 하다. 성공한 사람들은 주로 저녁 시간은 물론 일과 중에도 의도적으로 재충전하는 시간을 가지고, 한 주를 마무리하는 주말에는 리셋하는 시간을 필수적으로 갖는다.

오스트리아 출신의 유대인 사상가 이반 일리치는 "문명의 편리한 도구들은 '장애인을 위한 목발'과도 같다."라고 했다. 문명의 도구는 공짜가 없다. 상응하는 대가를 지불해야 한다. 편리한 도구를 얻을지언정 돈은 물론 그보다 훨씬 소중한 시간을 빼앗길 수도 있다는 이야기다. 스마트기기에 익숙한 요즘 사람들은 내면의 자아를 성찰하고 살찌우는 대신 타인에게 비친 나를 가리고 포장하느라 분주하다. 프랑스 정신분석학자이자 철학자 자크 라캉이 "인간은 타인의 욕망을 욕망한다."라고 말한 것처럼 우리는 다른 사람이 원하는 것에 맞추느라 정작 내 욕망은 페르소나에 감춰 놓는 것이다.

주말만큼은 가식적 자아를 훌훌 벗자. 그리고 나와 소중한 사람을 위해 시간을 투자하자. 그 신호로 주말에는 스마트폰을 꺼놓는 것은 어떨까? 오디세우스가 사이렌의 유혹에서 벗어나기 위해 부하들에게 자신의 몸을 돛대에 묶어달라고 했듯이 말이다. 나와 타인에게 보내는 강력한 신호가 될 것이다. 가족이 있다면 동의를 얻어 온 가족이 주말은 스마트폰 없는 '디지털 안식일'로 지정해서 함께 실천해보는 것도 좋은 아이디어다. 주말만큼은 서로가 가면을 벗고 나그네 같은 인맥들에게 빼앗겼던 시선을 사랑하는 사람들에게 온전히 향하는 것이다. 인생의 시간 지분 중 7분의 1은 적어도 사랑하는 사람을 위해 할애해야 하지 않을까?

"먼저 우리가 도구를 만들면, 다음에는 도구가 우리를 만든다."

— 마셜 맥루언, 미디어 이론가

주말이 기다려지는 가족 주말 루틴

자녀를 둔 부모라면 묻고 싶다. 평소 자녀와 대화하는 시간은 얼마나 되는가? 자녀와 식사는 얼마나 자주 하는가? 이 질문을 하는 나도 부끄럽다. 주중에는 바쁘다는 핑계로 자녀와 함께 하는 시간이 거의 없다. 주말도 예외는 아니다. 기다리던 주말이 와도 막상 자녀와 무엇을 하며 시간을 보내야 할지 모른다. 지금껏 '가볼 만한 곳', '맛집' 등의 키워드로 몇 번 검색하다가 즉흥적으로 어디론가 떠나곤 했다. 그나마 이 정도면 다행이다. 주말 대부분은 주중과 다를 바 없이 나는 내 일을 하느라 가족과 함께 하는 시간이 별로 없었다.

우리나라 아이들이 가족과 함께 보내는 시간은 하루 평균 13분에 불과하다.[60] 초록우산어린이재단이 전국의 초교 4학년에서 고교 2학년까지 571명을 대상으로 조사한 결과다. OECD 국제비교연구 결과에서도 한국 부모들이 미취학 아동 자녀와 보내는 시간은 하루 48분 정도로 OECD 국가 평균인 150분과 차이가 컸다. 특히 아버지가 아이와 보내는 시간은 하루 평균 6분에 불과했다. 학령기 자녀를 둔 부모의 경우 아이와 매일 대화를 나눈다고 응답한 비율은 53.7% 정도로, OECD 국가 평균 70%와 비교해 낮았다.

이쯤 되면 자녀를 둔 부모들은 심각하게 각성해야 한다. 도대체 문제가 무엇일까? 가족과 함께 하는 루틴이 없어서다. 주말 루틴이 없는 것도 문제다. 주말 루틴을 잘 실천하는 민족이 있다. 바로 유대인이다. 그들은 안식일을 철저히 지킨다. 유대인의 안식일은 금요일 일몰부터 토요일 일몰까지 24시간이다. 토요일이 되면 유대교회당에서 예배를 본다. 그 외 시간은 외출을 삼가고 집에서 휴식과 명상으로 시간을 보낸다. 안식일 하루는 교리대로 전깃불도 켜지 않고, 자동차도 타지 않고, 상행위에 해당되는 모든 활동을 하지 않는다. 일요일에는 야외에서 놀이나 스포츠 등을 즐기며 진정한 휴식과 즐거움을 누린다.

전 세계 0.2%에 불과한 인구인데도 전체 노벨상 수상자의 30%를 차지하고, 3억이 넘는 미국 사회에서 500만 명 남짓밖에 안 되는 유대인들이 정치, 경제는 물론 사회, 문화 전반에 걸쳐 두각을 보인다. 그 비결은 가족과 함께 충분하게 쉼을 실천하는 주말 루틴 때문이라고 해도 과언이 아닐 것이다. 적절한 쉼과 노는 문화를 실천하는 과정에서 창조성이 생겨난다.

이제 더 이상 지금의 주말 문화는 안 된다. 가족이 함께 주말 루틴을 만들어보자. 주로 혼자 실천하던 루틴을 대신해 가족과 함께 하는 주말 루틴을 소개하면 다음과 같다.

저자의 가족과 함께 하는 주말 루틴

토요일

09:00~10:00 대청소

10:00~12:00 티타임

13:00~17:00 개인 자유시간

17:00~18:00 요리하기

19:00~21:00 영화감상 및 나누기

일요일

09:00~12:00 주일 예배

13:00~17:00 오후 예배, 도서관(서점) 나들이, 외할머니댁 방문

18:00~20:00 탁구 또는 볼링

20:00~21:00 한 주 계획

대청소부터 서점 나들이 등 담당을 나눠서 1개월 단위로 계획해 실천하고 있다. 주말 모든 시간을 준비하고 참여하기 때문에 이 시간을 기다린다. 가족이 함께 계획한 활동을 즐기며 주말을 보내기 때문에 일요일 오후부터 마음을 짓누르는 월요병은 자연스럽게 줄어들었다.

아이들과 함께하는 주말 루틴을 만든 후 가족이 조금씩 변화하기 시작했다. 가장 큰 변화는 주말을 기다리기 시작한 것이다. 즐거운 시

간으로 주말을 채울 수 있었다. 그 전에 즉흥적으로 계획해 시간을 보내던 때와는 비교된다. 무엇보다 가족이 함께하는 주말 루틴으로 자녀에게 좋은 기억과 경험을 선물하게 된 것 같아 부모로서 마음이 뿌듯하다.

가족의 행복한 주말을 디자인하라

미국이나 캐나다 등 서구 선진국을 여행하거나 체류하다가 그들의 주말 루틴을 보면서 나도 저렇게 해야지 하며 부러워했던 장면이 있다. 가까운 공원이나 호수, 바닷가에서 한가로이 주말을 즐기는 모습이다. 피크닉을 나와 부모는 책을 읽고 아이들은 물놀이나 공놀이를 한다. 마음먹으면 그리 어렵지 않은 일인데 우리는 그걸 못 하고 살아간다. 우리나라는 공원이 부족하다, 부모들이 여유 없이 바쁘게 산다 등 여러 이유를 댈 수 있다. 하지만 더 근본적인 원인은 온 가족이 함께하는 주말 루틴이 있느냐 없느냐의 차이지 않을까 싶다.

당신은 주말을 어떻게 보내는가? 우리 주위를 둘러보면 가족 주말 루틴으로 주말을 알차고 유익하게 보내는 가정을 종종 볼 수 있다. 가족과 캠핑장에 가거나, 자전거를 타고 근교를 여행하거나, 카페에서 차를 마시며 대화하거나, 계절 과일을 수확하는 체험을 하거나, 미술관이나 박물관에 가거나, 서점이나 도서관에서 함께 책을 본다. 그런 가족은 사용하는 언어와 풍기는 분위기가 다르다. 활동적인 여가를 보내는 사람들이 정신적·신체적 피로를 더 잘 풀 수 있다고 한다. 노르웨이 베르겐대의 연구에 따르면 여가 등 활동적인 신체 프로그램을 한 집단이 그러지 않은 집단보다 일에 대한 스트레스와 피로에 대한 자각이 현저하게 낮았다.[61] 아직 가족 주말 루틴이 없다면 다음의 3가지를 적용해 볼 것을 추천한다.

첫째, 가족과 함께 주말 계획을 구체적으로 세운다.

몇몇 연구에 따르면 가족과 함께 식사하면 가족 구성원의 행복도가 높아지고 가족의 기능이 촉진되지만, 가족과 함께 TV를 시청하면 그런 효과를 얻을 수 없다고 한다.[62] 온 가족이 주말에 계획 없이 TV를 보거나 침대 위를 뒹굴면서 하루를 보내기보다는 함께 모여 가족 주말 루틴을 만들어보자. 주말에 가족이 함께 쓸 수 있는 시간을 10시간만 계산한다고 해도 1년이면 520시간, 10년이면 5,200시간이나 되는 엄청난 시간이다. 이 시간을 의미 있게 보낸다면 가족의 행복도는 지금보다 몇 배는 높아질 것이다.

둘째, 주말은 오롯이 가족과 함께한다.

초등학교 때까지 주말은 온 가족이 함께 지내면 자녀와의 유대감 형성은 물론이고 자녀에게 좋은 추억을 남길 수 있다. 가족과 함께 하는 시간이 부족한 우리나라에서 이것만큼은 꼭 실천했으면 하는 마음이다. 그 시간은 되돌릴 수 없으며 시간이 지날수록 더욱 소중하게 느껴질 것이기 때문이다.

셋째, 가족이 함께 할 수 있는 취미를 가진다.

우리나라 직장인 10명 중 3명만 가족들과 함께 취미생활을 즐긴다고 한다. 운동, 등산 등 야외에서 하는 취미가 69%로 가장 많고, 다음으로 요리나 DIY(19%), 사진이나 영상(8%), 음악이나 악기(4%) 순이었다.[63] 가족이 모여 함께할 수 있는 운동이나 취미가 있어야 주말이 기다려지기 마련이고 지속할 수 있다.

주말을 가족과 함께 보내는 것만으로 의미가 있다. 장소는 그리 중요하지 않다. 미국 베일러대에서 연구한 바에 따르면, 가족과 함께 새로운 장소에서 익숙하지 않은 활동을 하는 것보다 가족과 집에서 익숙한 취미생활을 하는 것이 가족의 행복도를 높이는 데 더 효과적이다. 새로운 장소에서 낯선 사람들 사이에서 익숙하지 않은 활동에 참여할 때는 여러 가지 새로운 정보를 처리해야 하므로 뇌에 큰 부담을 줄 수 있다는 것이다.

성공한 사람들은 주말을 어떻게 보낼까?

스위스 출신의 정신과 의사이자 심리학자인 칼 융은 하루에 8~9시간 동안 환자를 진료하고 강연과 세미나를 주최하며 그야말로 일 중독자처럼 살았다. 그래서 그는 주말에 충분히 휴식을 취했다. 그의 저서 대부분은 휴일에 쓰였다.[64] 작가 로라 밴더캠은 그녀의 저서 《가장 성공한 사람들이 주말에 하는 일What the Most Successful People do on the Weekend》에서 성공한 사람들이 어떻게 주말을 최대한 활용하는지 설명한다. 책에서 강조한 12가지를 정리해보면 다음과 같다. 주말 루틴을 실천하는데 꼭 참고했으면 한다.

성공하는 사람들의 12가지 주말 사용법

1. 주말 낭비하지 않기

   TV에 소중한 시간을 허비하기보다는 어떻게 주말을 보내야 할지 의식적으로 선택한다.

2. 자신과 약속 잡기

   자신이 하고 싶거나 해야 할 일을 나와의 약속 시간으로 정한 뒤 이 시간을 타인과의 약속처럼 철저하게 지킨다.

3. 주말 할 일 미리 계획하기

   시간을 최대한 활용해서 주말 동안 하고 싶은 일을 계획한다.

4. 시간대별 계획 짜지 않기

   3~5개 정도의 할 일을 정하고 유연하게 실행한다.

5. 버킷 리스트 만들기

   꿈꿔왔던 일을 적어보고 주말에만 할 수 있는 일을 구분한다.

6. 버킷 리스트 꼭 실천하기

   오랫동안 실행하지 못했던 일들을 소홀히 대하지 않는다.

7. 주말 아침 소중히 대하기

   운동이나 독서 등으로 주말 아침을 소중히 보낸다.

8. 가족과 함께 하는 주말 루틴 만들기

새로운 전통을 창조하기 위한 고유의 가족 행사를 한다. 예컨대 토요일 아침은 팬케이크를 먹거나, 일요일 점심은 공원에서 식사하는 전통을 지킨다.

9. 주말은 주말답게 누리기

스마트폰을 끄고 세상으로부터 간섭받지 않고 쉰다.

10. 절도 있게 쉬고 한 주 준비하기

최선의 컨디션으로 일주일을 시작할 수 있도록 주말을 준비한다. 계획한 것 이상으로 무리하게 주말을 보내지 않는다.

11. 가사노동 최소화하기

주말에는 집안일, 심부름, 바쁜 일을 최소화해 휴식을 취한다.

12. 플러그 뽑기

완전히 플러그를 뽑고 세상과 연결을 끊어 쉬는 데 집중한다.

성공한 사람들의 주말 루틴에 특별함이 있는 것은 아니다. 하지만 그들은 주말 계획을 세우고 주말 루틴을 꼭 실천한다. 그들의 주말 루틴의 핵심은 쉼과 재충전이다. 주중에 꼭 해야 할 'To-Do List'에 집중했듯이 주말에는 나와 사랑하는 가족을 위해 집중하는 'To-Be List'를 챙기는 것이다. 주말은 가족과 행복하고, 감사하며, 즐겁게 지내고, 오롯이 나 자신이 되고, 좋은 배우자, 좋은 부모, 좋은 자녀가 되는 것이다.

To-Be List 예시

- happy
- grateful
- joyful
- yourself
- a good spouse
- a good father
- a good son
- …

막상 기다렸던 주말에 빈둥대느라 시간을 허비하거나 일요일 저녁이면 월요병에 시달리지는 않는가? 베스트셀러 작가이자 강연가인 댄 자드라는 그의 책 《파이브》에서 월요병을 없애고 매주 월요일을 금요일처럼 보내기 위해서 선물의 날, 친구의 날, 영화의 날 등으로 정해볼 것을 제안한다.[65] 주말에 '나', '소중한 사람'에 집중하는 'To-Be List'를 만들어서 의미 있고 멋진 주말 루틴을 실천해볼 것을 추천한다.

나의 주말 루틴은?

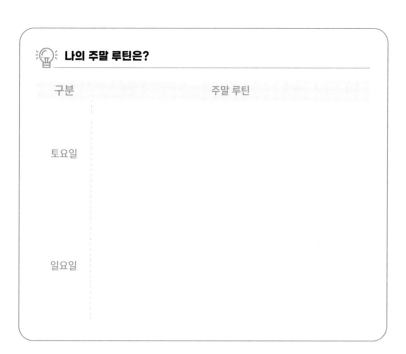

구분	주말 루틴
토요일	
일요일	

10장

지루함 없는 운동 루틴

Exercise Routine

평생 즐길 운동이 있는가?

토니 부잔과 레이먼트 킨은 《천재에 대한 책Buzan's Book of Genius and How to Unleash Your Own》에서 천재의 객관적인 순위를 매기는 시도를 했다. 그 순위는 이러했다.

10위 알베르트 아인슈타인, 9위 페이디아스(아테네의 건축가), 8위 알렉산더 대왕, 7위 토머스 제퍼슨, 6위 아이작 뉴턴, 5위 미켈란젤로, 4위 요한 볼프강 폰 괴테, 3위 피라미드를 만든 사람들, 2위 윌리엄 셰익스피어

1위는 누구였을까? 시대를 막론하고 가장 뛰어난 천재는 '레오나르도 다빈치'였다. 그는 예술 방면의 천재성은 물론 육체적으로도 빼어난 사람이었다. 생전 그는 균형미와 우아함, 열정적인 활동성으로 유명했다. 그를 직접 목격한 사람들에 따르면 질주하는 말의 고삐를 낚아채서 멈추게 하거나 맨손으로 말발굽과 문고리를 구부릴 정도로 대단한 힘의 소유자였다. 그가 해부학에 접근했던 것은 자신의 독특한 신체적 특성의 영향을 받았을 것이라고도 한다. 레오나르도 다빈치는 산책, 승마, 수영, 펜싱을 좋아해서 규칙적으로 운동을 했다. 그의 해부학 노트에는 동맥경화의 원인이 운동 부족이라거나 동맥경화가 노화를 가속화한다고 적혀 있기도 했다.[66]

동서양을 막론하고 장수하는 사람들은 물론, 자기 분야에서 최고의 자리에 오른 사람들의 공통점 중 하나는 '운동'이다. 그냥 잠시 하고 마는 것이 아니라 평생을 통해 즐길 운동이 하나쯤 있다. 《천재의 여정The Genius Journey》의 저자 데틀레프 레이스에 따르면 창의적인 최고 성취자 3명 중 2명은 정기적으로 운동을 했다. 그 종류는 걷기, 달리기, 수영, 승마, 심지어 나무 자르기 등 다양하다. 운동을 위해 하루 평균 1.5시간을 투자했다. 왜일까? 운동은 생활의 활력과 생산성을 유지하는 데 도움이 되기 때문이다. 그뿐만 아니라 창의적인 영감과 아이디어를 얻고 더 많은 새로운 것을 수집하여 자신의 창의적인 작업에 연결하는 검증된 방법이기도 하다.

평범하지 않은 그들이 하는 운동은 오랜 시간에 걸친 꾸준함이 특징이다. 예를 들면, 마이크로소프트 CEO 사티아 나델라는 고등학교 시절 크리켓 선수로 뛰기도 했으며 지금도 즐긴다. 페이스북 CEO 마크 저커버그는 일주일에 3일은 하루의 첫 일과를 운동으로 시작하며 반려견과 함께 달리기를 즐긴다. 버진그룹의 회장 리처드 브랜슨은 달리기, 수영, 요가, 암벽등반 등의 운동을 즐긴다. 작가 토마스 콜리가 5년간 부자들을 조사한 바에 따르면, 운동은 모든 부자의 공통점이라고 한다.

성공한 사람이 운동하는 이유는 무엇일까? 운동을 하면 뇌가 최고의 상태가 된다. 일본 간사이 복지과학대의 시게모리 겐타 교수는 평소 달리기나 걷기 등 유산소 운동으로 건강을 유지하는 사람들은 뇌 기능이 뛰어나다고 한다. 우리 몸은 뇌 기능을 켜는 스위치 역할을 하므로 신체 활동이 왕성한 사람은 뇌에 신선한 산소가 공급돼 뇌가 활성화되기 마련이다. 또 운동을 하면 감정의 균형을 유지하는 데 효과적이다. 운동은 뇌의 시냅스에서 신경 전달 물질의 양을 늘리고 신경 전달 물질 사이의 균형을 맞춘다. 그리고 운동을 하면 머리가 좋아진다. 운동은 뇌의 뉴런을 길러 뇌 성능을 향상시키기 때문이다.

여행, 산책과 함께 한국 사람들이 일상 속에서 행복감을 느끼는 대표적인 활동 중의 하나가 운동이다. 행복해지고 싶다면 운동을 해야 한다. 성공할수록 또 지위가 올라갈수록 누구나 자연스럽게 고독해지기 마련이다. 그때 운동처럼 고독을 달래는 좋은 친구도 없다. 당신은 어떤 운동을 하는가? 평생 즐길 운동이 있는가? 혹시 없다면 운동 루틴을 만들어보기 바란다.

왜 운동은 작심삼일로 끝나는 걸까?

다이어트나 금연도 그렇지만, 운동처럼 작심삼일로 끝나는 것도 드물다. 하지만 주변을 둘러보면 꾸준히 운동하는 사람도 적지 않다. 부자일수록 살찐 사람이 드물고 평생 실천하는 운동이 있다. 소득수준별 비만 유병률 현황을 보면 부자일수록 날씬하다.[67] 뚱뚱함이 부의 상징인 시절도 있었다. 하지만 지금은 아니다. 체형은 욕망의 선과 같다. 평상시 식욕과 편안함의 욕망을 이기고 운동 등으로 자기관리를 얼마나 잘하느냐가 체형으로 드러난다. 그럼 운동 루틴을 가진 사람은 어떤 특징이 있는 것일까? 그들은 다음의 몇 가지 운동 루틴을 실천한다. 평생 섹시한 몸매를 유지하기 위해 자신만의 운동 루틴을 만드는 데 적용해 보길 바란다.

운동 루틴을 실천하는 사람들의 특징

1. 자신에게 맞는 운동을 한다.

   자신에게 맞는 운동이 있게 마련이다. 혼자 하는 운동이 좋은 사람이 있고, 함께 하는 운동이 맞는 사람이 있다. 운동은 오래 해야 할 것이기에 자신에게 맞는 운동을 선택하는 것이 중요하다.

2. 운동할 공간과 물품을 마련한다.

   운동하는 공간을 정해보자. 그리고 하고 싶은 운동을 위해 필요한 물품을 준비하자. 그럼 일단 운동할 준비는 된 것이다.

3. 운동 시간을 정해둔다.

운동 시간에 알람이 울리면 운동할 시간이라는 신호가 지속해서 뇌에 전달된다. 그러면 시간이 지나면서 자연스럽게 운동을 생활의 일부로 받아들이게 된다.

4. 운동을 즐기면서 한다.

좋아하는 운동을 해야 한다. 그래야 즐길 수 있다. 나는 가볍게 걷는 산책을 좋아한다. 답답하거나 일이 잘 풀리지 않으면 일단 걷는다. 걷는 것만으로 힐링이 되기 때문이다.

5. 신나는 음악과 함께 한다.

운동하면서 의외로 신경을 덜 쓰는 것이 음악이다. 운동하는 것이 재미없게 느껴진다면 음악 플레이리스트를 만든다.

운동할 맛 나게 하는 나만의 플레이리스트

운동을 할 때 음악을 듣는가? 듣는다면 어떤 음악을 듣는가? 스포츠 및 운동 심리학 저널에 실린 연구에 따르면, 신나는 음악을 들으면서 운동하면 심박 수가 증가하면서 운동 능력이 향상되고 지루함을 잊고 운동에 집중할 수 있다. 1초에 두 번 비트를 치는 정도의 120~140BPM Bits Per Minutes (분당 비트) 음악을 선택하고, 2주마다 새로 음악을 바꾸는 것이 좋다고 한다. 참고로 싸이의 '강남 스타일', 싹쓰리의 '다시 여기 바닷가'가 132BPM이다. 보통 인간은 1초에 두 번 울리는 박자에 익숙하다고 한다. 이를 1분에 120비트를 의미하는 120BPM으로 표현할 수 있다. 1960~1990년대에 유행했던 74,000곡의 음악을 분석한 결과 평균 120BPM에 수렴하는 결과를 보였다는 조사도 있다.

최적의 운동 루틴을 만들기 위해 운동할 때 듣는 음악을 찾아보자. 일반적인 운동 시에는 120BPM의 음악을 듣는 것이 좋다. 120BPM의 음악 하면 마이클 잭슨의 'Thriller'정도의 템포다. 하지만 운동 강도에 따라 다르다. 120~145BPM 정도에서 시작해 최고 160BPM까지 운동의 유형과 격렬함의 정도에 따라 변화를 줘야 한다. 스트레칭이나 가벼운 운동을 할 때는 120BPM, 좀 더 격한 운동을 효과적으로 하려면 140BPM이 적합하다. 마이클 잭슨의 'Beat It'이 139BPM이다. 전력 질주하는 강한 운동 시에는 160BPM의 음악을 듣는 것이다. 트와이스의 'Cheer Up'이 175BPM이다. 이 점을 고려하면 운동의 효과를 높이기 위해 자신의 취향에 맞는 음악을 고르는 데 도움이 될 것이다.

누구나 젊은 시절, 의미 있는 순간에 들었던 음악이 몇 곡은 있다. 그 음악은 오래전 기억 속으로 이동해 순식간에 그때의 감정과 기운을 끌어내곤 한다. 과거 성공의 감정을 떠올리게 하는 노래에 집중하면 몸에 에너지가 생긴다. 캐나다 브리티시 컬럼비아대 매튜 스토크 박사는 운동하는 피실험자들에게 직접 플레이리스트를 짜게 하자 자신만의 방식으로 운동에 동기부여를 할 수 있었다고 한다.

연구에 따르면 사람들은 운동 전보다 운동 후에 즐거움을 더 크게 느낀다. 운동 루틴을 실천하는 사람은 운동 후에 얻는 즐거움을 알기 때문에 꾸준히 운동하는 것이다. 운동을 루틴으로 만든 사람들은 그러지 않은 사람에 비해 지능 지수와 의지력, 자신감이 20% 정도 더 높다는 연구도 있다. 나는 산책을 할 때 주로 영화음악이나 영화에 수록되었던 곡들을 많이 듣는다. 특히 맘마미아 OST를 즐겨듣는다. 경쾌하고 적당한 템포인 데다 개인 취향에 맞는 곡들이 많아서다. 나만의 플레이리스트를 만들면 운동의 효과를 극대화하면서 운동의 즐거움과 유익함을 누릴 수 있다.

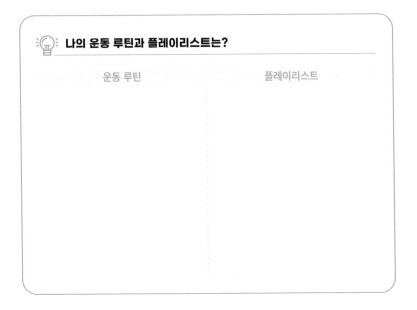

나의 운동 루틴과 플레이리스트는?

운동 루틴	플레이리스트

암을 이겨낸 사람들에게 배우는 운동 노하우

삶의 질 연구와 완화의료 분야의 국내 최고 권위자인 서울의대 윤영호 교수는 완치된 지 5년 이상 된 암 경험자 4천여 명에게 편지를 보내 건강을 되찾은 비결을 조사했다. 그리고 암을 이겨낸 220명의 건강 비법을 《습관이 건강을 만든다》라는 책에 담았다. 그는 질병을 이긴 사람들의 가장 큰 비결로 '습관'을 꼽았다. 암을 완치한 사람들은 긍정적인 마음, 적극적인 자세, 규칙적인 운동, 정기적인 건강검진, 올바른 식습관, 금연과 절주, 내게 맞는 올바른 휴식, 감사하는 삶, 베푸는 마음, 신앙과 종교 등의 습관이 몸에 밴 것으로 나타났다.

윤 교수는 올바른 식습관과 규칙적인 운동 습관은 치료의 효과뿐 아니라 면역력을 높여 질병의 발병률을 낮추고, 컨디션을 좋게 하며, 신체리듬을 조정해 삶의 질을 향상시킨다고 강조한다. 그러면서 암을 이겨낸 사람들의 사례를 통해 분석한 운동 방법을 다음과 같이 소개한다. 이 방법을 자신의 운동 루틴을 만드는 데 적용해보기 바란다.[68]

운동 계획을 수립하는 방법

1. 좋아하는 운동의 종류를 정한다. 예) 걷기, 조깅, 등산, 수영
2. 운동 장소를 정한다. 예) 거실, 공원, 헬스장
3. 가장 현실적인 운동 시간을 정한다. 예) 오전 10~11시 사이
4. 하루에 얼마나 운동할지 정한다. 예) 1회 30분, 하루 2회 20분씩
5. 일주일에 얼마나 운동할지 정한다. 예) 주 3회, 주 5회
6. 어떤 강도로 운동할지 정한다. 예) 심장 박동 수 분당 102~132회
7. 계획대로 한다면 운동 목표량을 달성할 수 있는지 점검한다.

시작하는 단계에 좋은 기초운동

1. 엘리베이터 대신 계단 걷기
2. 짧은 거리는 바른 자세로 걷거나 자전거 이용하기
3. 최소 2시간에 10분씩 스트레칭하기
4. 만보기 착용하고 매일 걸음 수 늘리기
5. 취미나 동호회 참석하기
6. TV 볼 때 제자리걸음이나 스트레칭하기
7. 버스 이용 시 한 정거장 전에 내려서 걷기

운동 습관을 지속하는 방법

1. 자신을 칭찬한다.
2. 자신에게 선물한다.
3. 지지그룹을 만든다.
4. 기억장치를 만든다. 예) 눈에 잘 띄는 곳에 계획표를 둔다.
5. 운동할 때 좋아하는 드라마를 보거나 음악을 듣는다.
6. 블로그나 SNS에 올리면서 사람들과 정보를 공유한다.

DAILY ROUTINE

3부

하루 루틴 조각하기

DESIGN

DAILY ROUTINE

11장

루틴, 어떻게 만들까?

How To Make a Routine?

목표는 루틴을 만드는 강력한 방아쇠다

작가들이 실천하는 루틴 중 하나는 하루 동안에 목표한 일정 분량의 원고를 꼭 쓴다는 것이다. 그날 컨디션과 주변 상황에 휘둘리지 않는다. 하루 A4용지 한 페이지씩 쓰기로 계획했다면 이유 막론하고 무조건 쓴다. 예외 사항이 없다. 여행을 가든 바쁜 하루를 보내든 마찬가지다. 자기개발 분야의 한 작가는 회식으로 술을 마시고 새벽 시간에 귀가해도 예외 없이 원고를 쓴다고 한다. 이 루틴을 십수 년째 계속 지켜오면서 수십 권의 책을 펴냈다.

예외를 만들고 핑계를 대자면 한도 끝도 없다. 그러다가는 한 페이지의 원고를 채우는 데 한 달이 넘게 걸릴지도 모른다. 요즘처럼 작가를 꿈꾸는 사람들이 많은 적도 없다. 하지만 실제로 출간에 이르는 사람은 왜 적을까? 간단하다. 구체적인 목표가 없거나 루틴이 없기 때문이다. 또 루틴을 만들어도 실천하지 않기 때문이다. 명심할 것은 작가도 일반인과 별반 다르지 않다는 것이다. 단지 그들은 목표를 세우고 루틴을 꾸준히 실천하는 사람일 뿐이다.

나는 베스트셀러 작가가 되고 싶은 작은(?) 목표를 이루기 위해 원고에 매달리면서 루틴이 자연스럽게 만들어졌다. 그전에는 그냥 습관대로 살았다고 해도 과언이 아니다. 내 이름 석 자가 들어간 책을 내겠다는 계획은 루틴을 만드는 강력한 방아쇠가 되었다. 마음에서 총성이 울린 순간부터 총구를 벗어난 총알처럼 일상은 일사불란하게 정리되었다. 오로지 하루 루틴은 책 출간이라는 표적에 초집중 모드가 되었다.

성공한 사람과 보통 사람의 차이는 정말 백지 한 장 차이일 수 있다. 성공한 사람은 인생 목표가 명확하고 자신의 의지와 싸우지 않고 좋은 루틴을 습관으로 만드는 사람이다. 이와 비교해 보통 사람은 목표가 없거나 구체적이지 않다. 루틴을 만들 필요도 느끼지 못한다. 루틴을 만들고 싶은가? 그렇다면 당장 실천하고 싶은 가슴 설레는 목표부터 고민해야 한다.

루틴 프레임워크

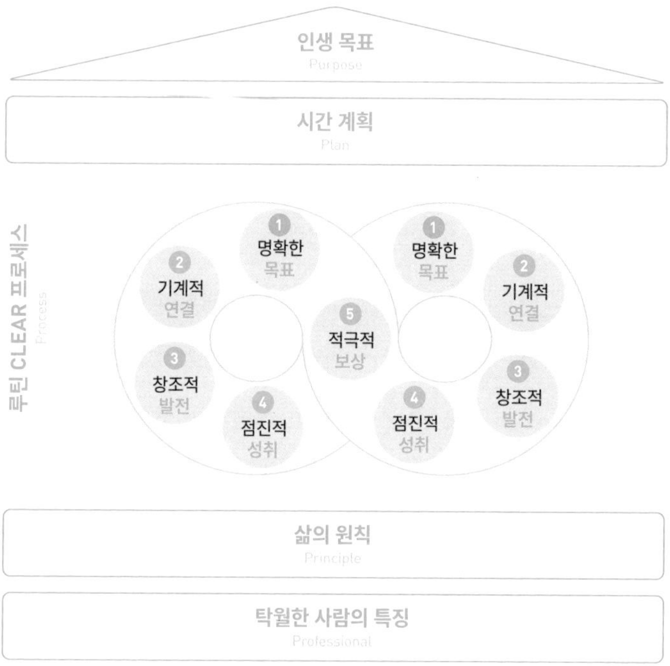

루틴 프레임워크를 활용해 흔들림 없는 루틴을 만들어라

경험과 분석을 토대로 하루 루틴을 실천하기 위해 필요한 것이 무엇일지 고민하면서 '루틴 프레임워크'라는 그림으로 정리했다. 우리가 일과 중에 하루 루틴을 실천하기 위해서는 '루틴 CLEAR 프로세스'를 가동해야 한다. 하지만 전제가 되는 것이 있다. 먼저 '인생 목표'가 선명해야 하고, 그에 따른 구체적인 '시간 계획'이 나와야 한다. 그리고 배우고 싶은 '탁월한 사람의 특징'을 분석하면서 자신의 '삶의 원칙'을 세워야 한다.

루틴보다 '인생 목표'가 먼저다

작가 토마스 콜리가 5년간 부자들을 조사한 바에 따르면, 가난한 사람 중 95%는 인생계획이 없었다.[69] 미래에 대한 청사진을 그릴 시간을 갖지 않았다. 미리 나무를 심어놓지 않으면, 어찌 나무 그늘에서 쉴 수 있겠는가? 하지만 지금 당장 서두를 필요는 없다. 정말 내가 좋아하고 하고 싶은 것이 무엇인지 알아내는 데는 시간이 필요하기 때문이다. 그것을 발견했다면 언제 시작해도 늦지 않다.

책을 쓰면서 루틴에 대해 고민하던 와중에 친한 후배를 만난 적이 있다. 마침 그도 여러 권의 습관 관련 책을 탐독해 가면서 자신의 루틴을 바꿔보려고 부단히 노력하고 있었다. 며칠, 몇 주간 루틴을 잘 실천하다가 어느 순간 삶의 작은 이벤트에도 매번 루틴이 멈춰 섰다고 고백했다. 그는 루틴을 실천하려는 의지가 남달라 보였다. 하지만 그 의지는 오래가지 못하고 매번 실패를 거듭했다. 이유가 무엇이었을까? 그가 루틴을 실천하기 위해 여러 번 도전했지만 매번 실패한 원인은 삶에 구체적인 목표가 없기 때문이었다.

그럼 목표에 대해서 짚고 넘어가도록 하자. 목표는 엄격히 구분하자면 미션, 비전, 핵심가치를 포함하는 개념이다. 개인이든 조직이든 목표는 생존을 위해 필수적이다. 개념의 이해를 돕자면, 미션은 "왜 사는가?", 비전은 "무엇이 될 것인가?", 핵심가치는 "어떻게 살 것인가?"라는 물음에 대한 답이다. 따라서 미션은 말 그대로 사명이자 존재 목적, 소명, 정체성이며, 비전은 이루고자 하는 꿈이고, 핵심가치는 인생 원칙이나 가치판단 기준을 의미한다.

목표의 구분

이처럼 목표를 3가지로 구분해 인생 목표를 세우고 실천한다면 더할 나위 없다. 어쨌건 인생 목표를 명확히 해야 한다는 점을 기억하자. 인생 목표를 이루기 위해 실패하더라도 괜찮다. 《노인과 바다》에 등장하는 명언처럼 "인간은 패배하도록 창조된 게 아니다." 실패는 단지 목표를 이루기 위한 예행연습에 불과하기 때문이다. 실패로 좌절해서 계속할 수 없다고 느끼는 그때가 시작이니 말이다. 다만 멈추지 않으면 된다. 그만두지만 않는다면 좋아하고 또 하고 싶어 하는 인생 목표는 과정을 인내하게 한다. 목표를 이루기 위해 하는 고생은 분명 그만한 보상을 가져다주기 마련이다.

특히 사명이 분명한 사람은 그가 남기는 발자취도 선명하다. 나이키의 창업자 필 나이트의 사명은 '전 세계 모든 운동선수에게 자극과 혁신을 안겨주는 것'이고, 소프트뱅크의 손정의는 '혁명으로 모든 사람을 행복하게 만든다'라는 사명을 가졌다. 인도의 위대한 지도자로 칭송받는 마하트마 간디도 일평생 자신의 사명을 잊지 않고 어려움에도 흔들리지 않는 삶을 살았다. 만약 당신도 사명 내지는 사명 선언서를 만들어 아침마다 읽는 루틴을 실천한다면, 이는 세포 하나하나를 일으켜 사명의 실현에 동참시킬 것이다.

마하트마 간디의 사명[70]

나는 지상의 누구도 두려워하지 않을 것이다.

나는 오직 신만 두려워할 것이다.

나는 누구에게도 악한 마음을 품지 않을 것이다.

나는 누가 뭐래도 불의에 굴복하지 않을 것이다.

나는 진실로 거짓을 정복할 것이다.

그리고 거짓에 항거하기 위해 어떤 고통도 감내할 것이다.

많은 사람이 열심히 일하면서도 힘들어하는 것은 목표가 없거나 지금 하는 일이 내 삶의 사명, 꿈, 가치와 일치하지 않기 때문이다. 특히 나를 깨우는 것은 사명이다. 인간이 다른 동물과 구분되는 것은 수명이 아니라 사명으로 살기 때문이 아닌가?

"인생을 걸 만한 계획이나 목표가 있다면, 가장 먼저 해야 할 일은 타인이 절대 대체할 수 없는 나만의 사명을 찾는 것이다."

— 일론 머스크, 기업인

나의 인생 목표는?

미션

예) 나는 어려운 사람을 돕기 위해 존재한다.

비전

예) 데이터 사이언티스트, 자선사업가

핵심가치

예) 나눔: 수입의 20%를 어려운 이웃을 돕는데 쓴다.

버킷 리스트부터 만들다

목표 없이 세운 루틴은 금방 허물어지고 만다. 루틴을 실천할 강력한 동기가 없으면 금방 지치고 쉽게 포기하기 때문이다. 당장 목표를 만드는 게 막연하게 느껴진다면 이렇게 해보자. 죽기 전까지 이루고 싶은 것을 생각나는 대로 적어본다. 적는 것만으로 가슴이 뛸 것이다. 내가 인생계획을 처음 만들었을 때도 그랬다. 야근에 주말 근무로 바빴던 직장인 시절, 불쑥 사장실에 들어가 몇 개월 쉬고 싶다고 내지른 게 계기였다. CEO의 배려 덕분에 39일간의 휴가를 보내는 동안 버킷 리스트를 만들었다. 꼭 이루고 싶은 50가지를 적은 것이다.

버킷 리스트를 이루려고 하니 회사를 계속 다닐 수가 없었다. 그래서 죄송스러운 마음을 뒤로하고 사표를 던졌다. 그리고 가장 실천하고 싶었던 버킷 리스트의 목록부터 우선순위를 만들어 도전해보기로 마음먹었다. 최우선순위 중 하나가 책 출간이었고, 바로 구체적인 실행에 들어갔다. 우선 이 한 가지 변화를 이루기 위해 모든 에너지를 쏟았다. 가슴 설레는 강력한 동기부여가 되었고, 지체하지 않고 집 근처 카페에서 원고를 쓰기 시작할 수 있었다. 아침 7시에 카페 문을 열 때부터 영업 마감 시간인 밤 10시 30분까지 종일 원고에 매달렸다. 그리고 3개월 만에 초고를 쓸 수 있었다.

공자는 말한다. "아는 사람은 좋아하는 사람만 못하고, 좋아하는 사람은 즐기는 사람만 못하다."라고. 꼭 하고 싶어 했고 좋아하는 것을 즐기면서 하는데 어찌 행복하지 않을 수 있었겠는가? 목표가 명확하면 남들과 경쟁할 필요도 없다. 자신의 목표에만 집중할 수 있기 때문이다. 당신이 하고 싶은 것, 좋아하는 것은 무엇인가? 친한 지인에게도 물어보라. 당신이 무엇을 할 때 가장 행복해 보이는지 말이다.

버킷 리스트가 만다라트로 진화하다

순수하지만 조악하기 그지없던 50개의 버킷 리스트를 만다라트로 옮겨보았다. 중복된 것들을 합치고, 미처 생각하지 못했던 것도 나름 빠짐없이 정리했다. 나의 미션, 비전, 핵심가치 등 인생 목표도 구체화해서 넣었다. 틈나는 대로 만다라트를 수정하는 것은 인생 목표와 버킷 리스트를 재확인하고 자기에게 주술을 하는 시간이었다. 이런 시간은 의미 있는 자기실현적 예언이 되어 기대와 믿음대로 크고 작은 목표들이 하나씩 실현되어 갔다. 구체적인 인생 목표의 중요성을 체감하는 순간이었다. 그래서 인생 목표를 점검하는 시간을 아침 루틴으로 매일 실천하고 있다.

저자의 만다라트

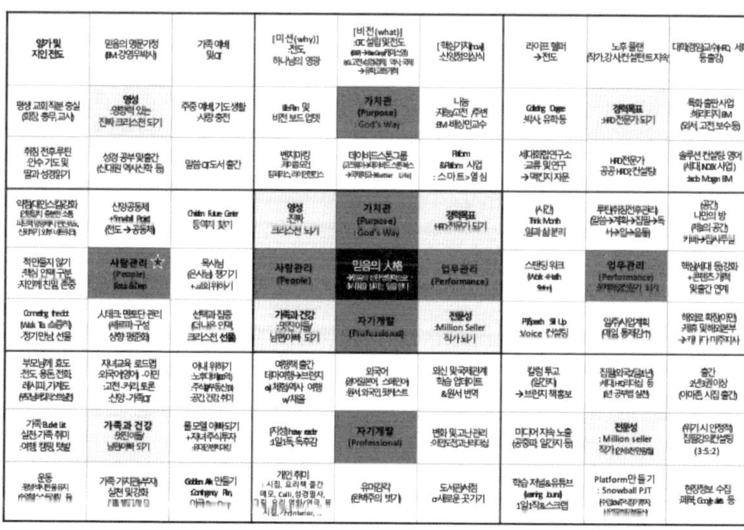

100세 플랜으로 '시간 계획'을 구체화하다

만다라트를 보면서 욕심이 생겼다. 이루고 싶은 것들을 구체적으로 시간 단위로 쪼개보기로 했다. 그러면 좀 더 가시적으로 시간 계획을 세분화할 수 있다고 생각했기 때문이다. 다양한 책과 자료들을 살피고 벤치마킹하면서 100세 플랜에 담기에 이르렀다. 만다라트의 많은 계획을 시간 순서에 따라 일목요연하게 재배열했다. 만다라트가 다시 한 번 진화해 새롭게 인생 계획을 구체화하는 순간이었다.

100세 플랜이 만다라트와 다른 점은 작은 계획들을 언제 이루면 좋을지, 가족들의 나이와 상황을 고려했다는 것이다. 가족이 연령별로 겪게 될 주요 이벤트를 염두에 두면서 계획을 보다 현실화했다. 나아가 피터 드러커의 3년 공부법을 적용해 인생을 단계별로 나눠 구체화했다. 또 삶, 일, 가족, 건강, 영성의 5가지 영역으로 구분해 인생 시기에 따라 이루고 싶은 계획들을 보완했다.

여기서 꼭 명심해야 할 것이 있다. 성공하는 루틴을 만들고 싶다면 지금 당장 이루고 싶은 목표부터 만들고 그 목표를 구체적인 계획으로 나누어 시각화해야 한다. 목표가 제아무리 좋아도 잘게 쪼개놓은 계획들이 없으면 실행에 옮기기 어렵기 때문이다. 계획이 있으면 순서가 생기고 또 일정이 만들어진다.

100세 플랜 → 10년 플랜 → 3년 플랜 → 1년 플랜 → 한 달 플랜 → 한 주 플랜 → 하루 플랜 → 현재 플랜

저자의 100세 플랜

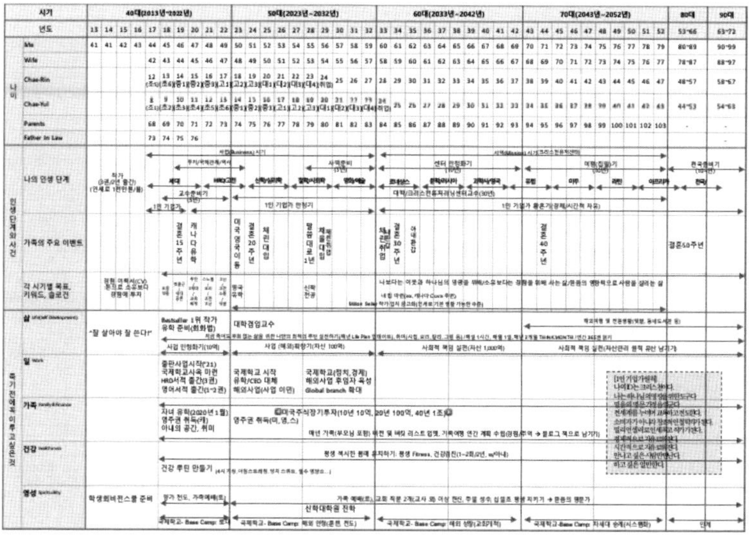

시기	40대(2013년~2022년)										50대(2023년~2032년)										60대(2033년~2042년)										70대(2043년~2052년)										80대	90대
년도	13	14	15	16	17	18	19	20	21	22	23	24	25	26	27	28	29	30	31	32	33	34	35	36	37	38	39	40	41	42	43	44	45	46	47	48	49	50	51	52	53~66	63~72
나이 Me	41	41	42	43	44	45	46	47	48	49	50	51	52	53	54	55	56	57	58	59	60	61	62	63	64	65	66	67	68	69	70	71	72	73	74	75	76	77	78	79	80~89	90~99
Wife					42	43	44	45	46	47	48	49	50	51	52	53	54	55	56	57	58	59	60	61	62	63	64	65	66	67	68	69	70	71	72	73	74	75	76	77	78~87	88~97
Chae-Rin					12 (초5)	13 (초6)	14 (중1)	15 (중2)	16 (중3)	17 (고1)	18 (고2)	19 (고3)	20 (대1)	21 (대2)	22 (대3)	23 (대4)	24 (취업)	25	26	27	28	29	30	31	32	33	34	35	36	37	38	39	40	41	42	43	44	45	46	47	48~57	58~67
Chae-Yul					8 (초1)	9 (초2)	10 (초3)	11 (초4)	12 (초5)	13 (초6)	14 (중1)	15 (중2)	16 (중3)	17 (고1)	18 (고2)	19 (고3)	20 (대1)	21 (대2)	22 (대3)	23 (대4)	24 (취업)	25	26	27	28	29	30	31	32	33	34	35	36	37	38	39	40	41	42	43	44~53	54~63
Parents					68	69	70	71	72	73	74	75	76	77	78	79	80	81	82	83	84	85	86	87	88	89	90	91	92	93	94	95	96	97	98	99	100	101	102	103	-	-
Father In Law					73	74	75	76																																		-

이렇게 시간에 따른 세부 계획들이 주술이 되어 루틴을 만들고, 그 루틴은 꿈을 이루는 마법을 불러온다. 기억할 것은 계획이 구체적일수록 실현 가능성이 커진다는 것이다.

주식투자도 원칙이 필요한데 '삶의 원칙'도 있어야

인생 목표를 이루기 위해 매일 하루 루틴을 실천하다 보면 고난도 오고 실패의 순간도 맞이하게 된다. 내가 왜 굳이 이렇게 빡빡하게 살아야 하지? 라며 회의감이 들 때도 생긴다. 그런 고민과 위기의 순간마다 자신을 되돌아보게 하고 옳은 의사결정을 하도록 돕는 것이 삶의 원칙이다. 36년간 연평균 투자 수익률 22.6%를 올린 살아있는 전설 워런 버핏의 투자원칙이 있다.

투자의 제1원칙 "절대로 돈을 잃지 말라."

투자의 제2원칙 "제1원칙을 절대 잊지 말라."

현명한 투자자들은 누구나 자신만의 고유한 투자원칙을 가지고 있다. 이 원칙이 크고 작은 장의 요동을 겪으면서도 꾸준한 투자 수익률을 유지하는 비결이다. 워런 버핏의 투자 원칙은 검소한 생활로 이어진다. 그는 세계 4대 부자에 걸맞지 않게 매일 아침 식사로 맥도널드 햄버거를 먹는다. 한동안 20년 이상 된 캠리 자동차를 타고 다녔고, 삼성 폴더폰(SCH-U320)에서 애플 아이폰11로 바꾼 것도 근래의 일이다. 투자 원칙이 일상의 루틴으로도 나타난 것이다.

이렇듯 작은 일상의 루틴은 삶의 원칙과 관련이 있다. 삶의 원칙은 루틴을 실천하는 기준이자 방향타가 되기 때문이다. 돈을 투자하는 데도 철저한 원칙이 필요한데, 하물며 한 번뿐인 인생을 살아가는 데 원칙이 없다는 것이 말이 되는가? 그래서 나도 인생 목표를 이루기 위해서 실천하고 싶은 삶의 원칙을 정리해보기로 마음먹었다. 롤모델의 사례를 벤치마킹하여 지켜야 할 구체적인 삶의 원칙을 만들었다. 처음엔 5개 정도로 시작했지만, 보완하다 보니 지금은 10개가 되었다. 계속 보완해 갈 예정이다.

그리고 매일 삶의 원칙을 기억하기 위해 스마트폰 메인 화면에 띄워

놓고 스마트폰을 볼때마다 매번 되뇐다. 당신에게도 삶의 원칙이 있는가? 그 원칙을 구체화해보는 것은 어떨까?

저자의 삶의 원칙

1. 나의 아이디(ID)는 크리스천이다.
2. 나는 하나님의 영광을 위한 도구다.
3. 믿음의 명문 가정을 일군다.
4. 전 세계를 누비며 교육하고 전도한다.
5. 소비자가 아니라 창조하는 철학자가 된다.
6. 밀리언셀러로 인세 최고 작가가 된다.
7. 경제적으로 자유로워진다.
8. 시간적으로 자유로워진다.
9. 만나고 싶은 사람만 만난다.
10. 하고 싶은 일만 한다.

'탁월한 사람의 특징'에서 배우다

하루 루틴을 실천하는 데 자신이 따르고 싶은 롤모델을 벤치마킹하는 것도 좋은 방법이다. 탁월한 사람들이 남다른 성취를 이루도록 한 노하우와 루틴이 있다면 그것을 배우는 것이다. 즉 평소 본받고 싶은 탁월한 사람이나 롤모델의 삶을 떠올리면서 닮고 싶은 부분을 따르기 위해 힘쓰는 것이다. 반대로 인생 목표와 하루 루틴을 실천하는 데 방해가 되는 사람은 손절하는 편이 낫다.

탁월한 사람의 특징과 대표적 루틴

탁월한 사람의 특징	탁월한 사람의 루틴
자제력(인내심)이 강하다	감사 내지는 성찰하는 일기를 쓴다
자신감과 자기 확신이 강하다	새벽에 일어난다
나만의 원칙을 준수한다	꾸준히 책을 읽는다
자신의 잠재된 재능을 신뢰하고 활용한다	산책한다
꾸준하고 일관성이 있다	정기적으로 운동한다
집중력이 강하다	명상 및 기도의 시간을 가진다
학습 의지가 강하고 자기개발에 열심이다	음악 감상을 한다
실행력이 높다	계획을 세우고 점검한다
긍정적 사고를 한다	자신만의 사색 시간이 있다

여러 연구를 종합해보면, 탁월한 사람은 자제력, 자기 신뢰, 원칙 준수, 잠재력 활용, 꾸준함, 집중력, 학습 의지, 실행력, 긍정적 사고 등의 역량이 강하다. 그리고 탁월한 사람들이 가장 많이 실천하는 일상의 루틴은 일기 쓰기, 일찍 일어나기, 독서, 산책, 운동, 명상, 음악 감상, 계획, 사색 등이 대표적이다.

나는 삶, 일, 가족, 건강, 영성 등 영역별로 내 삶의 원칙을 지키며 살아가도록 도와주는 멘토단이 구성돼 있다. 그들은 내가 멘토로 삼고 있는지도 모를 수 있다. 멘토단은 따로 임기가 있는 건 아니지만, 가끔 멘토단을 업데이트한다. 멘토 중에는 목사님처럼 당장 만날 수 있는 사람도 있지만, 스티브 잡스처럼 직접 만나기 힘든 인물도 있다. 도움이 필요할 때마다 미팅이나 유튜브, 책 등을 통해 그들을 수시로 만난다.

"탁월한 사람이라서 올바르게 행동하는 것이 아니라 올바르고 꾸준하게 행동하기 때문에 탁월한 사람이 되는 것이다."

—아리스토텔레스, 그리스 철학자

루틴 실천을 위해 넘어야 할 5가지 장애물

다이어트를 시도한 사람의 95%가 실패하고, 신년계획을 실천하는 사람이 열 명 중 한 명도 안 된다. 독서, 글쓰기, 일기 쓰기 등 야심 차게 시작한 루틴을 실천하는 데 성공한 사람도 많지 않다. 이유는 무엇일까? 루틴을 방해하는 다음의 5가지 장애물 때문이다.

1. 애매하거나 거창한 꿈, 열정의 부재

루틴을 실천하기 힘든 이유는 명료하고 가슴 설레는 목표가 없기 때문이다. 루틴을 실천하고 싶다면 그 루틴을 꼭 실행해야 하는 목표와 우선순위가 명확해야 한다. 실현하기 어려운 거창한 목표나 계획도 지양해야 한다. 차라리 실천하기 쉬운 목표가 낫다. 또 남들이 하니까 나도 한번 해볼까 하는 정도의 수준으로는 루틴을 실천하기 어렵다. 꼭 실천하고야 말겠다는 강한 열정이 있어도 실천할 수 있을까 말까 하기 때문이다.

2. 박약한 의지력

성공하는 사람의 루틴에 자극을 받아서 동기부여는 됐지만, 실천하지 못하는 이유는 지루함을 견디지 못하고, 희생을 감수하려 하지 않기 때문이다. 세상에 공짜는 없다. 실천하고 싶은 루틴을 세웠다면 포기해야 할 것은 포기해야 한다. 자신의 삶을 지탱해온 익숙한 '안전지대'에서 과감히 벗어나야 한다. 그러려면 강한 의지와 절제, 남다른 노력이 요구된다. 하지만 의지력을 발휘하기 힘든 것은 대개 감정에 좌우되기 때문이다. 의지력만으로 힘들다면 과거로 회귀하게 하는 나쁜 상황과 신호를 통제하는 것이 효과적이다.

3. 창의력의 빈곤

루틴은 지루한 실천의 과정을 동반한다. 따라서 실천 확률을 높이는 아이디어도 필요하다. 매일 30분간 영어 공부를 실천하고자 한다면 '팟캐스트 따라 하기' '좋아하는 미드 보기' '이동 중 BBC 라디오 듣기' 등 영어 루틴이 즐거운 아이디어가 필요하다.

4. 성공 경험의 부재

루틴은 욕심을 부려 처음부터 너무 과도한 도전을 하면 실천하기 어렵다. 작은 도전부터 단계적으로 성공 경험을 쌓아갈 필요가 있다. 살을 빼고 싶다면 한 숟가락 덜기, 담배를 끊고 싶다면 한 모금 덜 마시기, 운동하고 싶다면 집 주변 한 바퀴 돌기 등 작은 것부터 성공해야 한다.

5. 동기부여의 부족

뇌는 똑똑하다. 변화를 싫어한다. 그래서 새롭게 도전하는 루틴에 금방 반응한다. 해오던 대로 쉽고 편한 쪽으로 되돌아가려는 관성이 강하다. 일찍 기상하는 루틴을 만들고자 한다면 우리 뇌는 알람을 끄게 하고 "10분 후에 일어나자."라고 보채는 등, 새로운 루틴을 필사적으로 방해한다. 수면 욕구를 이기고 일어났을 때 평소 즐기는 차나 빵 등으로 상응하는 보상을 해야 한다. 보상이 없어도 일어날 수 있을 때까지는 이런 시도가 효과적이다.

이상의 다섯 가지 루틴의 장애물을 극복하기 위해서는 어떻게 해야 할까? 다음에 소개할 '5단계 CLEAR 프로세스'처럼 루틴을 보다 정교하게 만들어 관리해야 효과적이다. 그래야 확실한 성공 루틴을 어렵지 않게 만들어 갈 수 있다.

루틴을 만드는 5단계 CLEAR 프로세스

성공한 사람 중에는 좋은 루틴을 가진 경우가 많다. 갑작스러운 부와 성공을 이룬 사람을 제외하고 평소 성공과 운을 부르는 좋은 루틴을 실천한 사람들이다. 이를테면 꾸준히 운동하거나 일찍 일어나거나 책을 많이 읽는다. 한결같이 부지런하고 긍정적이다. 그렇다면 루틴은 어떻게 형성되는 것일까? 앞서 '루틴 프레임워크'에서 잠깐 언급했던 '5

단계 CLEAR 프로세스'를 통해 만들어진다. 이 프로세스를 실천하면 당신도 좋은 루틴을 만들 수 있다.

루틴 실천을 위한 5단계 CLEAR 프로세스

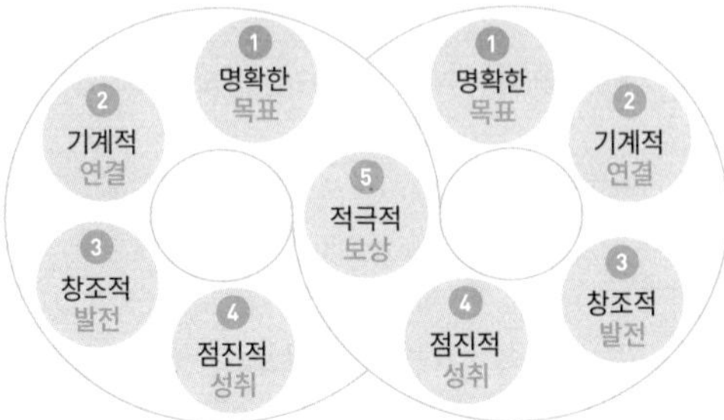

1단계 명확한 목표 Clarification & Clue

루틴은 이루고자 하는 강력한 열망에서 출발해야 한다. 명확한 목표가 있을 때 어려운 도전 과제도 극복할 수 있는 열정과 동기가 생기기 때문이다. 그럼 명확한 목표란 무엇일까? 'I-SWEAR'조건을 충족해야 한다. 즉 의도와 의지가 명확하고Intentional, 구체적이고Small & Specific, 기록되어야 하고Written, 가슴이 뛰어야 하고Emotional, 달성할 수 있고Achievable, 현실적이어야Realistic 한다.

책을 써보겠다는 목표로 '새벽 기상'이라는 과제를 실천한다고 가정해보자. 1년 후 첫 책을 출간하려면 적어도 100장 정도 분량의 원고를 써야 한다. 하루 반장씩 원고를 채우면 200일이 걸린다. 직장생활을 하기에 따로 시간을 내기 힘들다. 그래서 출근 전까지 2시간 동안 책상에 앉아 원고를 쓰기로 한다. 평소 6시 30분에 일어나니까, 4시 30분에 일어나면 원고 작성에 2시간을 투자할 수 있는 셈이다. 부족한 시간은 저녁이나 주말을 활용하기로 한다. 새벽 기상이 도전적이기는 하다. 하지만 수첩에 집필을 위한 구체적인 연간 일정 계획을 세우고 나니 왠지 마음이 설렌다.

2단계 기계적 연결 Link

실천하고자 하는 활동이 있다면 그것을 생각나게 하고 실행하게 돕는 매개체가 있어야 한다. 즉 의도적인 신호를 만들어야 한다. '아침 운동' 계획을 세웠다면 조깅복을 입고 자거나 머리맡에 운동복, 요가 매트, 운동기구를 두고 자는 것이다. 고민하지 않고 기계적으로 조깅을 하도록 의도적으로 연결하는 도구나 상황을 만들어야 한다. 개인적으로는 따뜻한 디카페인 라떼를 마시면 자연스럽게 글쓰기로 이어진다. 가끔 지인을 만나 카페에서 라떼를 마실 때면 종종 글을 쓰고 싶어질 때가 있다. 루틴은 고리처럼 하나의 행동이 다른 행동으로 기계적으로 연결되면서 형성되는 것이다.

루틴이 형성되는 것은 특히 시간, 공간, 사람, 사물의 4가지와 밀접한 관련이 있다. 나는 머리가 맑은 오전시간에 인적이 드문 조용한 카페에서 따뜻한 라떼 한 잔을 마시면서 원고를 쓸 때 가장 능률과 성과가 높다. 루틴을 실천하기 위해서 이 4가지를 기계적 연결을 돕는 매개체로 활용할 수 있다. 누구나 즐기는 떡볶이가 먹고 싶어질 때는 언제인가? 떡볶이가 생각나게 하는 신호를 예로 들어본다.

기계적 연결 예시

떡볶이가 생각나게 하는 신호

1. 시간: 특정 시간 예) 늦은 오후

2. 공간: 특정 장소 예) 집 앞 분식집

3. 사람: 나의 심리 상태나 행동, 타인 예) 친구, 엄마

4. 사물: 물건 예) 라면, 김밥

애리조나대 심리마케팅학과 로버트 치알디니 교수는 인간의 행동을 바꾸고 루틴을 만들기 위해서 'If/Then-When 전략'을 사용할 것을 강조한다. 자동차 안전교육 시간에 교관이 안전을 위해서 자동차를 타기 전에는 습관 하나를 지녀보라고 소개한 기억이 있다. 그 습관은 차를 타기 전에 차 주변을 한 바퀴 돌면서 동물이나 어린이가 있는지 꼭 확인하는 것이다. 이 습관을 실천하기 위해 'If/Then-When 전략'을 다음과 같이 적용할 수 있다.

'If/Then-When 전략' 예시

'자동차를 타기 전에 주변을 한 바퀴 돌며 살핀다.'

(When) 자동차 출발 전에

(If) 스마트키로 버튼을 눌러 시동을 켜면

(Then) 자동차 주변을 한 바퀴 돌며 살핀다.

막연하게 '차를 타기 전에 주변을 돈다'는 결심은 단순한 목표지만 루틴을 만들기 위한 전략은 아니다. 그러면 매번 놓치기 십상이고 결국은 흐지부지되고 만다. 하지만 이 전략을 적용하면 어렵지 않게 루틴으로 만들 수 있다.

3단계 창조적 발전Evolution

새롭게 다짐한 활동을 멈추지 않고 이어가기 위해서는 실행을 자극하고 동기부여할 수 있는 창의적인 아이디어가 필요하고 이를 계속 진화시켜 나가야 한다. 저녁마다 '조깅' 계획을 세웠다면 조깅 거리와 속도를 조금씩 조정하면서 개선해 가는 것이다. 이 과정에서 겪는 시행착오는 필수적이다. 시행착오를 통해 내게 맞는 최적의 조깅 루틴을 찾아갈 수 있기 때문이다. 시행착오는 창의력을 발휘하게 만들며 루틴을 더 단단하게 하는 통과의례와 같다.

뇌는 반복되는 행동의 패턴을 기억해 회로를 만든다. 습관 회로를 만드는 곳이 대뇌 기저핵이다. 기저핵은 습관 회로를 통해 활동을 최소화하고, 남는 에너지로 창조적인 일을 한다. 행동을 반복하다 보면 습관 회로가 작동해 습관이 되는 것이다. 의식적인 행동인 루틴이 반복되어 무의식적인 행동, 즉 습관이 되면 기저핵과 중뇌만 활동한다. 그럼 비로소 생각과 판단 없이 자동으로 행동하게 된다. 중뇌는 도파민을 분비해 쾌감을 느끼게 하면서 반복적인 루틴이 습관으로 자리 잡게 돕는다.

뇌의 구조와 기능

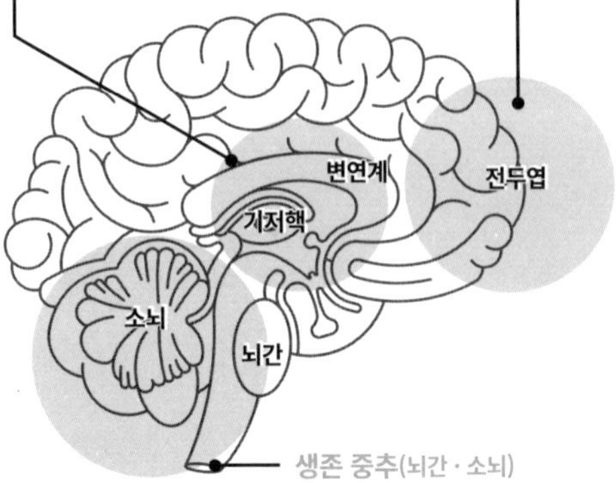

4단계 점진적 성취 Achievement

어려운 도전 과제일수록 도중에 포기할 확률이 높다. 따라서 과제는 어렵지 않게 실천할 수 있는 단위 과제로 잘게 쪼개서 실천하는 게 좋다. 중요한 성취는 한 번에 이룰 수 없다. 조바심내지 않고 작은 과제부터 저축하듯 하나씩 점진적으로 성취하면 된다. 책을 읽지 않는 자녀를 위해 부모 욕심에 어려운 고전을 덥석 사서 읽히는 것보다는 먼저 얇고 쉬운 책으로 마지막 페이지까지 읽어내도록 하는 것이다. 작은 성취는 다음에 또 책을 읽게 하는 촉매제이기 때문이다.

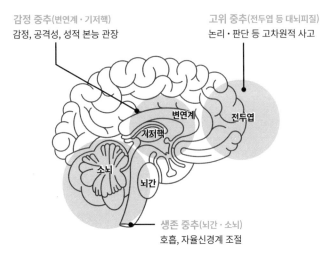

이동 중 책을 읽는 루틴을 만들고자 한다면 한 달에 한 권, 이런 식으로 읽고자 하는 책의 양을 정해놓고 반복적으로 도전하고 점차 양을

늘려가는 것이다. 반복되는 과정이 지루하고 고통스럽기만 하다면 문제다. 점진적으로 뿌듯한 성취감을 맛보는 것은 루틴의 지속적 실천을 위해 필수다. 진행 여부와 상황을 가시적으로 체크하는 것도 성취감을 높이는 효과적인 방법이다.

5단계 적극적 보상Reward

루틴이 일상으로 정착되기 위해서는 저항을 최소화하고 재실행을 자극하며 지속하도록 적절한 보상을 하는 것이 효과적이다. 인간 행동 연구 전문가인 서던캘리포니아대 심리학과 교수 웬디 우드는 《해빗》에서 습관을 설계할 때 보상은 3가지 조건을 충족해야 한다고 주장한다. 보상은 뻔한 보상보다 기대 이상이어야 하고, 빠를수록 좋으며, 불확실한 의외의 보상이어야 효과가 크다는 것이다.[71] 특히 예상치 못한 보상을 경험할 때 기분을 좋게 하는 행복 호르몬인 도파민이 왕성하게 분비된다.

나는 강연 후에 어지간히 바쁜 상황이 아니면 서점에 들러 자신에게 책을 선물하거나 영화를 보는 등 충분히 휴식을 취한다. 또 당일 목표 분량의 원고를 다 쓰면 맛있는 점심과 산책이라는 선물을 한다. 하루 목표 원고 분량은 폰트 크기 10으로 해서 A4용지 1장 분량이니 그렇게 버거운 건 아니다. 루틴은 쾌락의 경험에 예민하므로 적절한 보상이 필수적이다.

루틴은 이상에서 소개한 5단계 CLEAR 프로세스를 거치며 형성된다. 하지만 루틴이 매번 순서대로 선형적으로 일어나는 것은 아니다. 단계를 건너뛸 수도 있고 순서가 바뀔 수도 있다. 어디까지나 각 단계의 루틴을 자신의 상황에 맞게 실천하면 된다. 꼭 만들고 싶은 루틴이 있다면 5단계 CLEAR 프로세스를 적용해보기 바란다. 이 프로세스를 적용해 만든 주식 투자 루틴을 소개한다.

CLEAR 프로세스를 활용한 잃지 않는 주식 투자 루틴

주식투자로 대박을 꿈꾸는 사람들이 많다. 하지만 현실은 대박보다는 쪽박을 쓰고 주식투자에 부정적인 선입견을 품고 주식시장을 떠나는 경우가 더 많다. 주식으로 꾸준히 수익을 내는 사람도 있지만, '개미'로 불리는 개인 투자자 대부분은 그렇지 못한 게 냉혹한 현실이다. 왜 개인 투자자들은 주식투자에 실패하는 것일까? '마시멜로 실험'에서 그 이유를 찾아볼 수 있다. 이 실험은 1972년 스탠퍼드대 교수인 심리학자 월터 미셸이 '만족지연'을 연구하기 위해 수행하였다.

선생님이 4살 된 아이들에게 마시멜로가 한 개 들어 있는 접시와 두 개 들어 있는 접시를 보여준다. 지금 먹으면 한 개를 먹을 수 있지만, 선생님이 돌아올 때까지 먹지 않고 기다리면 두 개를 주겠다고 한다. 그리고 마시멜로 하나가 들어 있는 그릇을 남겨놓고 방에서 떠난다. 아이들의 반응은 다양했다. 선생님이 나가자마자 먹은 아이, 참다못해 중간에 먹은 아이, 끝까지 참고 기다린 아이 등 제각각이었다.

이후 이 아이들을 추적 조사했다. 마시멜로를 먹지 않고 오래 참은 아이들은 가정과 학교, 삶 전반에서 그렇지 못한 아이들보다 우수했다. 미국 대학입학 시험SAT 결과도 또래 친구들보다 높은 성취도를 보였다. 그들은 대부분 성공한 중년을 보내고 있었다. 반면 인내하지 못한 아이 중에는 약물중독, 비만, 사회 부적응 등의 문제를 겪는 경우가 많았다. 만족지연 능력은 지능지수보다 성공에 대한 예언력이 더 높았고, 인종이나 민족의 차이도 보이지 않았다.

개인 투자자들이 주식 투자에서 실패하는 이유는 마시멜로 실험에서 인내하지 못하는 아이 같은 특성 때문이다. 좋은 주식을 보유했다는 전제하에서 장기투자만 한다면 수년 안에 100% 넘는 높은 수익을 낼 수도 있다. 하지만 대부분의 사람은 10~20% 수익만 나도 차익 실현하고 싶은 욕구를 이기지 못하고 매도한다. 만족지연 능력이 낮은 아이와 다를 바 없다. 그럼 어떻게 오래 보유해 높은 수익을 경험할 수 있을까? 루틴을 만드는 5단계 CLEAR 프로세스를 적용하면 좋은 주식투자 루틴을 만들 수 있다. 그러면 성공확률을 높일 수 있을 것이다.

1단계 명확한 목표Clarification & Clue

우선 주식투자를 하는 목표와 투자원칙을 정립하는 것부터 시작한다. 주식투자의 목표는 경제적 자유, 노후 대비, 목돈 마련 등이 될 수 있다. 또 관련 서적, 유튜브, 투자모임 등을 통해 주식을 공부하면서 주식 투자 원칙을 세우는 것이다. 대부분의 사람이 원칙 없이 분위기에 휩쓸려 투자한다. 그러기 때문에 주식으로 돈 벌기 힘든 것이다.

2단계 기계적 연결Link

서던 캘리포니아대 심리학과 교수 웬디 우드는 그의 책 《해빗》에서 나쁜 습관을 제거하기 위해서는 상황을 재배열하고 적절한 곳에 마찰력을 배치할 것을 강조한다.[72] 컴퓨터나 스마트폰으로 주가 변화를 수시로 확인하다 보면 업무에 지장을 줄 뿐 아니라 뇌동 매매를 할 수 있다. 따라서 주가 변화를 자주 확인하지 않기 위해 컴퓨터 홈트레이딩시스템HTS과 모바일 주식거래 앱MTS을 보는 시간을 정한다. 마찰을 줄이기 위한 극단적인 처방으로 주식거래 앱이나 프로그램을 지울 수도 있다. 주식을 매매할 때도 전화로 신청하면 충동 매매를 최소화할 수도 있다. 그러면 인내와 끈기를 발휘하지 않아도 된다.

3단계 창조적 발전Evolution

주식투자 노하우는 하루아침에 터득되는 것이 아니다. 따라서 주식투자의 성공, 시행착오의 경험과 생각을 투자일기로 남기면서 투자 원칙을 정교화해 가야 한다. 또 한 계좌에서 주식을 거래하다 보면 뇌동매매를 할 수 있어서 주식 계좌를 단기, 중기, 장기로 나눠 관리한다.

4단계 점진적 성취Achievement

충분한 공부를 통해 좋은 주식을 선택하여 오래 보유하면 자연스럽게 투자 수익률이 상승하고, 배당주에 투자한 경우 분기나 반기마다 배당 수익을 누릴 수 있다. 수입이 발생하면 주기적으로 수입의 일정 비중을 재투자해 주식 비중을 늘리면 된다.

5단계 적극적 보상Reward

주식이 예상 수익률보다 훨씬 높게 오를 때는 일부 매도 후 자신과 가족에게 행복 비용으로 활용한다. 목표 수익률이 달성돼 전체 주식을 차익 실현할 경우에는 금액에 따라 주식 및 부동산 등에 재투자해 자산을 늘려간다.

주식 투자를 위한 5단계 CLEAR 프로세스 예시

구분	주식 투자 예
1단계 명확한 목표	주식 투자 원칙 정립(부자 마인드부터 길러야) 주식 매매 원칙 세우기(목표 수익 명확화)
2단계 기계적 연결	일주일에 한 번만 인터넷으로 체크 주식 거래 앱 지우기
3단계 창조적 발전	투자 일기 쓰기 배우자, 자녀 등 여러 계좌로 분산 투자
4단계 점진적 성취	투자 수익률 상승 배당 수익 발생 수입 발생 시 일정 비율의 금액으로 주식 재매수
5단계 적극적 보상	일정 수익률 달성 시 자신과 가족에게 작은 선물 전체 차익 실현 시 주식 및 부동산 등 재투자

이상의 주식 투자 루틴은 내가 적용하고 있는 방법의 일부다. 그동안 주식 투자를 하면서 원금 손실만 보던 내가 나름의 주식 투자 루틴을 만들어 실천하면서 만속시 능력을 향상시킬 수 있었다. 덕분에 꾸

준히 주식 투자 원금과 투자 수익률을 높여 가면서 성공적인 투자 경험과 노하우를 조금씩 늘려가고 있다. 10년, 20년 후 주식 계좌를 보면 기뻐할 순간을 기대하면서 말이다.

루틴과 카이로스의 시간

고대 그리스 신화에는 시간과 때를 나타내는 두 신이 있다. '크로노스'와 '카이로스'다. 크로노스는 과거, 현재, 미래로 연속해서 흘러가는 객관적·정량적 시간이다. 반면, 카이로스는 인간의 주관적·정성적 시간이다. 적절한 때, 결정적 순간, 기회라는 뜻이다. 두 신의 일화는 다음과 같다.

크로노스는 아버지 우라노스와 어머니 가이아 사이에서 태어난 티탄 12신 중 막내다. 우라노스가 가이아와 낳은 자식들을 모두 가둬버리자 어머니의 계획에 동참해 우라노스의 남근을 잘라버리고 최고의 신의 위치에 오른다. 크로노스는 누이인 레아를 아내로 삼아 헤스티아, 데메테르, 헤라, 하데스, 포세이돈, 제우스를 차례로 낳는다. 하지만 크로노스는 자식 중 한 명이 그의 지배권을 빼앗을 것이라는 신탁 때문에 자식들이 태어나자마자 바로 삼켜버린다. 레아는 자식을 구하기 위해 막내 제우스를 낳자 아기 대신 돌을 강보에 싸서 우라노스가 그것을 삼키게 하여 살려냈고, 결국 장성한 제우스가 크로노스와 10년간 싸움을 벌이고 승리한다. 이로 인해 올림포스 신들의 시대, 즉 제우스

고야의 '자식을 잡아먹는 크로노스'[73]

의 시대가 시작된다.

반면 카이로스는 제우스의 막내아들로 등장하는 신이다. 이탈리아 토리노 박물관에 소장된 카이로스 조각상은 발가벗고 앞머리는 덥수룩한데 뒤는 대머리다. 어깨와 발뒤꿈치에는 날개가 있고 저울과 날카로운 칼을 들고 있다. 얼핏 우스꽝스러운 모습에 웃음이 나오지만 그 의미를 알면 웃음이 싹 가신다. 이탈리아 토리노 박물관에 카이로스의 조각상이 다음과 같이 소개돼 있다고 한다.

> "내가 발가벗은 것은 사람들의 눈에 잘 띄기 위함이고, 앞머리가 많은 이유는 내가 누구인지 사람들이 금방 알지 못하게 하고, 내가 앞에 있을 때 쉽게 잡을 수 있도록 하기 위함이다. 뒷머리가 대머리인 이유는 내가 뒤로 지나가 버리면 다시는 붙잡지 못하도록 하기 위해

서다. 어깨와 발뒤꿈치에 날개가 달린 이유는 최대한 빨리 사라지기 위함이며, 저울을 들고 있는 이유는 기회가 왔을 때 저울을 꺼내 정확히 판단하라는 의미다. 날카로운 칼을 들고 있는 이유는 칼날 같이 결단하라는 의미다. 나의 이름은 '기회'다."

바이러스 팬데믹으로 우리가 활동할 수 있는 공간은 좁아졌다. 하지만 재택근무나 온라인 수업 등으로 혼자 보낼 수 있는 시간은 오히려 더 확장되었다. 당신은 그렇게 확보된 시간을 어떻게 보내는가? 시간의 양은 누구에게나 공평하게 주어지지만, 그 시간을 어떻게 질적으로 다르게 보낼지는 당신의 몫이다. 앞으로 불확실한 상황에 처하더라도 루틴은 당신에게 주어진 시간만큼은 확실하게 통제하면서 삶을 예측 가능하게 만들 것이다. 루틴으로 얼마든지 크로노스의 시간을 카이로스의 시간으로 바꿀 수 있다.

"습관은 인간으로 하여금 그 어떤 일도 할 수 있게 만든다."

—도스토옙스키, 소설가

카이로스 조각상[74]

미래를 꿈꿀 제3의 공간이 있는가?

"내가 일하는 막사에는 약 50명의 정신착란증 환자가 수용되어 있었는데, 그 막사 뒤 수용소를 두 겹으로 둘러친 철조망 한 귀퉁이에 아주 조용한 곳이 있었다. 그곳에는 시신 여섯 구를 보관하기 위해 기둥 몇 개와 나뭇가지를 엮어서 세운 임시 천막이 있었다. 그리고 거기에는 배수관으로 통하는 구멍도 있었다. 나는 일이 없을 때마다 이 구멍의 나무 뚜껑 위에 쭈그리고 앉아 있곤 했다. 그냥 앉아서 꽃이 만발한 초록빛의 산등성이를 바라보거나 철조망의 마름모꼴 그물눈 안에 들어가 있는 먼 바바리아의 푸른 언덕을 바라보았다. 나는 간절하게 꿈을 꾸었다…"[75]

빅터 프랭클이 쓴 자전적 수필 《죽음의 수용소에서》의 한 대목이다. 많은 사람이 자신의 인생을 바꾼 대표적인 책으로 이 책을 꼽는다. 제2차 세계대전 당시 유대인이라는 이유로 3년 동안을 다카우와 아우슈비츠 강제 수용소에서 보낸 처절한 수감 생활을 담고 있다. 인용한 부분은 언제 죽을지 모르는 수용소 생활 중 가장 평화롭던 짧은 순간을 술회한 장면이다. 간수나 수감자 그 누구에게도 방해받지 않는 철조망 한 귀퉁이의 공간에서 누리는 짧은 행복의 순간이었다. 그에게 그 작은 우주의 한구석은 지옥 같은 수용소 생활에서 잠시 벗어나 미래를 꿈꿀 수 있는 더없이 넓은 천국과도 같은 공간이었다.

지금을 살아가는 현대인들은 누구나 빅터 프랭클처럼 '나만의 공간'을 갈망한다. 열심히 공부하고 돈을 벌고 승진하려는 것은 어쩌면 세상에서 나만의 공간을 갖거나 더 넓히려는 욕구와 관련이 있다. 나만의 영역을 확보하고 확장하려는 것은 분명 인간의 기본적인 욕구 중 하나다. 사람들은 왜 나만의 공간에 집착할까? 그건 행복과 관련이 있기 때문이다. 행복한 사람은 '제3의 공간'이 있다고 한다. 사회학자 레이 올덴베르그가 사회·경제적으로 번영한 한 지역공동체 사람들의 모임을 살펴봤더니, 그들은 공통으로 일과 가정이 아닌 제3의 공간이 있었다고 한다. 그 공간의 특징은 격식과 서열이 없으며, 소박하고, 수다를 떨 수 있으며, 출입이 자유롭고, 음식이 있는 곳이었다.[76] 정리 컨설턴트 정희숙 씨는 한 신문사와의 인터뷰에서 그녀가 회사 설립 후 2천 곳이 넘는 집을 정리하면서 발견한 공통점을 이야기했다. 행복한 가정은 정리가 잘돼 있다는 것이다. 또 다른 특기할 점은 남편의 공간이 없는 집은 십중팔구 부부 사이가 안 좋았다는 것이다.

당신은 가정이나 회사에서 '나만의 공간'이 있는가? 세상과 가림막을 하고 걸작을 만들어내는 데 집중할 수 있는 나만의 공간 말이다. 세상을 잊고 자신에게 집중할 수 있는 서재나 공간이 있다면 행운이다. 없다면 자신을 위해 작은 공간이라도 마련해보기 바란다. 하지만 회사에서는 절대 쉽지 않다. 혼자 일할 수 있는 집무실을 가진 사람은 일부 리더뿐이기 때문이다. 대부분 직장인은 낮은 칸막이를 경계로 다닥다닥 붙어있는 책상에서 일한다. 직원의 행복을 고민한다면 오픈된 공간보다는 독립된 공간을 만들어야 한다. 연구에 따르면 조용하고 독립된 공간에서 일하는 직원의 업무 효율이 더 높기 때문이다. 《성경》에 이런 말씀이 있다.

> "새벽 오히려 미명에 예수께서 일어나, 한적한 곳으로 가사 거기서 기도하시더니."
>
> —《성경》 마가복음 1장 35절

예수께서도 매일 새벽같이 일어나 기도할 수 있는 자신만의 공간을 찾았다. 방해받지 않고 혼자 있을 수 있는 사적인 공간 말이다.

뻔한 삶에 변화가 필요하다고 느껴진다면 자신을 만나고 성공 루틴을 계획하고 실천할 수 있는 나만의 공간을 만들어보라. 영국의 여류 작가 버지니아 울프의 표현을 빌자면 내 마음을 꺼내 펼쳐놓을 수 있는 그런 공간 말이다. 버지니아 울프도 여성이 픽션을 쓰기 위해서는 연 500파운드의 돈과 자신만의 방이 있어야 한다고 주장했다.

《아주 작은 습관의 힘》의 저자 제임스 클리어는 한 공간에서는 한 가지 일만 할 것을 주문한다.[77] 일하고 공부하고 식사하고 노는 공간을 분리하라는 것이다. 왜냐하면 모든 습관은 자기 구역을 가지고 있기 때문이다. 사람은 환경의 지배를 받게 돼 있다. 의지력을 탓할 일만이 아니라는 것이다. 환경, 특히 공간과 루틴을 연결하는 것이 중요하다.

스탠퍼드대 행동 설계연구소의 설립자인 브라이언 제프리 포그는 환경설정은 의지력을 능가한다고 강조한다. 특히 공간이라는 환경은 더더욱 그렇다. 공간은 당신이 만들어내는 결과물의 양과 질을 좌우한다. 그 공간은 여유, 탁월함, 행복이 공존하는 곳이다. 그 무엇도 그곳을 침범하지 못하게 사수하라. 또 그 누구도 나만의 공간에 들어오는 것을 엄격히 선별하고 통제해야 한다. 당신의 성스러운 공간에 초대할 사람은 신중하게 선택할 필요가 있다.

한동안 전 세계가 바이러스 팬데믹으로 인해 활동할 수 있는 공간은 좁아지고 집콕을 강요받았다. 이로 인해 집이라는 공간이 바뀌게 됐다. 온 가족이 집이라는 공간에서 함께하는 시간이 늘어나면서 라이프스타일에 점차 변화가 생겼다. 가족 구성원 개개인이 집에서 조용한 자신만의 공간을 확보하기가 더 어려워진 것이다. 각자 TV나 스마트기기를 통해 온라인 공간으로 이동해 나만의 공간을 확보하려고 안간힘이다. 원하든 원하지 않던 '나만의 공간'을 더 필요로 하는 시대가 앞당겨진 듯 하다.

사람이 공간을 만들지만, 공간도 사람을 만든다. 사람은 인생이라는 긴 시간 동안 공간의 지배를 받으며 살아간다. 미래의 꿈을 위해 루틴을 실천할 수 있는 '나만의 공간'을 만들어볼 것을 강력히 권한다. 인생이 바뀔 수도 있으니 말이다.

> "처음에는 우리가 습관을 만들지만, 그다음에는 습관이 우리를 만든다."
>
> —존 라이든, 음악가

루틴 근육을 키우는 도구를 활용하라

나는 루틴을 실천하기 위해 기기나 어떤 툴에 의존하기보다는 조금 불편하더라도 몸이 기억할 때까지 우직하게 아날로그 방법으로 실천한다. 왜냐하면 시행착오의 과정을 통해 느끼고 얻는 것들이 많기 때문이다. 시행착오는 루틴 근육을 형성하는 데 필수적인 요소다. 따라서 루틴이 몸에 익숙해지기 위해서는 내게 맞는 방법을 찾을 필요가 있다. 가장 대표적인 방법의 하나가 바로 루틴 관련 앱의 도움을 받는 것이다. 가장 많이 활용하는 루틴 앱은 마이루틴(무료), 칸트(무료), 마이크로소프트 To Do(무료), 챌린저스(유료), 루티너리(유료) 등이다. 지신의 취향에 맞는 것으로 선택하면 된다.

페이스북, 인스타그램 등 SNS에 자신의 루틴을 꾸준히 올리는 것도 좋은 방법이다. 지인 중에도 달리기, 걷기, 자전거 타기 등 자신만의 루틴을 SNS에 공유하는 사람이 많다. 그러면 성취감도 생기고 성공확률을 높일 수 있다. 그들의 활동을 보면 나도 자극을 받는다. 나는 말씀을 묵상한 다음 마음에 드는 구절을 고른다. 그리고 휴식 시간을 이용해 페이스북과 인스타그램에 올려 공유한다.

다만 다른 사람이 내게 동기부여할 수는 없다는 점을 알아야 한다. 잠깐은 가능할지 몰라도 길게는 불가능하기 때문이다. 《스몰빅》의 저자 제프 헤이든은 친구들의 지지를 효과적으로 이용하고 싶다면 어떤 목표를 어떻게 이룰 것인지보다는 계획한 루틴을 노출하라고 조언한다.[78] 예를 들면 "매일 10km를 달릴 거야."라고 주변에 말하는 것이다.

나아가 부지런한 사람이라면 자신의 루틴을 알리는 방법으로 유튜브를 활용하는 것도 아이디어다. 요즘은 유튜버를 통해 루틴을 실천하는 다양한 사례를 보고 배울 수도 있다. 중요한 것은 지속성을 높일 수 있는 자신만의 루틴 실천 방법을 찾는 것이다. 성공은 의지력이 좋아서라기보다는 의지력을 필요로 하지 않는 좋은 루틴 덕분인 경우가 많다.

루틴은 시간 관리가 관건이다. 그래서 프리랜서 컨설턴트인 나는 항상 작업할 수 있는 전투태세(?)를 갖추고 있다. 어디서든 문서작업을 할 수 있는 노트북은 기본이다. 일반 시계 대신 애플 워치를 활용하고 있다. 건강을 체크할 수 있는 소소한 기능에 도움을 얻는다. 일하다 보면 오랜 시간 똑같은 자세로 일하기 십상인데, 이 시계는 50분 단위로 '일어설 시간입니다'라는 메시지가 뜬다. 그럼 예외 없이 스트레칭하거나 잠깐 자리를 뜬다. 또 '심호흡' 알람이 뜨면 바로 앱의 애니메이션에 맞춰 가볍게 심호흡한다. 심호흡은 혈액을 정화하고 산소 공급을 원

저자가 루틴을 위해 활용하는 도구들

활하게 하여 피로, 무기력증, 불안, 근육 긴장을 해소해주고, 정신 건강에도 도움이 된다. 그리고 산책을 할 때 '운동' 기능을 활용해 산책 시간을 확인한다.

아이디어 메모를 위해 만년필과 무선 노트를 챙기고, 시끄러운 공간에서 작업할 경우를 대비해 노이즈 캔슬링이 되는 헤드셋도 빼놓지 않는다. 이외에도 구글 캘린더에는 빠진 세세한 일정 체크를 위해 수첩은 필수다. 업무 집중을 위해 일명 '구글 시계'로 불리는 타임 타이머도 활용하고 있다. 칼럼 작성 등 마감 시한이 있는 업무를 할 때 집중력을 높이는 데 효과적인 툴이다. 그리고 환경보호, 위생, 절약 등의 이유로 텀블러도 매일 챙긴다. 여기에 책 2권과 생수까지. 그래서 늘 가방이 가벼울 날이 없다.

루틴을 위한 자신만의 물건은 무엇인가? 루틴을 위해 어떤 물건을 새로 챙기고 싶은가?

루틴을 위해 내가 활용하는 도구는?

현재 물건

앞으로 챙기고 싶은 물건

12장

하루 루틴 조각하기

Make My Daily Routine

오늘을 최고의 하루로 만드는 핵심 원칙

성공한 사람과 실패한 사람, 부자와 빈자, 행복한 사람과 불행한 사람의 차이는 과연 무엇일까? 성공한 사람은 성공을 부르는 루틴을, 부자는 돈을 부르는 루틴을, 행복한 사람은 행복을 부르는 루틴을 가지고 있다. 반면 실패한 사람은 실패를 부르는 루틴을, 가난한 사람은 가난을 부르는 루틴을, 불행한 사람은 불행을 부르는 루틴을 가진 사람이다. 따라서 성공하고 부자가 되고 행복하기를 원한다면 루틴을 개조해야 한다. 나쁜 루틴을 버리고 좋은 루틴을 만들어가는 것이 관건이다. 그럼 어떻게 좋은 루틴을 만들 수 있을까? 좋은 루틴을 만들려면 우선

다음의 5가지 핵심 원칙을 숙지해야 한다.

하루 루틴을 위한 핵심 원칙

1. 부자가 되고 성공하는 루틴은 따로 있다.
2. 좋은 루틴을 늘리고 나쁜 루틴을 줄여야 한다.
3. 일반 루틴이나 서브 루틴보다 핵심 루틴을 공략해야 한다.
4. 루틴은 한방이 아니라 단계적으로 바꿔야 한다.
5. 목표는 좋은 루틴을 실행하게 하는 강력한 동기부여 요소다.

루틴의 종류

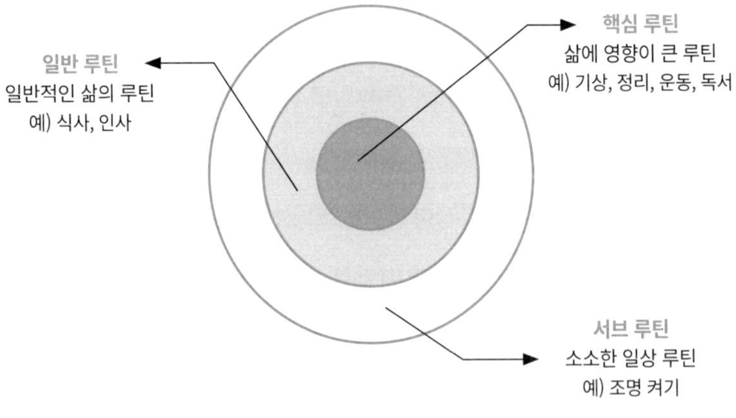

디킨스 프로세스로 하루 루틴 조각하기

구두쇠에 자기밖에 모르며 늘 홀로 지내는 고독한 영감 스크루지, 어느 날 밤 그에게 세 명의 유령이 찾아와 그의 과거와 현재, 미래를 차례로 보여준다. 유령들의 방문으로 스크루지는 자신이 과거에 어떻게 살았는지, 지금의 삶은 어떻게 흘러가고 있는지, 앞으로 그와 주변 사람들에게 무슨 일이 일어날지 보게 된다. 전날 밤에 자신이 본 것이 꿈인지 현실인지 구분이 안 될 정도로 생생하다. 다행인 건 시간이 많이 흐르지 않았다는 것이다. 스크루지는 크게 기뻐한다. 자신의 운명을 바꿀 시간이 아직 남아 있음을 깨달았기 때문이다. 그날부터 몰래 선행을 베풀고 큰돈을 기부할 것을 약속하는 등 삶을 대하는 태도가 완전히 바뀌기 시작한다.

영국의 소설가 찰스 디킨스의 《크리스마스 캐럴A Christmas Carol》에 등장하는 주인공 스크루지의 이야기다. 스크루지는 크리스마스 아침에 유령을 만난 후 자신의 모습을 냉정히 인지하게 되고 변화를 다짐한다. 이 소설은 현재의 나쁜 행동과 믿음을 바꾸지 않으면 미래가 어떻게 될지 보여준다. 미국의 작가 겸 동기부여 연설가 앤서니 로빈스는 이 소설에 착안해 '디킨스 프로세스Dickens Pattern'를 개발하여 많은 사람의 삶의 변화를 도왔다. 이 프로세스는 부정적인 믿음들이 나의 과거와 미래에 어떤 영향을 주는지 관조함으로써 변화를 다짐하게 하는 것이 핵심이다.

디킨스 프로세스를 루틴에 적용해 '3단계 루틴 변화 프로세스'로 재

정립했다. 자신이 가진 루틴을 보고, 느끼고, 변화를 다짐하는 순서다. 1단계인 보기See에서는 내가 가진 나쁜 루틴을 파악하고, 2단계 느끼기Feel에서는 나쁜 루틴이 나와 사랑하는 사람에게 끼칠 영향에 대해서 깨닫고, 3단계 변화하기Change에서는 나쁜 루틴을 좋은 루틴으로 바꾸는 것이다. 이런 3단계 프로세스를 통해 나쁜 루틴을 좋은 루틴으로 바꾸면 삶이 변화하는 체험을 할 수 있다.

3단계 루틴 변화 프로세스

1단계 루틴 되돌아보기See

누구나 바꾸고 싶은 습관이 있다. 늦잠, 도박, 부정적인 태도, 무계획, 낭비 등 사람마다 다양하다. 당신이 가진 나쁜 루틴 내지는 고치고 싶은 루틴은 무엇인지 생각해보자. 그 루틴 중에서 가장 먼저 공략해야 할 볼링에서의 킹핀 같은 핵심 루틴은 무엇인가? 도미노처럼 삶에 영향력이 큰 루틴 말이다. 또 그 루틴을 바꾸지 못하고 오래 유지하는 이유는 무엇인지 생각해보자.

루틴 되돌아보기

나쁜 루틴	이유(원인)
예) 밤늦게 자기, 늦게 일어나기	예) 늦게까지 스마트폰 보기, 저녁 약속

2단계 루틴 영향력 느껴보기 Feel

나쁜 루틴이 당신의 삶에 어떤 영향을 미칠지 생각해보자. 작은 루틴은 인생을 바꾸기도 하며, 자신뿐 아니라 주변의 사랑하는 사람에게까지 영향을 준다. 당신이 가진 나쁜 루틴으로 인해 당신과 사랑하는 사람이 과거에 치렀던 대가와 잃은 것은 무엇인지 생각해보자. 그리고 당신이 가진 나쁜 루틴으로 인해 당신과 사랑하는 사람이 현재 치르고 있는 대가와 잃은 것은 무엇인지 고민해보자. 그리고 만약 그 루틴을 고치지 않았을 때 1, 3, 5, 10년 후 미래에 당신과 사랑하는 사람이 치러야 할 대가와 잃는 것은 무엇일지 생각해보자.

루틴 영향력 느껴보기

구분	과거	현재	미래
나	예) 업무 스트레스	예) 식사 거르기	예) 노후 불안
사랑하는 사람	예) 대화 부족	예) 자녀 비만	예) 교육비 부담

3단계 루틴 변화 도모하기 Change

부자가 되고 싶고 성공하고 싶고 행복해지기를 원한다면 이를 가로막는 나쁜 루틴을 줄이고 좋은 루틴을 늘려야 한다. 삶의 질은 두 루틴의 비중에 달려 있다. 따라서 나쁜 루틴을 좋은 루틴으로 전환하고 좋은 루틴의 질과 양을 늘리는 것이 관건이다. 나쁜 루틴을 좋은 루틴으로 바꿔보자. 그리고 좋은 루틴을 실천했을 때 기대되는 미래 모습을 그려보자.

루틴 변화 도모하기

전 나쁜 루틴	후 좋은 루틴	기대하는 미래
예) 늦잠, 야식	예) 밤 9시 취침	예) 책 출간

지금까지 3단계 루틴 변화 프로세스를 살펴보았다. 당신은 삶을 풍요롭게 하는 좋은 루틴을 많이 가진 사람인가? 지금의 삶을 바꾸고자 한다면 지금부터 당장 저축하듯 좋은 루틴을 하나씩 쌓아보자. 소설 속 스크루지처럼 지금까지의 삶은 중요하지 않다. 오늘부터가 중요하다. 좋은 루틴의 부자가 된다면 얼마든지 삶에 극적인 변화를 이뤄낼 수 있을 것이다.

원시본능을 이기고 대중의 반대편에 서라

“나는 친할머니가 해주신 다음과 같은 충고를 65년간 마음에 품고 살아왔다.

‘세상이 너를 네가 원치 않는 길에 올려놓았다면, 눈을 들어 앞을 바라보렴. 그런데 남들이 가리키는 목적지가 네가 원치 않는 곳이고, 또 뒤를 돌아보는데 출발점으로 돌아가고 싶지 않다면, 길 옆으로 내려서라. 그리고 네가 새로운 길을 하나 만들어라!’”

미국의 여류 시인이자 배우인 마야 안젤루의 말이다. 성공한 사람이나 부자들은 일반 대중이 간 길과 반대로 가는 경우가 많다. 감정보다는 이성에 따라 판단하고, 당장의 이익보다 장기적인 이익을 생각하고, 과시하기보다는 절약하고, 부정적이기보다 긍정적이며, 남을 탓하기보다 자신의 잘못을 성찰한다. 한마디로 그들은 대중이 가는 넓은 길보다 좀 불편하더라도 좁은 길을 택한다.

왜 열심히 일하는데 가난한 걸까? 《부의 본능》의 저자 브라운스톤은 사람들이 가난한 건 원시 본능에 사로잡혀있기 때문이라고 말한다. 그가 제시한 원시 본능 중 하나가 무리 짓는 본능이다. 본래 인간은 맹수의 습격에 대비하고 생존하기 위해 한두 명보다는 여러 명이 무리 짓는 것이 유리했다. 하지만 맹수의 위협을 받을 리 없는 현대사회에서는 무리 짓는 본능이 오히려 성공과 부의 축적을 방해한다. 부동산 및 주식 투자가 대표적이다. 가격이 쌀 때나 폭락 시에 매수하는 부자와 달리 일반인들은 평소에는 무관심하다가 과열 시기에 소문을 듣고 시장에 들어와 상투를 잡는다. 그리고 피눈물을 흘린다. 실패에서 배우기는커녕 또다시 실패를 반복한다.

인간의 동물적인 원시 본능을 이겨내고 감정이 아니라 이성이 이끄는 삶을 살기 위해서는 루틴이 필요하다. 좋은 루틴을 의식적으로 반복하다 보면 좋은 습관이 되기 때문이다. 다이어트도 마찬가지다. 식량을 구하기 힘든 시기가 올 것을 대비해 음식이 생길 때마다 최대한 몸에 저장해야 했던 원시 본능을 이겨내고, 적절하게 식사량을 조절하는 루틴을 만들어야 한다. 다이어트뿐 아니라 삶 전반을 근시안적이고 무리 짓는 원시 본능에 맡기지 말아야 한다. 의식적인 노력으로 싸우려 하기보다는 루틴으로 힘을 덜 들이고 절제를 실천하는 시스템을 만드는 것이 현명하다.

인간의 삶은 수많은 선택의 연속이다. 지금의 당신은 수없이 많은 결정의 산물이다. 선택의 순간마다 매번 옳은 의사결정을 할 수는 없다. 하지만 옳은 의사결정을 하면서 실수를 최대한 줄이려면 인간에게 프로그래밍이 된 원시 본능을 거스를 수 있어야 한다. 큰 위기로 생의 분기점에 섰을 때는 더욱더 그렇다. 원시 본능에 전적으로 맡겨선 곤란하다. 그러면 탐욕에 사로잡힌 돼지와 공포에 떠는 양과 다를 바 없는 삶을 살 수밖에 없다. 조지 오웰의 풍자소설 《동물농장》에 등장하는 독재자인 수퇘지 메이저와 나폴레옹, 그리고 그에게 선동당해 노예처럼 살아가는 동물들처럼 말이다.

성공하고 부자가 되기를 원한다면 이롭고 고독한 사자나 늑대의 길을 가야 한다. 그 누구도 아닌 자기 걸음을 걸어야 한다. "다수는 최선의 길이다. 그것은 확실할뿐더러, 복종하게 만드는 힘을 가지고 있기 때문이다. 그런데 이는 그리 현명하지 못한 사람들의 생각이다."[79] 프랑스 수학자이자 철학자 블레즈 파스칼이 《팡세》에서 한 말이다. 그렇다. 안전한 길은 위험한 길이다. 다음의 로버트 프로스트의 시 마지막 구절처럼 '덜 걸은 길'을 가기 위해 의식적인 노력을 기울여야 한다.

가지 않은 길

노란 숲속에 길이 둘로 갈라져 있었다.
안타깝게도 두 길을 한꺼번에 갈 수 없는
한 사람의 여행자이기에, 오랫동안 서 있었다.
한길이 덤불 속으로 구부러지는 데까지
눈 닿는 데까지 멀리 굽어보면서.

그리고 다른 한 길을 택했다, 똑같이 아름답고
아마 더 좋은 이유가 있는 길을,
풀이 우거지고 별로 닳지 않았기에.
그 점을 말하자면, 발자취로 닳은 건
두 길이 사실 비슷했지만.

그리고 그날 아침 두 길은 똑같이
아직 밟혀 더럽혀지지 않은 낙엽에 묻혀있었다.

아, 나는 첫 길은 훗날을 위해 남겨두었다!
길은 계속 길로 이어지는 것을 알기에
내가 과연 여기 돌아올지 의심하면서도.
어디에선가 먼 먼 훗날
나는 한숨 쉬며 이 이야기를 하고 있겠지.
숲속에 두 갈래 길이 있었다고, 그리고 나는-
나는 사람들이 덜 걸은 길을 택했다고,
그로 인해 모든 것이 달라졌다고.

율곡 이이가 말하는 8가지 나쁜 습관

세상에 공짜로 얻을 수 있는 것은 없다. 좋은 루틴을 만들려면 그만큼 포기해야 할 것도 생기고, 때론 그만한 대가도 치르게 마련이다. 루틴을 꾸준하게 실천하려면 삶의 우선순위를 바꿔야 할 수도 있다. 나는 좋은 루틴을 만들기 위해 루틴과 습관에 관한 여러 책을 보면서 도전을 받기도 했다. 그중에서 율곡 이이의 《격몽요결》에 나오는 8가지 나쁜 습관은 꽤 인상적이었다. 현재 우리에게도 습관에 대해 성찰하게 만드는 메시지가 녹아있다.

율곡 이이가 말하는 8가지 나쁜 습관[80]

1. 그 마음과 뜻을 게을리하고 자기 행동과 모양을 아무렇게나 버려두며, 다만 몸이 편안하게 지낼 것만 생각하고 예절이나 올바른 일에 구속되는 것을 싫어하는 것
2. 항상 움직일 것만 생각하고 조용히 자기 마음을 지키려 하지 않고, 어지럽게 드나들며 쓸데없는 말만 하고 세월을 보내는 것
3. 악하고 이상한 짓을 좋아하고 세상 풍속에 골몰하며, 조금 자기 행동을 조심하려고 해도 남들이 괴상히 여길까 두려워하는 것
4. 문장을 잘하는 것을 가지고 사람들에게 칭찬을 받으려 하며, 경전에 있는 글을 따다가 제 글인 체하고 헛된 문장을 꾸며 만드는 것
5. 쓸데없는 편지 쓰기, 거문고 뜯기, 술 마시기를 일삼으며, 놀며 세월을 보내고 자기만 맑은 운치를 느끼며 사는 체 하는 것
6. 한가롭게 일없는 사람들을 모아 바둑과 장기를 두고, 배불리 먹고 마시며 날을 보내고 남과 다투는 것
7. 부자나 귀하게 지내는 사람을 부러워하고 가난하고 천하게 지내는 것을 싫어하며, 좋지 못한 의복과 음식을 부끄러워하는 것
8. 매사에 욕심만 부리고 아무런 절조가 없으며 잘잘못을 판단해서 억제할 줄을 모르며, 자기에게 재물이 돌아오는 것과 좋은 소리 좋은 빛을 지나치게 탐하는 것

율곡 이이의 글을 읽으면서 한편으로는 그의 하루 루틴은 어떠했을지 문득 궁금해졌다. 마침 그가 스무 살 때 자신을 경계하기 위해 썼다

는 자경문自警文에서 그의 하루 루틴의 단서를 찾을 수 있었다. 11가지 항목으로 구성된 자경문의 5번째 항목에 이런 내용이 등장한다.

> "새벽에 일어나서는 아침에 해야 할 일을 생각하고, 밥을 먹은 뒤에는 낮에 해야 할 일을 생각하고, 잠자리에 들 때는 내일 해야 할 일을 생각해야 한다. 일이 없으면 그냥 가지만 일이 있으면 반드시 생각하며, 합당이 처리할 방법을 찾아야 하고, 그런 뒤에 글을 읽는다. 글을 읽는 까닭은 그름을 분간해서 일할 때에 적용하기 위한 것이다. 만약에 일을 살피지 아니하고 앉아서 글만 읽는다면, 그것은 쓸모없는 학문을 하는 것이다."

율곡은 매일 생각하고 계획하면서 하루도 허투루 살지 않은 조선 시대 최고의 루티너였을 것임이 틀림없다. 왜냐하면, 그의 자경문처럼 삶을 살았을 것이기 때문이다. 그뿐 아니다. 어느 날 공자의 제자 번지가 공자에게 인仁에 관하여 물었다. 공자는 주저하지 않고 한마디로 답했다. "인仁은 사람을 사랑하는 것이다愛人." 공자가 체계화한 유학의 근본원리는 한 마디로 '사랑'이다. 이를 평생을 통해 실천한 사람이 바로 '율곡 이이'다.

그는 아홉 차례 과거에 장원급제하여 서인들의 정신적인 지주이기도 했지만, 한편 그의 삶은 청렴 그 자체였다. 자신이 받은 녹봉을 가난한 백성을 위해 퍼주면서 정작 자신은 밥은커녕 죽도 먹기 힘들 정도였다고 하니 말이다. 사랑만큼 최고의 몰입을 가져오는 것은 없다. 뭔가를 사랑하면 그 일에 전념하기 훨씬 쉬워진다.

율곡이 실천한 자경문은 시대를 초월해 지금도 유효하다. 루틴을 실천하는 원칙으로 삼을 만하다.

자경문自警文의 주요 내용

1. 입지立志 마음에 큰 뜻을 품고 성인이 되기 위해 끊임없이 노력한다.
2. 과언寡言 마음이 안정된 자는 말을 적게 한다.
3. 정심定心 멋대로 하도록 내버려 둔 마음을 거두어들인다.
4. 근독謹獨 혼자 있을 때도 몸가짐과 언행을 삼가고 조심한다.
5. 독서讀書 일보다 생각이 앞서야 한다.
6. 소제욕심掃除慾心 재산과 명예에 대한 욕심을 경계한다.
7. 진성盡誠 해야 할 일이면 정성을 다해야 한다.
8. 정의지심正義之心 천하를 얻더라도 불의를 행하거나 한 사람도 희생시켜서는 안 된다.
9. 감화感化 나를 해치려는 사람이 있다면 반성하고 그의 마음을 돌이키게 한다.
10. 수면睡眠 마음이 항상 깨어있고 때아닌 잠을 경계한다.
11. 용공지효用功之效 공부와 수양은 서두르거나 게을리하지 않고 꾸준히 한다.

위대함을 낳는 평범한 하루, 루틴 디자이너로 변신하라

"아인슈타인은 1933년 미국으로 이주하여, 1945년 은퇴할 때까지 프린스턴대의 교수를 지냈다. 그 시절, 아인슈타인의 일상은 매우 단순했다. 오전 9시부터 10시까지 아침 식사를 하며 일간지들을 정독했고, 10시 30분에는 집을 나와 연구실로 향했다. 날씨가 좋을 때는 걸어 다녔지만, 그렇지 않을 때에는 대학교에서 그의 집까지 차를 보내줬다. 아인슈타인은 오후 1시까지 연구에 몰두했고, 1시 30분에는 집으로 돌아가 점심을 먹고 낮잠을 즐겼다. 그 후에도 오후 시간을 집에서 보내며 연구를 했고, 방문객을 만났으며, 아침 일찍 비서가 선별한 편지들을 처리했다. 6시 30분에 저녁 식사를 하고 나서도 집에서 연구하며 편지들을 처리했다."

메이슨 커리의 《리추얼》에서 아인슈타인의 단순한 하루를 묘사한 대목이다. 위대한 인물의 하루 루틴치고는 심플하기 그지없다. 그가 천재가 된 비결은 불필요한 일과를 정리하고 하루를 잘 정돈해 습관이 되게 한 것이다. 그리스 철학자 헤라클레이토스의 말을 빌자면 습관이 그 사람을 천재로 만든다.

팝아트의 선구자이자 현대 미술의 아이콘으로 불리는 앤디 워홀, 그의 작품 '실버 카 크래쉬(이중 참사)', '마릴린 먼로', '8명의 엘비스'는 1,000억 원을 호가한다. 세계에서 가장 비싼 그림 100점 중 10점이 그의 작품이다. 그의 오랜 친구인 팻 해켓이 1989년에 발표한 《앤디 워홀 일기》 서문에 앤디 워홀의 심플한 하루 일과를 이렇게 소개한다. "앤디는 평일에 '똑같이 생활'하는 걸 매우 중요하고 소중하게 생각해서 어쩔 수 없는 경우가 아니면 그 틀을 벗어나지 않았다."

작가 폴 스트레턴은 《고도를 기다리며》로 유명한 노벨상 작가 사무엘 베케트가 1947년 창작에 몰두하던 시기에 그의 삶을 다음과 같이 묘사했다. "그는 바깥세상과 담을 쌓은 채 방에서 대부분 시간을 보내며, 자신이 창조한 악마들과 맞닥뜨렸고 자신의 정신 작용을 탐구하려 애썼다. 그의 일상은 단순하기 이를 데 없었다."

성공한 인물은 파란만장한 삶을 산 사람이라기보다 단순하기 그지없는 삶을 산 사람이다. 작곡가 존 애덤스도 "내 경험을 통해 말하자면, 정말로 창조적인 사람들이 일하는 습관은 극히 평범하다."라고 말한다. 맞다. 성공한 인물일수록 하루 루틴은 심플하다. 매일 실천하는 심플한 루틴이 성공을 낳은 것이다. 성공은 완성형이 아니라 진행형이다. 성공은 어제보다 더 나은 루틴으로 하루를 계획하고 살아내는 과정을 통해 얻는 것이다. 성공하고 싶다면 자신이 존경하는 인물을 찾아 그의 하루 루틴을 주의 깊게 파악해보라. 그들 대다수는 당신보다 그리 똑똑하지 않다. 다만 산책, 달리기, 명상 등 평범하기 이를 데 없는 작은 루틴을 성실하게 실천한 사람일 뿐이다. 당신의 삶을 바꾸고 싶은가? 그렇다면 자신만의 루틴을 계획하고 실천하는 루틴 디자이너가 되어야 한다.

후회 없는 하루를 살고 있는가?

영화 〈버킷 리스트〉를 본 적이 있는가? 반복되는 일상으로 지친 순간에 보면 좋을 영화이지 싶다. 이 영화는 평범한 자동차 정비공 카터 챔버스(모건 프리먼)와 자수성가한 사업가 에드워드 콜(잭 니콜슨), 시한부 선고를 받은 두 노인이 우연히 같은 병실에 입원하게 되면서 겪는 에피소드를 담은 드라마다. 두 배우의 연기도 볼 만하다. 카터가 적어둔 버킷 리스트를 보고 에드워드가 실천해보자며 아이디어를 내면서 여행이 시작된다. 스카이 다이빙하기, 영구문신 새기기, 무스탕 셀비로 카레이싱하기, 세렝게티에서 사자 사냥하기 등 버킷 리스트를 하나씩 지워가면서 차분하게 인생을 마무리해가는 내용이다.

아마 우리가 시한부 선고를 받는다면 일순간 머릿속에서는 멀리 펴져나갔던 삶의 잔가지들이 가지치기 될 것이다. 그러면서 뒤죽박죽이었던 인생의 우선순위가 남은 큰 가지들처럼 명확해질 것이다. 그와 같은 마음으로 매 순간을 살 수만 있다면 적어도 후회가 적은 삶을 살 수 있지 않을까?

응당 모든 인간은 시한부 인생을 산다. 인생은 가장 짧은 여행 중 하나다. 이제 인간은 성경에 등장하는 므두셀라처럼 969세까지 살 수도 없다. 오늘이 마지막일 수도 있으며, 정말 길게 살아야 120년이다. 죽음을 맞이했을 때 우리는 추억 말고는 아무것도 가져가지 못한다. 우리가 마지막으로 입고 가는 수의에는 주머니도 없으니 말이다. 당신은 지금 짧은 인생 여정에서 무엇을 중요하게 챙기고 있는가? 건강한 몸으로 무난하게 무덤으로 가기만 바라고 있지는 않은가?

얼마나 가치 있는 하루를 살았는지 측정하는 방법은 여러 가지가 있을 것이다. 그중에서도 가장 확실한 방법은 그 하루를 얼마나 후회하는지 살펴보는 것이다. 현인 마르쿠스 아우렐리우스는 말한다. 하루하루가 내 인생의 마지막 날이라는 듯이 살아가면서도, 거기에 초조해하는 것이나 자포자기해서 무기력한 것이나 가식이 없다면 그것이 인격의 완성이라고. 진정 후회 없는 인생을 원한다면 지금, 이 순간을 후회 없이 보낼 수 있는 흔들림 없는 나만의 루틴을 만들어보면 어떨까?

> "앞으로 20년 뒤 당신은 한 일보다 하지 않은 일을 후회하게 될 것이다. 그러니 배를 묶은 밧줄을 풀어라. 안전한 부두를 떠나 항해하라. 무역풍을 타라. 탐험하고, 꿈꾸고, 발견하라."
>
> — 마크 트웨인, 소설가

내 삶을 이끄는 성찰 질문이 있는가?

미국인이 가장 존경하는 위인은 '벤저민 프랭클린'이다. 그는 18세기 미국 역사에 뚜렷한 족적을 남긴 인물이다. 정치가이자 신문 발행인이었으며 펜실베이니아대와 미국 철학협회를 설립했다. 1776년 미국독립선언서 기초위원의 한 사람이며, 과학자로서 피뢰침을 개발하기도 했다. 하지만 놀라운 건 그런 위인의 학력이다. 초등학교 1년이 전부다. 그는 어떻게 미국인이 존경하는 인물이 되었을까?

그는 삶의 13가지 덕목을 매일 실천한 사람이었다. 절제, 침묵, 질서, 결심, 절약, 근면, 진실, 정의, 중용, 청결, 침착, 순결, 겸손이 그것이다. 그의 하루는 새벽 5시 기상에서 밤 10시 취침까지 늘 일정했다. 그에게는 매일 아침과 저녁에 하루를 계획하고 점검하는 성찰 질문이 있었다. 그는 후회 없는 하루를 보내기 위해 매일 이 성찰 질문을 하며 자신의 삶을 수시로 다잡은 것이다.

"오늘 나는 무엇을 잘할 것인가?"

"오늘 내가 잘한 일은 무엇인가?"

한편 '경영학의 아버지'라고 일컬어지는 피터 드러커도 성찰 질문이 있었다. 그가 13살이던 때 담임선생님으로부터 받은 "너희는 죽은 뒤에 어떤 사람으로 기억되기 원하니?"라는 질문이었다. 당시 선생님께서는 "지금은 너희들이 대답할 수 없겠지만, 훗날 너희의 나이가 50이 넘어도 이에 대답하지 못한다면 너희들은 인생을 잘못 사는 것이다."라고 말했나고 한다.

스티브 잡스도 2005년 스탠퍼드대 졸업식 연설에서 33년간 매일 아침 거울을 보면서 자신에게 다음과 같이 자문했나고 말한다.

"만약 오늘이 인생의 마지막 날이라면, 그래도 나는 오늘 하려던 일을 하고 있을까?"

나도 스스로 던지는 몇 가지 질문이 있다. 매일 아침 하루를 시작할 때는 "오늘 꼭 해야 할 3가지는 무엇인가?"라는 질문을 한다. 하루를 마무리할 때에는 "어제보다 성장하고 성숙했는가?" "후회 없는 하루를 살았는가?"라고 나에게 물으며 기도한다. 이런 성찰 질문은 하루 루틴을 실천하는 데 큰 도움이 된다. 그리고 내 삶을 이끄는 핵심 질문은 "예수님이라면 어떻게 하셨을까What Would Jesus Do?"이다. 크고 작은 의사결정의 순간마다 이 질문을 마음속으로 되뇐다. 늘 기억하기 위해 'WWJD'라는 알파벳 철자가 새겨진 만년필을 항상 가지고 다니며, 만년필을 사용할 때마다 의미를 다시금 되새긴다.

저자의 만년필

사람은 누구나 자신 안에 여러 자아가 존재한다. 욕망에 휘둘리는 본능의 나, 나는 이를 '욕망이'라고 부른다. 그리고 이성적으로 자신을 제어하는 이상적인 내가 있는데, '최고의 나' 내지는 '멋쟁이'라고 부른다. 스스로 짜증을 내고 비판적인 말과 행동을 할 때면 속으로 이렇게 생각한다. "아, 욕망이 너로구나?"라고 말이다. 그리고 "멋쟁이 너라면 어떡하겠니?"라고 생각하며 부정적인 마음을 추스른다.

한편 나태해질 때는 "과거처럼 살 거니?"라고 다그치는 후회스러운 모습의 '과거의 나'를 소환하고, 후회 없는 의사결정을 해야 할 때는 꿈을 이룬 '미래의 나'에게 묻기도 한다. 자신 안에 있는 나에게 이름을 붙여 수시로 성찰하는 것도 좋은 방법이다. 성찰은 최대한 자신을 객관적인 시선에서 바라보려는 노력에서 출발한다.

자아에게 하는 성찰 질문

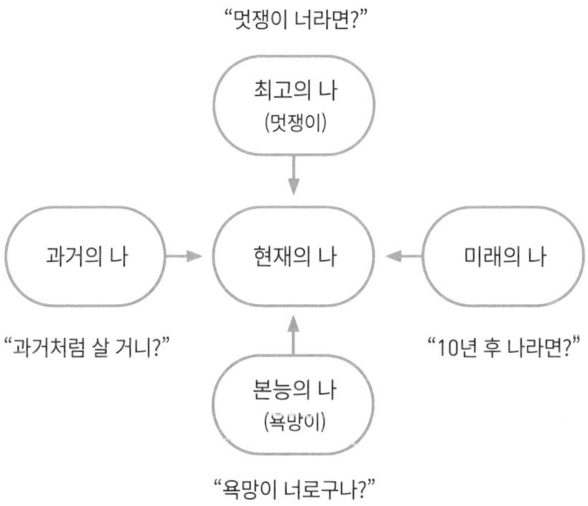

당신은 하루를 이끄는 성찰 질문이 있는가? 멋진 성찰 질문을 만들어 매일 하루의 삶을 되돌아볼 것을 권한다. 그도 어렵다면 다음의 15가지 질문 중 마음에 드는 것을 선택해서 활용해보는 것도 좋은 방법이다.

후회 없는 하루를 위한 성찰 질문[81]

1. 나는 앞으로 1년, 5년, 10년 후에 어디에서 어떻게 살고 싶은가?
2. 내가 지금 하는 일을 계속한다면 내 인생은 1년, 5년, 10년 후에 어디에서 어떻게 살게 될까?
3. 내가 지금 이루고자 하는 목표나 꿈을 좇는 궁극적인 이유는?
4. 내가 지금 가지고 또 누리고 있는 것에 감사하며 살고 있는가?
5. 다른 사람의 의견에 흔들리지 않고 의사결정할 수 있는 나만의 가치가 있는가?
6. 다른 사람이 나에 대해 어떻게 생각하는지 너무 의식하지 않는가?
7. 훗날 내 장례식에 누가 방문하기를 바라며 그들이 나에 대해 어떻게 평가해주기를 기대하는가?
8. 하고 싶어도 거절이나 실패의 두려움 때문에 망설이거나 시도하지 않고 있는 것은 무엇인가?
9. 오늘이 인생의 마지막 날이면 지금 하는 일을 계속하겠는가?
10. 누군가 당신에게 "할 수 없다." "꿈을 이룰 수 없다."라고 말한다면, 이렇게 물어라. "왜 안 되는가?"
11. 지금 만나고 있는 사람들이 내 삶에 긍정적인 영향을 주는가?

12. 나는 신체적·정신적으로 건강한 라이프스타일로 살고 있는가?
13. 내가 사랑하는 사람들에게 충분한 시간을 투자하고 있는가?
14. 내 삶이 다른 사람에게 어떻게 보이는지 이미지에 너무 신경 쓰지는 않은가?
15. 내일 죽는다면 지금 가장 크게 후회할 것 같은 것은 무엇인가?

"성찰하지 않는 삶은 살 가치가 없다."

—소크라테스, 그리스 철학자

어제보다 나은 오늘을 위한 하루 루틴 만들기

"만약 오늘이 인생의 마지막 날이라면, 당신은 하루를 어떻게 보내고 싶은가?
"만약 오늘이 죽을 때까지 계속 반복된다면, 당신은 하루를 어떻게 보내겠는가?"

쓸모없는 TV 프로그램을 보거나 밤늦도록 SNS를 하면서 보내지는 않을 것이며, 적어도 어제처럼 살지는 않을 것이다. 하지만 우리는 어떤가? 어제와 다를 바 없는 오늘을 살아간다. 아인슈타인은 우리에게 경고한다. 매일 같은 일을 하면서 다른 일이 생기길 바라는 것은 미친 짓이라고!

저자의 어느 완벽한 하루

시간		루틴	포인트	성찰 질문
오전	04:00~04:20	기상, 10분 근력운동 이 닦기, 자기 암시, 스쿼트 10회 10세트	계획 및 묵상	"오늘 꼭 해야 할 3가지는 무엇인가?"
	04:20~04:30	3분 따뜻한 물 샤워 후 체중 재기 모차르트 음악 켜기 차(TWG) 마시기		
	04:30~05:30	사색(성경 묵상 및 필사) 미래 및 하루 계획 업데이트 기도(기도문 활용)		
	05:30~06:30	오늘의 뉴스 아침 식사, 영양제 복용		
	06:30~07:00	복장(외출 준비)		
	07:00~13:00 *핵심업무시간	디카페인 라떼 마시기 디지털기기 사용 자제 글쓰기 휴식(1시간마다 10분씩)	분석적 업무	"예수님이라면 어떻게 하셨을까?"
오후	13:00~14:00	점심 식사 산책(가족 및 지인 전화)	통찰적 업무	
	14:00~15:00	독서, 컨설팅, 사업 관련 업무		
	15:00~15:20	낮잠(Power Nap, 20분)		
	15:20~18:00	독서, 컨설팅, 사업 관련 업무		
저녁	18:00~19:00	저녁 식사(가족과 함께) 및 대화 산책	성찰 및 휴식	"어제보다 성장하고 성숙했는가?", "후회 없는 하루를 살았는가?"
	19:00~20:00	영어 회화 연습, 영화 감상		
	20:00~21:00	취침등 및 취침 음악 켜기 디지털기기 끄기 가습기 켜기 하루 점검 및 내일 계획 취침 스트레칭(딸과 함께) 감사 기도		
	21:00~04:00	취침	최소 7시간	

자, 그럼 질문을 바꿔보겠다.

"당신이 그리는 완벽한 하루를 상상해본 적이 있는가?"
"완벽한 하루는 어떻게 만들 수 있을까?"

완벽한 하루를 루틴으로 만들 수 있다면, 오늘을 최고의 날로 만들 수 있지 않을까? 그러면 과거에 대한 후회와 미래에 대한 불안으로 오늘을 망치는 우를 범하는 일도 줄어들 것이다. 어쩌면 매일 가슴 설레는 하루를 맞이할 수 있을지도 모른다. 그렇게 알차게 보낸 오늘이 하루하루 쌓이면 눈부신 인생이 되고 꿈꾸던 크고 작은 소망도 이룰 수 있는 것이다.

이제 멋진 하루 루틴을 펜으로 한번 그려보자! 명심하라. 성공한 사람들은 자신에게 맞는 하루 일정표, 즉 최고의 하루 루틴을 만드는 데 가장 많은 시간을 사용한다. 그리고 그들은 그렇게 정해 놓은 시간에 맞춰 규칙적으로 시간을 보낸다.

한 번에 완벽한 하루 루틴을 그려내려고 욕심낼 필요는 없다. 그렇게 되지도 않을 테니 말이다. 나는 오늘도 하루 루틴을 꾸준히 보완해 가고 있다. 지금도 좋은 자극을 주는 사람의 좋은 루틴을 발견하면 바로 벤치마킹해 내게 맞게 즉시 적용한다. 하루 루틴을 만드는 것이 흥미로운 건, 그 과정 자체가 진정으로 바라는 인생을 만들어가는 성찰의 여정이기 때문이다.

이 책을 쓰는 동안에도 하루 루틴을 여러 번 수정했다. 아마 독자들이 이 책을 볼 때쯤에는 내 루틴은 더 진화해 있을 것이다. 내가 원하는 멋진 하루를 꿈만 꾸기보다 당장 이상적인 하루 루틴을 시간표로 옮겨 보자. 학창 시절에 시간표를 만들듯이 말이다. 그러면 어느새 시간은 내 편이 되고, 어제보다 나은 오늘을 사는 자신을 발견하게 될 것이다. 그래서 나는 오늘만 최선을 다하기로 했다. 그런 오늘이 쌓이면서 차츰 인생의 변화와 기적이 서서히 일어나게 될 것이기 때문이다.

저자의 하루 루틴 일정표

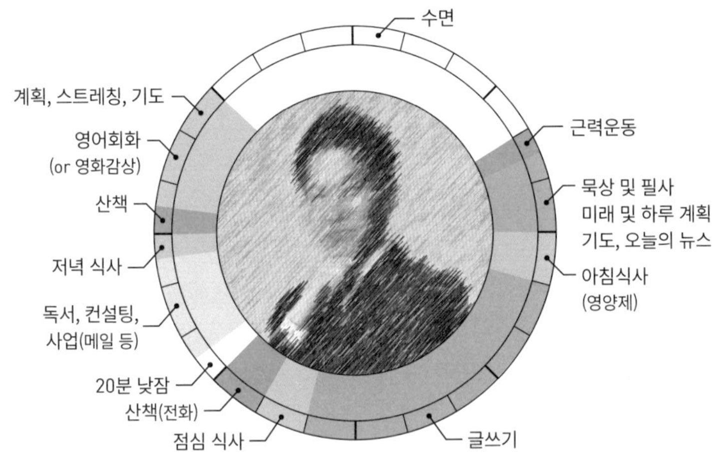

나의 하루 루틴 일정표는?

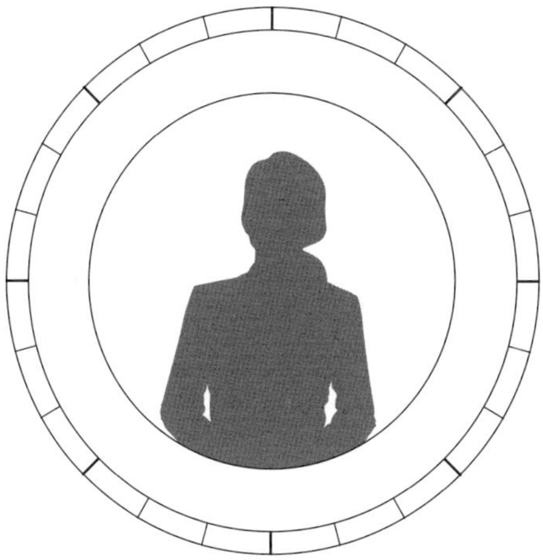

루틴 슬럼프를 극복하는 5가지 방법

살면서 슬럼프를 겪어보지 않은 사람은 없을 것이다. 루틴을 실천하다 보면 슬럼프는 누구에게나 예고 없이 불현듯 찾아와 불편한 미소를 짓곤 한다. 내게 슬럼프는 매일 새벽 4시 기상 루틴을 실천한 지 한 달 후 찾아왔다. 알람이 울릴 때마다 매번 끄고 10분만 더 자자고 한 게 6시 넘어서까지 자기 일쑤였다. 이런 날이 며칠 지속되었다. 이불 밖은 천길 낭떠러지인 양 한 발자국도 나서지 못했다. 이때 자는 5분, 10분의 삶은 또 얼마나 달콤한가? 눈만 빼꼼히 내밀고 이불 속에 최대한 몸을 파묻고 누워 있었다.

찬찬히 루틴 슬럼프의 원인이 무엇일지 생각해보았다. 우선 기상 시간을 갑작스레 2시간 이상 앞당긴 이유가 컸다. 그리고 저녁 약속을 하고 예상치 않게 10시가 훨씬 넘어 집에 들어오고, 잔업을 처리하느라 저녁에 늦게 잠드는 날이 잦아지면서부터였다. 또 바뀐 장소, 지나치게 촘촘한 시간 계획 등 몇 가지 다른 이유도 있었으나 무엇보다 부족한 잠이 문제였다.

LG경제연구원의 분석에 따르면 일반적인 슬럼프의 원인은 피로 누적, 변화 부적응, 심리적 압박, 집중력 부족, 인간관계 갈등 등 5가지다. 여러 자료를 종합해보면 슬럼프는 육체, 정신, 관계적인 측면의 3가지 요인으로 나눌 수 있다. 그중에서도 정신적 측면의 요인이 핵심이다. 다시 말해 과도하게 욕심을 내고 완벽을 추구하거나 여유 없이 부정적인 사고를 하는 게 문제다.

루틴을 실천하는 중 슬럼프가 왔다면 어떻게 해야 할까? 다음의 5가지 방법으로 슬럼프를 지혜롭게 벗어날 수 있을 것이다.

1. 멈추지 않고 속도를 줄여 루틴 찾아가기

루틴을 실천하는 과정에서 겪는 슬럼프는 자연스러운 것이다. 그동안 100킬로의 속도로 달렸다면 속도를 줄여 주변 경치도 살필 시간으로 받아들여야 한다. 중요한 것은 속도를 줄이되 멈추지 않는 것이다. 한번 멈춰버리면 다시 시동을 걸어 출발하는 데 많은 에너지를 소모하기 때문이다. 세계적인 발레리나 강수진이 한 잡지와의 인터뷰[82]에서 슬럼프 탈출 비법을 묻는 말에 이렇게 답했다.

"어렸을 때는 주로 폭식으로 풀었어요. 하지만 제가 찾은 해법은 바로 연습이에요. 힘이 들면 항상 저만의 연습을 시작했어요. 처음에는 많이 울었죠. 쉬운 일은 아니니까요. 하지만 계속 연습하다 보니 달라지더라고요. (그걸 느끼는 건) 아주 순간적이잖아요. 백지장 한 장 차이예요. 그렇게 그 순간을 넘어서면 어저께 무슨 일이 있었는지, 내가 얼마나 힘들었는지 (그 기억이) 눈 녹듯이 사라지더라고요."

"제 컨디션에 따라서 다르겠지만, 저는 365일 내내 하루에 단 10분이라도 연습을 합니다. 전혀 안 하는 날은 없어요. 공부도 오늘 조금이라도 해두면 다음 날 훨씬 낫잖아요."

"그런 매일매일의 지루한, 그러면서도 지독하게 치열했던 하루의 반복이 지금의 나를 만들어요."

2. 자책하거나 타인과 비교하지 않기

루틴을 실천하는 과정에서 슬럼프를 겪는 자신에게 너그러워야 한다. 자신에게 루틴을 완벽하게 실천해야 한다고 너무 다그치지 말고 관대해져야 한다. 인생은 길다. 며칠 루틴을 지키지 않는다고 인생이 바뀌지는 않기 때문이다. 강수진은 또 말한다.

"시간이 지나서 제가 서른이 되고 마흔이 되니까 슬럼프에서 벗어나는 속도가 빨라지더라고요. 예전에는 한 달이 걸렸다고 치면 지금은 거의 비슷한 문제로 인한 슬럼프를 극복하는 데 시간이 훨씬 빨라졌어요… 중요한 것은 경험을 통해 제가 배운 점이 있다는 거예요. 슬럼프에 빠지는 가장 큰 원인은 자신을 비하하는 것이었어요."

3. 가끔 빈둥거리는 휴식 선물하기

슬럼프라는 불청객이 찾아오면 이렇게 한번 해보자. 며칠, 한 주 정도는 '아무 일정이 없는 날'을 만드는 것이다. 즉 일정표를 비워두고, 자신에게 일종의 작은 휴가를 선물하는 것이다. 루틴을 잘 실천한 것에 대한 일종의 보상이다. 평소 실천하던 빽빽한 루틴 대신 하고 싶거나 먹고 싶었던 것을 맘껏 즐기며 시간을 행복하게 보내는 것이다. 휴가마저 완벽하게 보내려고 하지는 말아야 한다. 오히려 휴가가 슬럼프를 더 심화시킬 수도 있으니 말이다. 네덜란드 래드바우드대 연구팀에 따르면 자신이 하고 싶은 걸 마음대로 골라서 할 수 있는 휴가가 가장 스트레스를 줄이는 데 도움이 된다. 휴가를 계획대로 무조건 지키려고 노력하지 않고, 마음먹은 대로 되지 않더라도 유연하게 대처해야 한다.

4. 자신감과 긍정 마인드 찾기

운동선수처럼 무너진 루틴으로 일희일비하는 사람도 없을 것이다. 특히 야구선수의 경우가 더 그렇다. 2015년 미국 야구 명예의 전당에 헌액된 애틀란타 브레이브스의 투수 존 스몰츠를 만나보자. 그가 지독한 슬럼프에 빠졌던 1991년의 이야기다. 경기하면서 나름대로 터득한 방법을 바탕으로 연습했지만, 매번 경기에서 성급하게 공을 던졌고 잘

못 던진 공을 머릿속에서 분석하느라 제구가 어려울 지경까지 이르렀다. 핵심 루틴이 완전히 무너진 것이다.

결국 그는 스포츠 정신과 의사 잭 르웰른의 도움을 받기로 했다. 의사는 스몰츠가 퍼펙트 피칭을 했던 게임들을 가지고 2분짜리 짧은 영상을 만들어 반복해서 시청하도록 했다. 경기 도중 공을 잘못 던질 때마다 자동으로 이 영상을 머릿속으로 되뇌게 했다. 즉 과거 퍼펙트 게임 순간의 느낌을 기계적으로 회상하게 한 것이다. 스몰츠 선수는 자신감을 빠르게 회복했고, 나머지 시즌 동안 인생 최고의 피칭을 펼칠 수 있었다. 그는 이 멘탈 훈련으로 잘못된 과거에 집착하지 않는 좋은 습관을 몸에 익혔다.

운동선수가 루틴을 실천하는 이유는 실전 경기에서 평소의 평온한 마음 상태로 돌아가고 연습할 때처럼 결과를 만들기 위해서다. 존 스몰츠처럼 성공 경험을 회상하며 자신감을 불러일으키고 긍정적으로 사고하는 것만으로도 슬럼프 탈출에 효과적이다. 하지만 성공 경험이 없어도 괜찮다. 시작했을 때 초심을 되뇌면 된다. 중요한 건 자신에게 없는 능력을 발휘하는 것이 아니라 이미 내 안에 있는 잠재력과 긍정성을 끌어내는 것이다.

5. 장소나 상황 바꾸기

크든 작든 루틴이 습관으로 정착하기까지는 적지 않은 시간이 걸린다. 하지만 별다른 이유 없이 루틴이 무너지고 슬럼프에 빠지기도 한다. 이때 시도해볼 만한 방법이 장소와 상황을 바꿔 다시 주의를 환기하는 것이다. 마치 낯선 장소로 여행을 하면 뇌에서 기쁨과 즐거움을 관장하는 도파민이 분출되어 기분 전환이 되듯이 말이다. 바뀐 환경과 상황으로 인해 다시 시작할 수 있는 에너지와 집중력을 회복할 수 있기 때문이다. 여행과 같은 방법으로 장소나 상황을 바꾸는 것도 좋지만, 더 중요한 것이 있다. 아우렐리우스는 말한다. 가장 좋은 여행지이자 휴양지는 자신의 정신, 즉 '마음'이라고.

> "사람들은 시골이나 해변이나 산속에서 혼자 조용히 물러나 쉴 수 있는 곳을 갖기 원하고, 너도 그런 곳을 무척 그리워하곤 한다. 하지만 그런 생각을 하는 것은 너무나 어리석은 짓이다. 너는 너 자신이 원할 때마다 그 즉시 너 자신 속으로 물러나서 쉴 수 있기 때문이다. 사람이 모든 근심과 걱정에서 벗어나서 고요하고 평안하게 쉬기에는 자신의 정신보다 더 좋은 곳은 없다."[83]

슬럼프를 탈출하는 방법의 핵심은 루틴을 재점검하면서 슬럼프의 정확한 원인을 찾고 적합한 해결책을 찾는 것이다. 발레리나 강수진이 '연습'을 통해 슬럼프를 탈출하고, 메이저리거 존 스몰츠가 '멘탈 훈련'으로 경기력을 회복한 것처럼, 가장 효과적인 슬럼프 탈출법은 내게 맞는 최적의 루틴을 만들고 실천하는 것이다.

바이러스는 고난으로 포장된 선물이다

부자나 고액자산가 중 상당수는 IMF 구제금융위기, 2008년 리만 브러더스 사태 같은 위기를 지나면서 은행이나 증권사 잔고 액수가 늘었다. 일반 서민들이 더 쪼그라드는 삶을 살게 된 것과 비교된다. 그들은 위기의 파도를 이용해서 사업이나 투자로 오히려 자산을 늘렸다. 2020년 바이러스 팬데믹 때도 마찬가지다. 위기를 지나면서 빈익빈 부익부는 심화되었다. 위기는 게임의 룰이 바뀌게 될 미래를 미리 경험하게 하는 절호의 학습 시간이다. 내공을 쌓고 미래를 준비할 수 있는 시기다. 가끔 오는 위기는 과거의 습관을 버리고 변화를 도모하는 자에게 생삭은 물론 부를 확장할 수 있는 더없이 좋은 기회가 된다.

전 세계가 그야말로 바이러스로 난리인데도 표정 관리해야 할 정도로 즐거운 비명을 지르는 기업이나 개인은 어김없이 있다. 그럼 나는 어떤가? 갑자기 날아오는 돌을 피할 겨를도 없이 허둥대고 있지는 않은가? 윈스턴 처칠은 "좋은 위기를 낭비하지 말라Never waste a good crisis." 라고 했다. 위기는 변화를 위한 통과의례다. 위기는 새로 배우고 한 단계 도약할 수 있도록 조물주가 허락한 기회다. 그렇다면 위기를 기회로 바꾸기 위해서는 어떻게 해야 할까? 거창할 거 없다. 성공을 부르는 생활 속 작은 루틴을 하나씩 바꾸면서 좋은 루틴을 늘려가는 것부터 실천하면 된다. 이것이 가장 지혜롭고 현실적인 방법이다.

아침에 30분 일찍 일어나고, 널브러진 이불을 예쁘게 개고, 내 마음을 가꾸듯 화초를 돌보고, 약속 장소에 10분 먼저 도착하고, 붐비는 대중교통을 이용할 때는 스마트폰 대신 책을 펼치는 그런 작은 루틴 말이다. 많이 인용되는 자사의 《중용》 23장을 이런 작은 루틴을 소홀히 하지 말라는 메시지로 해석할 수 있지 않겠는가?

그다음은 작은 부분에서부터 지극히 함이니其次致曲

한쪽을 지극히 하면 능히 성실할 수 있다曲能有誠.

성실하면 내면적으로 형성되고誠則形,

형성되면 더욱 드러나며形則著,

더욱 드러나면 밝아지고著則明,

밝아지면 감동하게 하고明則動,

감동하게 하면 변하게 되고動則變,

변하면 교화할 수 있으니 變則化,

오직 천하에 지극한 성실함만이 능히 교화할 수 있다 唯天下至誠爲能化.

주위에 에너지가 넘치거나 멋지게 사는 사람이 있다면 그들의 루틴을 물어보라. 도움이 될 만한 루틴을 실천하는 사람이 분명 있을 것이다. 마이크로소프트의 설립자 빌 게이츠는 다른 사람의 좋은 루틴을 내 것으로 만드는 훌륭한 습관을 지녔다고 한다. 새로운 도전 의식을 가진 사람들의 루틴이나 말을 본받아 자기 것으로 만들어보자. 이것이 바로 빌 게이츠가 세계 최고 갑부의 위치에 있으면서도 세계적으로 존경받는 리더 중 한 명으로 꼽히는 이유이기도 할 것이다.

삶 속에서 루틴으로 작은 성공을 실천해 가는 사람에게서 나오는 고유의 에너지가 있다. 목소리, 발걸음, 표정 등에 패기와 자신감이 묻어난다. 위기가 오더라도 부화뇌동하지 말고 그 위기를 어떻게 반가운 손님으로 맞이할지 고민하고 노력하자. 지금 외적인 요인으로 고난을 받는다면 그 고난은 외적인 요인이 아니라 자신의 판단 때문이다. 판단을 바꾸면 고난을 멈출 수도 있다. 세상에 무익한 고난은 하나도 없다. 모든 고난은 인간을 성숙하게 한다. 바이러스는 고난으로 포장된 선물일지도 모른다. 변화를 기회로 승화시키기를 원한다면 고통에 허우적대지 말고 지금 당장 성공을 부르는 작은 루틴부터 만들어보자!

현재 서 있는 곳에서 최선을 다해 흘러야 한다

"같은 강물에 두 번 들어갈 수 없다."

고대 그리스의 철학자 헤라클레이토스의 명언이다. 시간은 강물처럼 한번 흐르면 두 번 다시 그곳을 지나지 않는다. 성공한 사람은 이것을 잘 안다. 행복한 사람도 마찬가지다. 그래서 그들은 오늘을 살아간다. 미래에 대한 막연한 꿈만 좇느라 오늘을 소홀히 하지 않는다. 언제나 지금이 가장 가치 있는 시간이기 때문이다. 우리는 매 순간 최선을 다해야 한다. 현재 서 있는 그 자리에서 후회 없는 삶을 살아내야 한다.

지금 당장 편해지고자 하는 원시 본능, 뇌의 유혹을 뿌리치고 내일의 행복을 위해서 오늘을 절제할 수 있어야 한다. 오늘은 누구나 공짜로 누릴 권리는 있지만, 내일은 절제로 오늘을 산 사람에게 주어지는 보너스다. 플라톤은 절제를 지혜, 용기, 정의와 함께 수호자의 덕목으로 강조한다. 《국가론》에서 플라톤은 절제를 가리켜 일종의 질서요, 쾌락과 욕망을 억제하는 것이며 자신을 이기는 것이라고 술회한다.[84] 고삐가 풀려 통제하기 힘든 욕망을 조절하고 그것을 다스리는 강력한 힘을 만드는 것은 바로 지금까지 이야기한 루틴이다.

쾌락이 종교화된 요즘과 같은 시대에 루틴은 편하고 즐거운 것만 쫓는 일상을 지혜롭게 제어하는 브레이크다. 브레이크가 고장 난 자동차는 아찔하듯 좋은 루틴 없이 질주하는 인생은 통제 불능이고 위험하다. 만약 자신의 일상이 다람쥐 쳇바퀴를 도는 것처럼 지루하게 느껴진다면, 그것은 먼저 하루 루틴부터 점검하라는 신호다. 루틴은 습관이 되고 인격이 되고 인생이 되기 때문이다. 지금 마음이나 몸에 병이 있고 삶이 고달프다면 루틴부터 챙겨보자. 이제 더 이상 삶의 어두운 동굴에 틀어박혀 그림자 같은 허상만 좇고 있을 게 아니냐. 죄수처럼 결박된 몸을 풀고 밝은 빛을 따라 밖으로 뛰쳐나와야 한다.

우리의 삶을 바꾸는 것은 힘들 때마다 찾은 친구나 멘토의 위로가 아니다. 친구의 조언도 결코 자신의 내면의 목소리를 넘어설 수 없다. 멘토의 말이라고 맹목적으로 따르지도 않아야 한다. 차라리 애정 어린 직언이 더 나을 수 있다. 진정 우리 삶을 좌우하는 것은 스스로 경험과 학습을 통해 얻은 깨달음, 그리고 절도 있는 나만의 루틴이다. 그렇게 내가 먼저 매력적인 사람으로 똑바로 서야 다른 사람을 도울 수도 있다. 지금 자신의 삶에 변화가 필요하다고 느낀다면 나만의 하루 루틴을 만들어야 할 때다. 지금 우리가 스마트폰을 보는 시간에도 사랑을 나누는 시간에도 인생의 시곗바늘은 생의 종착역을 향해 바쁘게 내달리고 있다.

"세월을 아끼라, 때가 악하니라."

—《성경》 에베소서 5장 16절

참고 도서

가바사와 시온, 《하루 5분, 뇌력 낭비 없애는 루틴》, 매일경제신문사, 2020
게리 켈러, 제이 파파산, 《원씽 THE ONE THING》, 비즈니스북스, 2014
고코로야 진노스케, 《좋아하는 일만 하며 사는 법》, 동양북스, 2018
고코로야 진노스케, 《평생 돈에 구애받지 않는 법》, 동양북스, 2017
공병호, 《일어서라 서서 일하고 서서 공부하라》, 공병호연구소, 2019
공자, 《논어》, 홍익출판사, 2016
그라닌, 《시간을 지배한 사나이》, 정신세계사, 1990
그렉 맥커운, 《에센셜리즘》, 알에이치코리아, 2014
나카무라 슈지, 《끝까지 해내는 힘》, 비즈니스북스, 2016
니컬러스 크리스태키스, 제임스 파울러, 《행복은 전염된다》, 김영사, 2010
다니엘 핑크, 《언제 할 것인가》, 알키, 2019
다카시마 데쓰지, 《아침 30분》, 티즈맵, 2012
다카시마 데쓰지, 《잠자기 전 30분》, 티즈맵, 2010
댄 애리얼리 외, 《루틴의 힘》, 부키, 2020
댄 자드라, 《파이브》, 앵글북스, 2016
데니스 브라이언, 《아인슈타인, 신이 선택한 인간》, 말글빛냄, 2010
로빈 샤르마, 《변화의 시작 5AM 클럽》, 한국경제신문, 2019
모튼 한센, 《아웃퍼포머, 최고의 성과를 내는 1%의 비밀》, 김영사, 2019
메이슨 커리, 《리추얼》, 책읽는수요일, 2017
메이슨 커리, 《예술하는 습관》, 걷는나무, 2020
미하이 칙센트미하이, 《창의성의 즐거움》, 북로드, 2003
박진영, 《무엇을 위해 살죠?》, 은행나무, 2020

버지니아 울프, 《자기만의 방》, 민음사, 2017
아널드 베넷, 《하루 24시간 어떻게 살 것인가》, 범우사, 2020
벤저민 프랭클린, 《벤저민 프랭클린 자서전》, 문예출판사, 2013
브라운스톤, 《부의 본능》, 토트출판사, 2018
브라운스톤, 《부의 인문학》, 토트출판사, 2019
브루노 콤비, 《생체리듬을 회복하면 집중력이 높아진다》, 황금부엉이, 2013
블레즈 파스칼, 《팡세》, 을유문화사, 2013
빅터 프랭클, 《죽음의 수용소에서》, 청아출판사, 2006
사사키 후미오, 《나는 습관을 조금 바꾸기로 했다》, 쌤앤파커스, 2019
사이쇼 히로시, 《아침형 인간》, 한스미디어, 2004
스티브 스콧, 《해빗 스태킹》, 다산4.0, 2017
스티븐 기즈, 《습관의 재발견》, 비즈니스북스, 2014
아우렐리우스, 《명상록》, 현대지성, 2019
아폴로도로스, 《원전으로 읽는 그리스 신화》, 숲, 2017
앙투안 드 생텍쥐페리, 《어린 왕자》, 문예출판사, 1999
애슐리 반스, 《일론 머스크, 미래의 설계자》, 김영사, 2015
어니스트 헤밍웨이, 《노인과 바다》, 민음사, 2017
에린 루니 돌랜드, 《일주일 혁명》, 리더스북, 2012
장자, 《장자》, 현암사, 1999
오자와 료스케, 《덴마크 사람은 왜 첫 월급으로 의자를 살까》, 꼼지락, 2017
오츠 슈이치, 《죽을 때 후회하는 스물다섯 가지》, 아르테, 2015
오카 고이치로, 《5분 스탠딩 긴장법》, 북라이프, 2018

오히라 노부타카, 오히라 아사코《작은 습관, 루틴》, 행복에너지, 2019
오히라 노부타카,《끝까지 해내는 사람들의 1일 1분 루틴》, 센시오, 2020
월터 아이작슨,《스티브 잡스》, 민음사, 2015
웬디 우드,《해빗》, 다산북스, 2020
윤영호,《습관이 건강을 만든다》, 예문아카이브, 2018
이이,《격몽요결》, 을유문화사, 1991
이지성,《리딩으로 리드하라》, 차이정원, 2016
이지성,《생각하는 인문학》, 차이정원, 2019
이지성,《에이트》, 차이정원, 2019
정민,《책벌레와 메모광》, 문학동네, 2015
제임스 알투처, 클라우디아 아줄라 알투처,《거절의 힘》, 홍익출판사, 2015
제임스 클리어,《아주 작은 습관의 힘》, 비즈니스북스, 2019
제프 헤이든,《스몰빅》, 리더스북, 2019
주희,《근사록》, 홍익출판사, 2004
찰스 두히그,《습관의 힘》, 갤리온, 2012
최인철,《굿 라이프》, 21세기북스, 2018
추적,《명심보감》, 홍익출판사, 2005
칼 뉴포트,《디지털 미니멀리즘》, 세종서적, 2019
캐롤라인 A. 밀러 외,《베스트 인생목표 이루기》, 물푸레, 2017
토마스 모어,《유토피아》, 을유문화사, 2018
토마스 C. 콜리,《습관이 답이다》, 이터, 2020
토마스 C. 콜리,《인생을 바꾸는 부자습관》, 봄봄스토리, 2017

트와일라 타프, 《천재들의 창조적 습관》, 문예출판사, 2016
팀 페리스, 《마흔이 되기 전에》, 토네이도, 2018
팀 페리스, 《지금 하지 않으면 언제 하겠는가》, 토네이도, 2017
팀 페리스, 《타이탄의 도구들》, 토네이도, 2017
플라톤, 《국가·정체》, 서광사, 2008
피터 드러커, 《프로페셔널의 조건》, 청림출판, 2013
피터 드러커, 《피터 드러커 자서전》, 한국경제신문, 2009
하정우, 《걷는 사람, 하정우》, 문학동네, 2018
할 엘로드, 《미라클 모닝》, 한빛비즈, 2016
할 엘로드, 데이비드 오스본, 《미라클 모닝 밀리어네어》, 한빛비즈, 2019
헤시오도스, 《신들의 계보》, 숲, 2015
허성준, 《습관이 무기가 될 때》, 생각의길, 2020
홍자성, 《채근담》, 홍익출판사, 2005
후루카와 다케시, 《일찍 일어나는 기술》, 매일경제신문사, 2016
BJ 포그팀, 《습관의 디테일》, 흐름출판, 2020

주석

프롤로그

1 마르쿠스 아우렐리우스, 《명상록》 (현대지성, 2019), p134

1장. 왜 지금 루틴인가?

2 로빈 샤르마, 《변화의 시작 5AM 클럽》 (한국경제신문, 2019), p203
3 스티븐 기즈, 《습관의 재발견》 (비즈니스북스, 2014), p54
4 https://qz.com/1000370/the-days-and-nights-of-elon-musk-how-he-spends-his-time-at-work-and-play/
5 나무위키 참고, https://namu.wiki/w/칼%20립켄%20주니어
6 https://www.washingtonpost.com/archive/sports/1998/04/25/ripken-workouts-forge-iron-man/7d53bee3-5972-4083-83ea-c5861f70b584/

2장. 루틴, 도대체 뭘까?

7 https://www.yna.co.kr/view/MYH20201023015800704
8 알렉스 수정 김 방, 《일만 하지 않습니다》 (한국경제신문, 2018), p221
9 연합뉴스, "직업별 수명…종교인 1위, 언론인 꼴찌", 2011. 4. 4.
10 르네 데카르트, 《방법서설》 (문예출판사, 2006), p159
11 미하이 칙센트미하이, 《창의성의 즐거움》, (북로드, 2008), p177~178
12 트와일라 타프, 《천재들의 창조적 습관》 (문예출판사, 2016), p21

3장. 설레는 마음으로 아침을 맞을 수는 없을까?

13 https://www.ch.ic.ac.uk/local/projects/s_thipayang/intro.html

14 후루카와 다케시, 《일찍 일어나는 기술》 (매일경제신문사, 2016), p29

15 의약뉴스, "한국인 적정 수면시간 '7~8시간'", 2014. 1. 7.

16 https://www.clien.net/service/board/park/11960233

17 2012년 4월 30일 힐링캠프 방영분 SBS 인터넷 홈페이지 참고 https://allvod.sbs.co.kr/allvod/vodEndPage.do?mdaId=22000078647

18 중앙일보, "근육 줄면 사망률 4.13배 상승, 노화 늦추는 열쇠는 근력", 2020. 8. 15.

19 토머스 모어, 《유토피아》 (을유문화사, 2018), p77

20 2019년 3월 17일 집사부일체 방영분 SBS 인터넷 홈페이지 참고

21 에린 루니 돌랜드, 《일주일 혁명》 (리더스북, 2012), p42~43

22 KBS 뉴스, "의료비 적게 쓰고 오래사는 나라는?…우리나라는 17년간 '아픈' 상태", 2019. 8. 5.

4장. 중요한 일은 오전에 끝내기

23 https://www.developgoodhabits.com/daily-routine-success/

24 모튼 한센, 《아웃퍼포머》 (김영사, 2019), p45

25 한국일보, "직장인 업무 '골든타임'은 오전 10시", 2017. 6. 15.

26 https://www.visualcapitalist.com/visualizing-the-daily-routines-of-famous-creative-people/

27 https://twistedsifter.com/2014/04/daily-routines-of-famous-artists-and-scholars/john-milton-daily-routine-creative-ritual/
28 다니엘 핑크, 《언제 할 것인가》 (알키, 2019), p30
29 다니엘 핑크, 같은 책, p40~41
30 연합뉴스, "기업들 근로시간 관리 강화... 집중근무시간 등 도입", 2020. 8. 15.
31 동아일보, "직장인 업무 '골든타임' 오전 10시… 출근 직후 2시간 업무집중도 '최고'". 2017. 6. 16.
32 마르쿠스 아우렐리우스, 같은 책, p209
33 중앙일보, "대한민국 직장인, 출퇴근 시간 '평균 103분'…길 위에선 뭘 할까", 2019. 3. 7.

5장. 점심시간 두 배로 활용하기

34 노컷뉴스, "직장인 35% '점심시간에 식사 외 활동 한다'", 2017. 9. 8.
35 하정우, 《걷는 사람, 하정우》 (문학동네, 2018), p62
36 알렉스 수정 김 방, 같은 책, p157
37 블루노 콤비, 《생체리듬을 회복하면 집중력이 높아진다》 (황금부엉이, 2013), p44~45
38 https://www.emedicinehealth.com/body_brain_sleep_cycle/article_em.htm
39 다니엘 핑크, 같은 책, p84
40 머니투데이, "직원 번아웃 막자! 美 50개 기업 '오늘 3시 휴식'", 2019. 5. 16.

41 다니엘 핑크, 같은 책, p75
42 알렉스 수정 김 방, 같은 책, p111
43 게리 켈러, 제이 파파산, 《원씽 THE ONE THING》 (비즈니스북스, 2014), p207~208

6장. 업무에 몰입하는 나만의 루틴

44 헤시오도스, 《신들의 계보》 (숲, 2015), p119~121, 125
45 메이슨 커리, 《리추얼》 (책읽는수요일, 2017), p115
46 정민, 《책벌레와 메모광》 (문학동네, 2015), p150
47 국민일보, "걷는 게 약이다… 하루 5시간 이상 앉아있지 말라", 2019. 1. 15.
48 메이슨 커리, 같은 책, p55
49 https://www.larryswanson.com/famous-standing-desk-users/
50 한샘이펙스 홈페이지 참고 http://www.hanssemeffex.com/child/sub/bbs/index.php?ptype=view&idx=9052&page=2&code=gallery&category=160

7장. 모닝 루틴보다 이브닝 루틴이다

51 https://www.entrepreneur.com/slideshow/302867
52 https://medium.com/accelerated-intelligence/the-no-1-lifelong-habit-of-warren-buffett-the-5-hour-rule-57884dce03f3
53 이지성, 《리딩으로 리드하라》 (차이정원, 2016), p139

54 톰 콜리, 《습관이 답이다》 (이터, 2020), p19
55 국민일보, "'TV보면 수명 단축'… 한시간 볼때마다 22분 줄어", 2011. 8. 16.
56 한국일보, "한국인은 노벨상보다 문학 자체에 먼저 관심 가져야", 2016. 1. 31.
57 중앙일보, "반갑다, 책 읽으면 오래 산다는 예일대 연구", 2016. 8. 23.

8장. 하루 루틴의 핵심은 일찍 자는 것이다

58 그라닌, 《시간을 지배한 사나이》 (정신세계사, 1990), p34~35
59 http://sbscnbc.sbs.co.kr/read.jsp?pmArticleId=10000661611

9장. 월요병 없는 주말 루틴

60 문화일보, "가족과 함께 하는 시간 고작 13분, 애처로운 아이들", 2018. 4. 30.
61 곽금주, 《습관의 심리학》 (갤리온, 2009), p204
62 후생신문, "주말, 나들이보다 집에서 가족과 취미생활을", 2019. 3. 14.
63 파이낸셜신문, "우리나라 직장인 10명 중 7명 가족과 함께 취미생활 즐기지 않아", 2020. 5. 12.
64 메이슨 커리, 같은 책, p79
65 댄 자드라, 《파이브》 (앵글북스, 2016), p66

10장. 지루함 없는 운동 루틴

66 마이클 J. 겔브, 《레오나르도 다 빈치처럼 생각하기》 (대산출판사, 2005), p22, 224~226

67 여원신문, "가난할수록 뚱뚱하다?…소득 따른 비만 양극화 심화", 2017. 10. 1.

68 윤영호, 《습관이 건강을 만든다》 (예문아카이브, 2018), p104~110

11장. 루틴, 어떻게 만들까?

69 톰 콜리, 같은 책, p20

70 댄 자드라, 같은 책, p34

71 웬디 우드, 《해빗》 (다산북스, 2020), p194~212

72 웬디 우드, 같은 책, p169

73 https://www.reddit.com/r/alteredcarbon/comments/g8qrus/what_might_the_presence_of_this_paintingsaturn/

74 https://www.decorarconarte.com/Cast-G-21

75 빅터 프랭클, 《죽음의 수용소에서》 (청아출판사, 2006), p98~99

76 SBS CNBC <인문학강의> 중 서울대 심리학과 최인철 교수의 '행복' 강연 발췌

77 제임스 클리어, 《아주 작은 습관의 힘》 (비즈니스북스, 2019), p124~125

78 제프 헤이든, 《스몰빅》 (리더스북, 2019), p36~37

12장. 하루 루틴 조각하기

79 블레즈 파스칼, 《팡세》 (을유문화사, 2013), p45

80 이이, 《격몽요결》 (을유문화사, 1991), p23~24

81 https://www.cleverism.com/15-life-changing-questions-to-ask-yourself-today/

82 http://lady.khan.co.kr/khlady.html?mode=view&code=4&artid=201303071845301

83 마르쿠스 아우렐리우스, 같은 책, p68

에필로그

84 플라톤, 《국가·정체》 (서광사, 2005), p280

DAILY ROUTINE

나는 오늘만 최선을 다하기로 했다

데일리 루틴

1판 1쇄 발행 2021년 2월 22일
1판 9쇄 발행 2022년 12월 15일

지은이 허두영
펴낸곳 도서출판 데이비드스톤
출판등록 제2022-0000350호
전화 031-8070-0061
이메일 davidstonebook@gmail.com

ISBN 979-11-973457-0-8 03190

값 18,000원